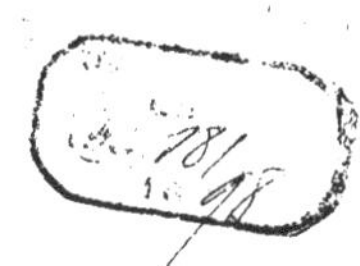

A. DE BERUETE

VELAZQUEZ

H. LAURENS, Paris.

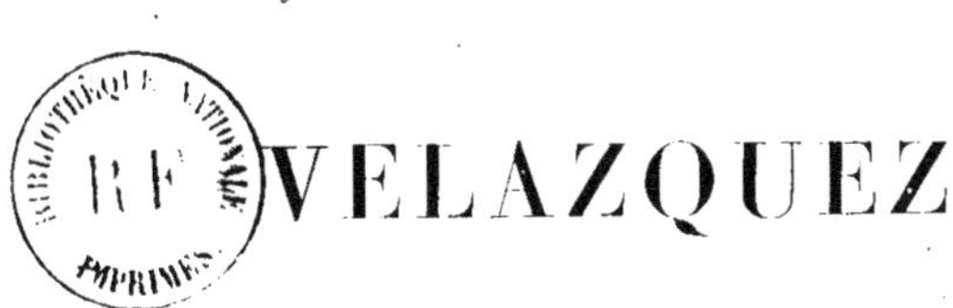

VELAZQUEZ

IL A ÉTÉ TIRÉ DE CET OUVRAGE

800 EXEMPLAIRES NUMÉROTÉS

30 exemplaires sur japon, numérotés 1 à 30.
770 exemplaires sur papier vélin, numérotés 31 à 800.

Offert par l'Éditeur
HR

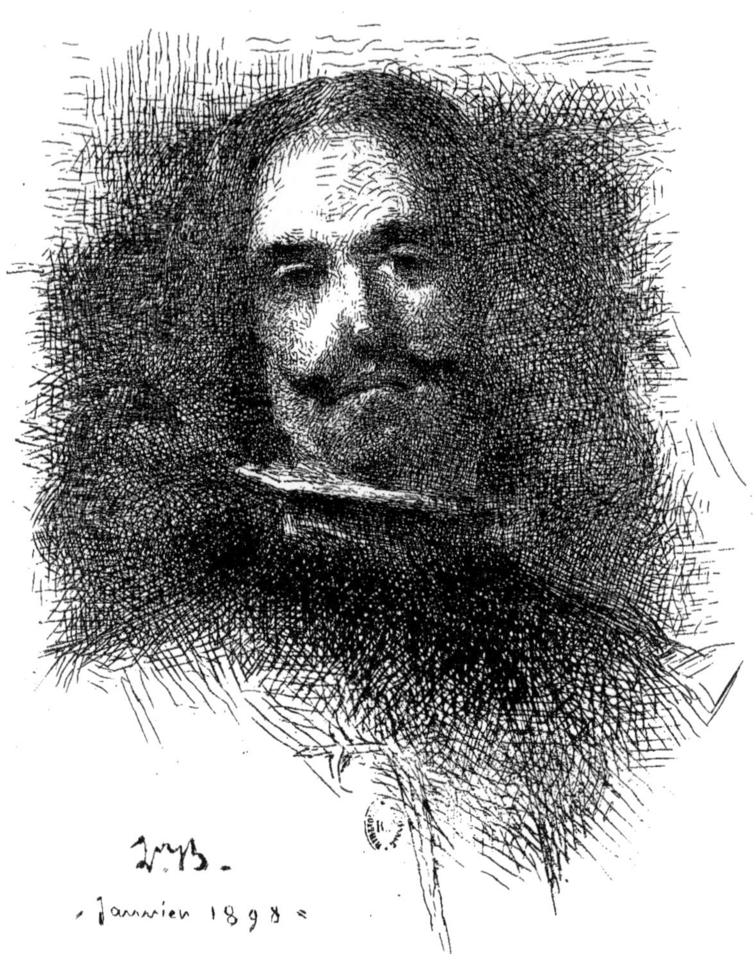
Janvier 1898

A. DE BERUETE

VELAZQUEZ

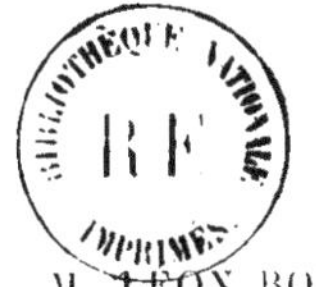

PRÉFACE

DE

M. LÉON BONNAT, MEMBRE DE L'INSTITUT

ILLUSTRATIONS

PAR

MM. BRAUN, CLEMENT ET Cie

PARIS

LIBRAIRIE RENOUARD, HENRI LAURENS, ÉDITEUR

6, RUE DE TOURNON, 6

1898

A Monsieur Léon BONNAT

MEMBRE DE L'INSTITUT

Mon cher ami,

Bien que ce livre soit publié en français, il a été conçu en Espagne et écrit en espagnol devant les grandes œuvres de Velazquez. A qui pourrais-je mieux le dédier qu'à vous? Vous avez, en Espagne également, puisé devant ces mêmes œuvres des inspirations qui vous ont guidé au début de votre brillante carrière, et vous ressentez pour elles, aujourd'hui comme autrefois, la plus profonde admiration.

Laissez-moi donc inscrire votre nom en tête de ces pages en souvenir de la part que peut revendiquer ma patrie dans vos triomphes artistiques.

Aureliano de Beruete.

PRÉFACE

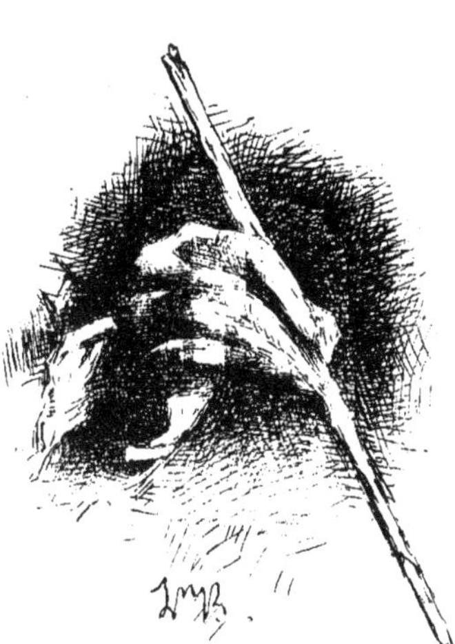

J'ai été élevé dans le culte de Velazquez. J'étais tout jeune, à Madrid; mon père, par les journées radieuses comme on n'en voit qu'en Espagne, me menait parfois au musée du Prado, où nous faisions de longues stations dans les salles espagnoles. J'en sortais toujours avec un sentiment de profonde admiration pour Velazquez. Les *Menines*, le *Christ*, les *Lances* hantaient mon imagination. Plus tard, quand il me fut permis de fréquenter les cours de l'Académie de San Fernando, je retrouvai chez mes jeunes camarades d'atelier les mêmes élans d'enthousiasme. Velazquez était notre Dieu. Nous connaissions ses œuvres par cœur, nous savions comment étaient peintes telle main, telle tête. Le moindre des repentirs si fréquents dans ses œuvres ne nous échappait pas, et nous ne parlions de lui qu'en le désignant respectueusement par son prénom « don Diego », ce qui, dans notre pensée, voulait dire « le maître, le maître par excellence », tout comme les Italiens disent Raphaël ou Michel-Ange.

Vingt ans plus tard, quand je retournai à Madrid, mes sentiments d'admiration furent tout aussi vifs. Jamais je n'oublierai l'impression que me produisit le petit prince don Baltasar, si hardiment, si fièrement campé sur son genet d'Espagne, galopant, l'écharpe au vent, à travers les bruyères du Pardo ou de la Casa de Campo, tandis que les sommets neigeux du Guadarrama brillent au loin derrière lui. Vous souvenez-vous de cette coloration claire, limpide comme une aquarelle, brillante comme une pierre précieuse ? N'est-ce pas une merveille ?

Et l'adorable infante, la pâle infante aux yeux bleus ! Elle est debout dans son costume d'apparat, les bras écartés, étalés sur ses énormes *paniers*, et elle tient à la main une rose pâle comme sa frêle personne. Est-elle assez malheureuse, la royale princesse, dans sa splendeur et ses atours, d'être astreinte à se conformer à l'étiquette rigoureuse de la cour ! Ne la plaignons pas trop toutefois : elle passe à la postérité grâce au génie du grand maître. Peut-on, en effet, voir un portrait plus ravissant que le sien ? Ces tons gris, rosés, argentins, ces cheveux d'un blond cendré, ces nœuds, ces rubans, le tout se détachant sur des tentures rouges, carmin, violacées, que sais-je..., peut-on voir un plus heureux assemblage de tons délicats et n'est-ce pas vraiment d'une tendresse exquise ?

Et plus loin, voici le comte-duc d'Olivares avec ses larges moustaches en croc et son air d'orgueilleuse suffisance : armé, botté, éperonné, cuirassé, il est là sur son cheval andalou et il commande comme un généralissime, comme un pourfendeur d'armées, lui qui pourtant n'avait jamais vu le feu et dont l'imprévoyance criminelle fut si néfaste à son pays. Velazquez fait de lui un triomphateur arrogant, mais la roche Tarpéienne n'est pas loin, et Gil Blas, dans des pages d'une attendrissante mélancolie, ne tardera pas à nous dépeindre les brutalités foudroyantes de la chute, ainsi que les visions angoissantes de la fin du ministre naguère tout-puissant. Quant à nous, pardonnons-lui ses erreurs et ses crimes politiques. C'est lui qui devina le génie de Velazquez et fut son protecteur. C'est lui qui introduisit le jeune peintre encore inconnu dans cette cour d'Espagne que le grand peintre, devenu célèbre, devait plus tard immortaliser par son pinceau.

J'arrive au merveilleux portrait de Philippe IV. Le roi est de profil sur son magnifique cheval aux courbettes savantes, l'œil atone et tombant, la lèvre autrichienne en avant, noble et fier comme il sied à un descendant de Charles-Quint. Je ne connais rien de plus saisissant, de plus impressionnant et de plus tragique que ce roi qui, sous un ciel éclatant, sourd aux bruits de révolte qui grondent au loin, chevauche imperturbablement, par monts et par vaux, tandis qu'en ses mains défaillantes l'héritage du grand Empereur se dissout, s'émiette et se démembre irrévocablement pour toujours.

Velazquez avec son génie a traduit toute son époque. Par son intuition, par sa vision pénétrante, il représente cette cour triste et morne mieux que nul historien n'eût su le faire. Pauvre cour ! Pour se dérider, pour oublier les malheurs du présent, les grandeurs écrasantes du passé, elle est forcée de s'entourer de bouffons et de fous, et l'on y plaisantait si peu, à cette cour d'Espagne, qu'un de ses rois, Philippe III, je crois, voyant des fenêtres de son palais un homme qui riait, dit gra-

b

vement : « Ou cet homme est fou, ou il lit *Don Quichotte.* » Vérification faite, l'homme, dit-on, lisait *Don Quichotte.* Une seule note, au milieu de ces personnages graves, à la physionomie morne, aux vêtements sobres, une seule note vient jeter un éclair de gaieté sur ce monde attristé : c'est, dans les *Meninas*, le sourire fin et malicieux de la mignonne infante Marguerite. C'est à Velazquez que nous la devons.

L'art espagnol est avant tout un art austère, assombri par je ne sais quel reflet d'Inquisition, de réclusion claustrale, de religion monacale. Il se préoccupe à son insu du milieu qui l'entoure et obéit aux inspirations que ce milieu lui suggère. Voyez les églises ! Elles sont sombres : la lumière du ciel y pénètre à peine, les voûtes et les nefs se perdent dans le mystère ; et quand, à la nuit tombante, dans les lueurs indécises des cierges fumeux, vous entendez les prières des fidèles psalmodiées sur un ton grave et monotone, vous êtes saisi d'un vague sentiment de terreur, vous éprouvez des impressions d'un au-delà inconnu et terrible ; on croit entrevoir les flammes de l'enfer, on entend les plaintes sourdes des damnés. Les Christs sont des squelettes à peine recouverts de chair, aux plaies saignantes. Les Vierges, impassibles dans leurs auréoles d'or, étincelantes de pierreries, sont invariablement emprisonnées dans un vêtement triangulaire d'une rigidité implacable. Toute évocation, tout sentiment de forme humaine doivent disparaître ; ainsi le veut le prêtre, et l'usage imposé est si rigoureusement observé, l'ordre donné si strictement obéi, que les moines desservants d'une église célèbre par les pèlerinages royaux n'hésitent pas à scier sans pitié les genoux d'une admirable Vierge du XIIIe siècle, objet de la vénération générale, pour adapter à la statue ainsi mutilée l'immuable chape traditionnelle.

A l'exemple des autres arts, la peinture suit la voie étroite et aride. Il n'en peut être autrement. Ainsi privée de liberté, sous la main rude et ignorante des moines fanatiques, l'école est lente à s'affranchir. Heureusement pour elle, la saine et généreuse nature, toujours là pour ramener à la vérité les esprits dévoyés, la nature, plus forte que toutes les traditions humaines, veille sur ses destinées et ne tardera pas à lui venir en aide. Longtemps encore, toutefois, nous verrons les Christs, les Vierges de Morales, empreints de la maigreur ascétique du moyen âge. L'affranchissement ne commence qu'avec le Greco, mais les progrès sont rapides, et ce maître, d'un bond, atteint presque le but. Avec lui, la couleur (il avait passé sa jeunesse à Venise) devient brillante et prend de l'éclat, et d'un art savant, quoique touchant trop souvent à la bizarrerie, il indique à l'école la voie dans laquelle elle entrera et dont elle ne sortira plus. Ses portraits inspireront Velazquez, peut-être Ribera ; Goya, plus tard, s'en préoccupera.

Mais ce n'est qu'avec Ribera et Velazquez que l'école donne libre carrière à ses aspirations et s'épanouit dans toute sa force, dans toute sa plénitude. Avec eux l'art espagnol devient réaliste et puissant. Ces deux grands peintres, toutefois, obéissant à des tempéraments différents, n'envisagent pas la nature sous le même aspect.

Doué d'une rare énergie, Ribera, par le choix des sujets et encore plus par leur interprétation, est toujours d'un réalisme âpre et intense qui, dans l'exécution, dans l'expression de la forme, touche parfois — je ne trouve pas d'autre expression — à une sorte de férocité instinctive. Il se complaît dans la représentation des supplices, des martyres. Les mendiants, les vieillards aux rides profondes, sont ses modèles de prédilection.

Dans ses tableaux, les oppositions des ombres et des lumières sont violentes, les tons entiers. Il place tous ses personnages au premier plan, afin que nul détail ne lui échappe, et il fouille les « morceaux » avec une énergie et une virtuosité inconnues avant lui et qui ne devaient jamais être surpassées.

Velazquez procède différemment et obéit à un sentiment plus élevé. Si, dans ses premières œuvres, dans la *Fragua*, dans les *Borrachos,* par exemple, — tableaux qui dans la pensée de leur auteur devaient représenter l'un Apollon chez Vulcain, l'autre Bacchus, et qui, en réalité, ne nous font voir, le premier, qu'un jeune homme auréolé entrant dans une forge quelconque, et le second, qu'un buveur tout nu au milieu de mendiants aux trognes avinées (n'y aurait-il pas là, tout comme dans *Don Quichotte*, une certaine ironie irrespectueuse envers les dieux de l'Olympe ?) — si, dans ces œuvres, dis-je, Velazquez est un réaliste à outrance, traduisant tout ce qu'il voit sans distinction avec une rigueur implacable, il ne tardera pas, dans ses œuvres successives, à élargir sa manière et à la simplifier. A l'avenir, il sera frappé par l'ensemble d'une scène, l'ensemble d'un personnage, les détails deviendront secondaires. Il a le don de la simplicité, il acquerra celui de la synthèse. Personne mieux que lui ne saura résumer en quelques traits une tête, un paysage, un personnage quelconque ; et quand il aura rendu la tournure, le type, le caractère de ce personnage, il sera pleinement satisfait. Il enveloppera ses modèles d'air ambiant et les placera si exactement au plan qu'ils doivent occuper qu'on croira circuler parmi eux. Les *Fileuses*, et surtout les *Menines*, sont des chefs-d'œuvre uniques en leur genre et n'ont pas d'équivalent dans l'histoire de la peinture.

Et les procédés que Velazquez emploie pour obtenir un

résultat si saisissant sont d'une étonnante simplicité. Armé d'une palette sur laquelle on ne voit qu'un nombre très restreint de couleurs, quelques pinceaux longs et déliés à la main, il peint du premier coup. Les ombres simplifiées ne sont que frottées, seules les lumières sont peintes en pleine pâte ; et le tout, dans des tonalités fines, si largement, si prestement exécuté, est tellement juste de couleur, de proportions, tellement exact de valeurs, tellement vrai de dessin que l'illusion est complète et l'œuvre admirable.

Velazquez est un vrai maître. S'il a des rivaux, nul ne lui est supérieur. Nul parmi ses contemporains ne porte ombrage à sa gloire. Comparez-le aux plus illustres, à Rembrandt, par exemple. Rembrandt, lui, le prodigieux magicien, fait vivre ses personnages dans une atmosphère de son invention. Il crée tout un monde idéal dans son puissant cerveau, et il le pétrit, l'éclaire et le colore comme il l'entend, va où son génie le pousse et produit les chefs-d'œuvre incomparables qu'on ne se lasse pas d'admirer.

Rien de pareil chez Velazquez. Ce que le maître espagnol cherche avant tout, c'est le caractère et la vérité. Il est réaliste dans la grande et belle acception du mot. Il peint la nature comme il la voit et comme elle est. L'air qu'il respire est le nôtre, son ciel celui sous lequel nous vivons. On éprouve en face de ses personnages l'impression que l'on ressent devant des êtres vivants.

Voyez van Dyck (je suis ému en écrivant ces grands noms de l'art et un frisson de joie traverse mon esprit au souvenir de leurs œuvres immortelles) : van Dyck — nous connaissons sa manière de procéder — peint les têtes de ses grands seigneurs entièrement d'après nature, et, prodige d'habileté, chacune de ces têtes si lumineuses, si vraies, si vivantes, est peinte, dit-on, en un seul jour. Puis, il fait poser les mains, les vêtements, par des gens « à sa solde », un peu et toujours les mêmes, « très propres » d'ailleurs, ce qui, à la rigueur, pourrait bien donner à quelques-uns de ses admirables portraits, comparés entre eux et superficiellement entrevus, un certain air de famille. Merveilleuse famille toutefois !

Velazquez, sans nulles complaisances envers ses modèles, peint tout, même les détails secondaires, d'après son roi, d'après les infantes, d'après les personnages, quels qu'ils soient, qui posent devant lui, et il obtient ainsi, son art impeccable étant donné, des portraits d'un caractère surprenant de grandeur et de réalité, portraits suggestifs et impressionnants dont les silhouettes mâles et vigoureuses sont gravées dans nos souvenirs en traits ineffaçables.

Et il va droit son chemin, le grand peintre, et dans sa sérénité altière, peut-être inconsciente, il ne se laisse détourner par personne de la voie qu'il s'est tracée, que son génie lui a indiquée. Rubens, l'illustre Rubens, qui arrive à Madrid avec le prestige d'un ambassadeur, avec une auréole de gloire, avec une renommée universelle, Rubens, à qui Velazquez prête son atelier, avec lequel il entretiendra une correspondance suivie, qu'il conduit par ordre du roi à l'Escurial, à qui il voit peindre, en neuf mois, un nombre incroyable de chefs-d'œuvre — et Dieu sait quels chefs-d'œuvre ! — Rubens lui-même, malgré son génie éclatant, malgré sa fécondité inépuisable, n'a aucune influence sur Velazquez. Le maître espagnol reste fidèle à la tradition de sa race; tel il était avant la venue du maître flamand, tel il demeurera après son départ, et la postérité ravie et reconnaissante s'incline devant sa puissante originalité.

Nul mieux que M. de Beruete n'était apte à nous conter la vie et à nous décrire l'œuvre de Velazquez. Sa double qualité de peintre et de lettré, son amour passionné pour son immortel compatriote, ses lectures, ses recherches patientes dans les archives et dans les musées, ses voyages à travers l'Europe, sa conscience si scrupuleuse, sa curiosité toujours en éveil, et enfin et surtout son courage pour dire ce qu'il sait être la vérité, l'ont aidé à écrire ce livre important, qui est et qui restera le livre définitif sur le grand peintre espagnol. Je lui souhaite le succès qu'il mérite.

L. BONNAT.

Saint-Jean-de-Luz, octobre 1897.

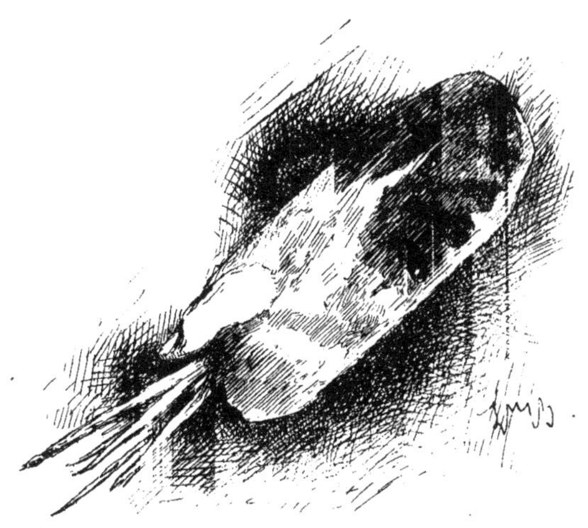

AVANT-PROPOS

La bibliographie de Velazquez, qui s'augmente constamment depuis bon nombre d'années, a atteint à l'heure actuelle un développement considérable, grâce à l'intérêt qu'éveillent la vie et les œuvres du maître. Nous devons à cette littérature spéciale d'importants matériaux pour la partie biographique et documentaire du présent livre, dans lequel nous avons voulu condenser tout ce qui a été publié jusqu'ici relativement à notre peintre, nous réservant d'ailleurs le droit de rectifier les renseignements et les données insuffisamment fondés.

Depuis longtemps, des livres et des manuscrits nous ont fait connaître les faits saillants de l'existence du peintre, en même temps que ses tableaux les plus célèbres. Déjà, parmi les contemporains de Velazquez, on en peut citer au moins deux qui s'occupèrent du maître : le premier est le peintre et critique d'art Francisco Pacheco, beau-père de Velazquez et auteur du fameux *Art de la peinture ;* nous lui devons de rares mais précieux renseignements sur la vie de son gendre ; l'autre est le peintre aragonais Jusepe Martinez, dont le manuscrit intitulé *Discours pratiques sur l'art de la peinture*, n'a été imprimé qu'en 1866. Ces indications et celles que fournirent des manuscrits d'autres auteurs, en particulier des peintres Lazaro Diaz del Valle et le P. Juan Rizi, furent recueillies dans la première biographie de Velazquez, au tome II du célèbre *Museo pictorico* que publia un autre peintre, Antonio Palomino, en 1724, soixante-quatre ans après la mort du maître. Longtemps on n'a connu les particularités de la vie de

Velazquez qu'à travers cette intéressante biographie dont certaines erreurs n'ont été redressées que récemment, grâce à de nouvelles investigations. A partir de l'apparition du *Museo pictorico*, on ne peut citer, pendant tout le cours du XVIIIe siècle, aucune publication importante concernant Velazquez ; pourtant, à la fin de ce siècle, Mengs porta d'excellents jugements sur certaines toiles du grand maître espagnol, et l'érudit Antonio Ponz décrivit ces mêmes toiles dans son *Viaje de España* (1772). Peu de temps après, Ceán Bermudez consacra un important chapitre de son *Dictionnaire des professeurs des Beaux-Arts en Espagne* (1800) à résumer les données connues jusque là relativement à Velazquez.

Depuis, d'innombrables publications sur ce sujet ont vu le jour. Le principal instigateur de ce mouvement dans notre siècle fut sir William Stirling, lequel, d'abord dans ses *Annales des artistes espagnols* (1848) et plus tard dans un livre spécial sur Velazquez — traduit en plusieurs langues, notamment en français par G. Brunet, avec d'importantes notes du critique Thoré (1865), — popularisa le nom du maître, dont les œuvres commençaient déjà, en Angleterre surtout, à être très vantées par les artistes et recherchées par les amateurs.

Stirling et Ford, à qui l'on doit également d'intéressantes pages sur le même sujet, ont eu pour successeurs, outre-Manche, de nombreux critiques, parmi lesquels, tout récemment, M. Stevenson, auteur de *The Art of Velazquez* (1895), et M. Walter Armstrong, auteur d'une étude sur le maître parue en 1897. C'est en anglais aussi que l'Américain M. C.-B. Curtis publia un catalogue des œuvres de Velazquez (1883) que l'on ne doit pas omettre dans une bibliographie de ce peintre.

En France, M. Paul Lefort, si versé dans l'histoire et la critique de l'art espagnol, et dont les travaux méritent la plus haute estime, publia, à partir de 1879, dans la *Gazette des Beaux-Arts*, un nombre considérable d'articles sur Velazquez, qu'il réunit plus tard en un volume enrichi d'illustrations ; le même auteur a, dans sa *Peinture espagnole*, consacré bon nombre de pages à Velazquez. Revues, journaux et recueils artistiques français ont publié sur le même sujet quantité d'études que nous aurons l'occasion de citer au cours du présent livre, et parmi lesquelles il y a lieu de distinguer les articles de M. Émile Michel contenus dans les livraisons d'août et septembre 1894 de la *Revue des Deux Mondes* et réimprimés dans le livre de ce critique intitulé *Études sur l'histoire de l'Art* (1895).

En Espagne, le premier critique contemporain qui se soit occupé sérieusement de Velazquez est don Pedro de Madrazo, dans son discours inaugural de l'Académie des Beaux-Arts de San Fernando, en 1870, et plus tard dans la biographie et les notes qu'il consacra à ce peintre dans le *Catalogue raisonné du musée du Prado* (1872), modèle des ouvrages de ce genre : il y donne de précieux renseignements sur l'origine des Velazquez que renferme le musée. Cet illustre critique d'art a, en outre, fait paraître dans des revues et des recueils espagnols et français divers articles relatant le résultat de ses investigations ou analysant les œuvres du maître.

M. Cruzada Villaamil, qui avait déjà publié plusieurs travaux importants dans la revue *El arte en España*, fit imprimer en 1885 un livre intitulé *Annales de la vie et des œuvres de Velazquez;* non mis dans le commerce, cet ouvrage est cependant avantageusement connu, grâce à un nombre restreint d'exemplaires appartenant à divers amateurs. On y trouve — et c'est ce qui en constitue le principal intérêt, — outre la quasi-totalité des précieux documents imprimés pour la première fois au tome LV de la *Collection des documents inédits pour servir à l'histoire d'Espagne* (1870) par M. Zarco del Valle, d'autres pièces provenant des archives de Simancas, des Archives historiques nationales, etc.

On doit citer aussi, au nombre des critiques espagnols qui se sont occupés de Velazquez, M. Araujo Sanchez, lequel, dans divers articles consacrés aux toiles du musée du Prado faussement attribuées à Velazquez, donna une nouvelle preuve de sa sagacité et de sa parfaite connaissance des peintres espagnols.

Mais, parmi toutes ces publications tant anciennes que modernes, il convient de faire une place à part à l'ouvrage publié en 1888 par le professeur de l'Université de Bonn, M. Carl Justi, livre où rien n'est omis de ce qui a été écrit jusque là sur Velazquez et que l'auteur a, de plus, enrichi, grâce à ses investigations personnelles en Espagne, de nombreuses particularités inédites sur la vie du maître. Ajoutez à cela l'examen attentif et profond de chacune des œuvres de Velazquez, l'étude du progrès et du développement de l'artiste aux différentes époques de sa carrière, la narration si documentée des faits historiques contemporains, la vie des personnages qui prirent part à ces événements, et vous comprendrez qu'un ouvrage de cette importance ait été non seulement consulté, mais encore pris pour modèle par un grand nombre de ceux qui, après M. Justi, ont entrepris de traiter le même sujet ; ces derniers ont eu d'ailleurs la loyauté d'en convenir. Nous déclarons à notre tour que l'ouvrage de M. Justi a été mis à contribution par nous pour une grande partie de notre travail, encore qu'il suffise de comparer les deux titres pour se rendre compte des divergences qui les séparent. *Velazquez et son siècle*, de M. Justi, est, comme son nom l'indique, non seulement une étude sur la vie et les œuvres du peintre, mais encore l'histoire de l'époque et du milieu où ce génie se forma, et il nous offre de la sorte un tableau de l'Espagne politique et sociale du XVIIe siècle ainsi que de la cour de Philippe IV avec ses personnages les plus marquants. Le présent ouvrage a des limites plus étroites ; nous avons tenté d'y donner une idée substantielle de la vie de Velazquez, sans négliger les détails qui peuvent jeter quelque lumière sur cette existence restée si mystérieuse, ou qui ont trait à la production artistique du maître, production à l'histoire et à l'examen de laquelle nous donnons une place prépondérante. Pas un seul des Velazquez que nous estimons authentiques n'a été laissé dans l'ombre par nous ; nous les mentionnons et les apprécions tous, ayant eu la bonne fortune de pouvoir examiner attentivement — sauf quatre ou cinq tableaux — l'œuvre entier du maître. Nous avons été guidé dans cet examen par l'expérience acquise à la suite de plusieurs années d'études constantes au musée du Prado en présence des peintures originales de Velazquez. Faute de cette initiation, en effet, il est impossible de porter des jugements définitifs en l'espèce.

Il y a, à notre avis, un triage à faire dans l'œuvre de Velazquez tel qu'il apparaît aujourd'hui dans les musées et collections d'Europe. Quelles sont les toiles sur l'authenticité desquelles il ne peut y avoir de doutes? Le but principal du présent travail est d'élucider ce point qu'on n'a pas suffisamment essayé de tirer au clair jusqu'ici. La raison pour laquelle Velazquez jouit d'un renom aussi éclatant, c'est que les qualités qui le distinguent sont exceptionnelles, uniques; ses œuvres ne doivent donc pas être confondues avec celles de ses élèves ou des copistes et pasticheurs qu'il a eus et a encore comme tous les génies créateurs. Par malheur, le désordre et la confusion qui règnent dans ces attributions viennent troubler la critique dans son appréciation raisonnée des rares œuvres authentiques de Velazquez entre les innombrables tableaux dont on lui accorde la paternité, mais qui sont apocryphes pour la plupart. La clarté se fait peu à peu à cet égard. La *Famille de Mazo*, du musée de Vienne, longtemps attribuée à Velazquez, a été récemment cataloguée sous le nom de Mazo, son auteur à n'en pas douter. De cette attribution fausse ont découlé maintes erreurs, les critiques ayant cru voir dans des tableaux de Mazo des peintures originales de Velazquez. Une autre erreur de ce genre est sur le point d'être corrigée, si elle ne l'a été déjà, grâce à la loyauté et au zèle artistique de l'éminent directeur de la National Gallery, sir E.-J. Poynter : il s'agit de la fameuse *Adoration des bergers* qui a longtemps passé pour un Velazquez et qui va être rendue à Zurbaran, son véritable auteur. Le directeur actuel du musée du Prado, le célèbre artiste Pradilla, est également animé des meilleures intentions pour rectifier les erreurs d'attribution qui figurent sur le catalogue du musée, erreurs d'autant plus regrettables que c'est à Madrid qu'il faut se rendre pour apprécier et étudier à fond l'œuvre de Velazquez. Nous avons la satisfaction de constater que M. Pradilla classe en général comme le fait le présent livre les Velazquez vrais ou faux du musée de Madrid.

Ce point capital et délicat, qui consiste à distinguer les œuvres authentiques de Velazquez des innombrables toiles qui sont cataloguées sous son nom, n'a constitué jusqu'ici le sujet principal d'aucun des ouvrages publiés sur le maître. M. Walter Armstrong, dans sa récente monographie, fait exception à la règle, en signalant avec un véritable esprit d'indépendance les tableaux qui, à son avis, méritent d'être tenus pour des Velazquez, en les étudiant et en les classant par ordre chronologique. Nous sommes d'accord avec M. Armstrong dans un grand nombre de cas, mais certaines de nos appréciations — et non des moins importantes — diffèrent des siennes. D'ailleurs, le fait d'être né et de vivre en Espagne, sans compter nos voyages entrepris dans le but d'étudier les œuvres de Velazquez, nous a permis de poursuivre le présent travail sans interruption pendant un laps de temps considérable. De plus, nous avons eu l'occasion d'examiner plusieurs tableaux du maître inconnus jusqu'ici : aussi le catalogue par ordre chronologique que nous dressons à la fin de ce volume compte-t-il plus d'œuvres authentiques que celui que M. Walter Armstrong a publié et qui lui sert de base pour juger la personnalité artistique de Velazquez.

Il ne nous appartient pas de faire l'éloge de notre volume ; nous ne voulons pas toutefois terminer cet avant-propos sans faire remarquer que, grâce à nos éditeurs, ce livre est matériellement un des plus beaux de tous ceux qui aient jamais été consacrés à Velazquez. MM. Braun, Clément et Cie nous ont permis de puiser à pleines mains dans leur fonds si riche ; ils ont reproduit directement, avec leur soin habituel, d'après leurs excellentes photographies si appréciées de tous les amateurs d'art, toutes les œuvres capitales du maître.

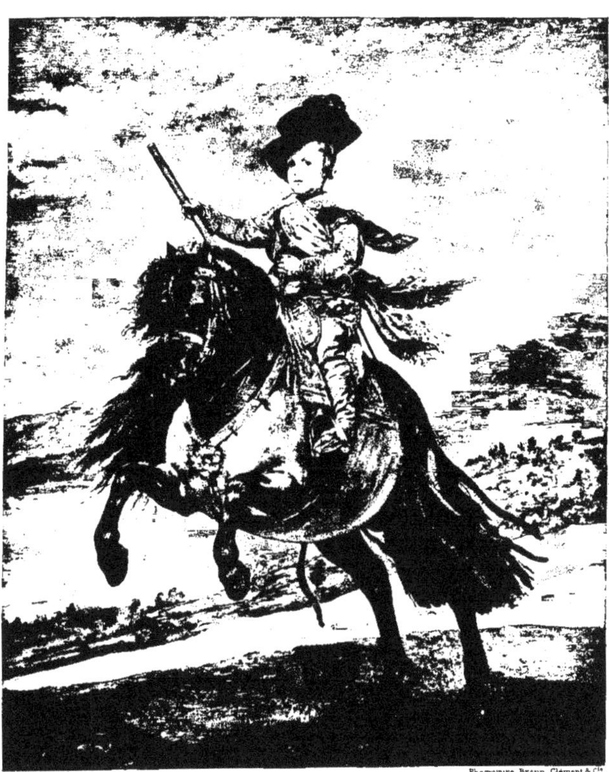

Velazquez pinx[t]

Phogravure Braun Clément & Cie

Portrait du Prince Don Balthazar Carlos
(MUSÉE DU PRADO)

VELAZQUEZ

CHAPITRE PREMIER

Développement de la peinture en Espagne pendant le xve et le xvie siècle. — Naissance de Velazquez. — Années d'apprentissage chez Herrera et Pacheco. — Premiers essais. — La *Vieille Femme faisant frire des œufs* et le *Vendeur d'eau de Séville*. — Tableaux religieux de cette période. — Prétendue influence de Ribera, de Zurbaran et de Tristan sur Velazquez. — Mariage de Velazquez. — Premier voyage à Madrid. — Portraits du poète Gongora et d'un personnage inconnu du musée du Prado.

L'influence artistique exercée par les Pays-Bas sur l'Espagne pendant le xve siècle a laissé de nombreux vestiges dans ce dernier pays. Il faut en chercher l'origine, pour ce qui a trait à la peinture, en dehors des rapports amicaux qu'entretenaient les rois de Castille avec les princes de la maison de Bourgogne, dans le voyage en Portugal de Jan van Eyck et dans le séjour qu'il fit, en passant, à la cour de Jean II.

Cette prépondérance de l'élément flamand ne fut pourtant pas de longue durée. L'art de la Renaissance italienne, que l'on entrevoit déjà dans quelques œuvres de la fin du xve siècle, acquiert son développement en Espagne au début du siècle suivant, et c'est alors une véritable émigration en Italie des artistes espagnols. Enrique Arphe, qui fait son apparition en Espagne au commencement du xve siècle et y exécute d'admirables œuvres d'orfèvrerie gothique, entre autres les ostensoirs de Tolède et de Cordoue, est le grand-père de l'orfèvre Juan de Arphe, dont les productions sont du style Renaissance le plus pur. Le Flamand Pierre de Kempeneer, connu sous le nom de Pedro de Campaña, s'inspire tour à tour dans ses tableaux, conservés à

Séville, des styles flamand et italien et des caractères particuliers propres à chacune de ces deux écoles.

Ce mouvement imprimé par l'art de la Renaissance, on le voit se développer presque simultanément dans les trois régions de Valence, de la Castille et de l'Andalousie. Les représentants les plus qualifiés du nouveau style à Valence sont Vicente Juan Macip (Juan de Juanes), imitateur des élèves de Raphaël avec lesquels il étudia l'art en Italie, et un autre peintre dont la personnalité garda plus d'accent, Francisco Ribalta, fondateur d'une école dans laquelle brillèrent son fils Juan, Espinosa et quelques autres moins connus, et que le grand José Ribera, tout jeune alors, fréquenta. La tendance réaliste, si caractéristique dans la peinture espagnole de la fin du XVIe siècle, et qui s'accentue et acquiert son développement parfait au XVIIe, eut pour précurseur dans la région valencienne Ribalta, dont les toiles, fort rares en dehors de l'Espagne, créent à leur auteur des droits à une célébrité plus marquante que celle qu'il a obtenue jusqu'ici.

En Castille, vers le milieu et à la fin du XVe siècle, on distingua les peintres Fernando Gallegos et Anonio del Rincon. Le premier imita les Flamands et le second s'inspira des Italiens.

Au XVIe siècle, on voit à la cour de Charles-Quint et à celle de Philippe II l'art importé d'Italie parvenir à son apogée, grâce non seulement aux illustres Espagnols contemporains, tels que Alonso Berruguete et Gaspar Becerra qui, comme la plupart des artistes de la Renaissance, étaient à la fois peintres, sculpteurs et architectes, mais grâce aussi aux rapports qu'entretenaient les deux souverains avec les grands artistes italiens. Ceux-ci, Titien notamment, contribuèrent par bon nombre d'œuvres à la décoration des palais et des monastères. La construction de l'Escurial attira une colonie d'artistes de ce pays ; non certes les grands maîtres : ils n'étaient plus ; mais des élèves plus ou moins maniérés et décadents avec lesquels se trouvèrent en contact un certain nombre d'Espagnols, entre autres Juan Fernandez Navarrete *le Muet*, imitateur des peintres vénitiens.

Un contemporain de Navarrete, Luis de Morales, originaire de l'Estramadure, fut surnommé *le Divin* à cause du caractère exclusivement religieux des sujets qu'il traitait et du mysticisme particulier, inspiré parfois de Michel-Ange, le plus souvent de Léonard de Vinci, dont il les imprégnait.

A la cour, il y eut une succession ininterrompue de peintres de portraits. Le premier de la série fut le peintre hollandais Antonis Mor que suivirent les Espagnols Sanchez Coello, Pantoja et Bartolomé Gonzalez, tous peintres du roi, de Charles-Quint à Philippe IV. Des excellents portraits d'Antonis Mor aux si banales effigies de Gonzalez il y a une progression descendante, qui suit parallèlement le déclin de la maison d'Autriche.

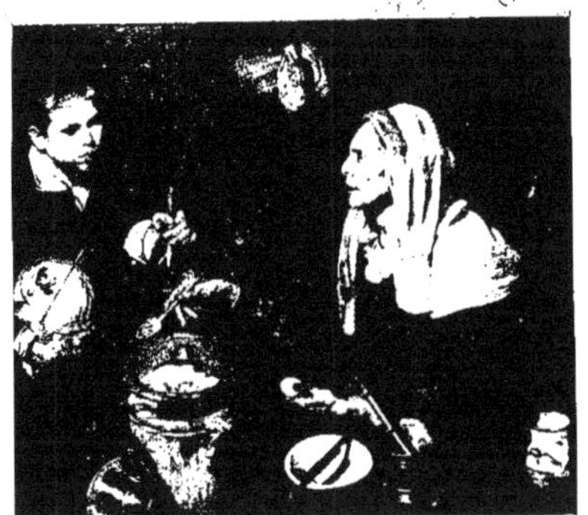

Vieille femme faisant frire des œufs[1]
(Collection de sir Francis Cook, Richmond Hill.)

Cette décadence ne se réduisait pas à l'art du portrait ; la preuve en est dans l'effet que produisit à Rubens la première visite qu'il fit en 1603 à la cour d'Espagne. Voici ce qu'écrit l'illustre peintre à Iberti, secrétaire et représentant du duc de Mantoue à Madrid : « Le duc de Lerme veut que nous peignions en toute hâte de nombreux tableaux avec l'aide de peintres espagnols. Je seconderai ses vues, mais je ne l'approuve pas, eu égard au peu de temps dont nous pouvons disposer, ainsi qu'à la misérable insuffisance et à la négligence de ces peintres-ci et de leur manière de travailler. La mienne est absolument différente de la leur, et plaise à Dieu qu'elle ne lui ressemble jamais. » Dans une autre lettre, faisant allusion aux superbes toiles de Raphaël, de Titien et autres grands maîtres que renfermaient l'Escurial et les palais de Madrid et du Pardo, Rubens s'exprime ainsi : « Je suis surpris de la qualité et de la quantité de

[1] Publié avec l'autorisation de la « New Gallery », Londres.

ces tableaux, mais quant aux modernes, il n'y en a pas un seul qui ait de la valeur[1]. » Il est à présumer que Rubens aurait parlé autrement si, au lieu de borner, cette fois, son voyage à Madrid, il l'avait prolongé jusqu'à Séville ou Valence, ou s'il avait vu à Tolède les compositions surprenantes et originales au plus haut degré du Greco.

L'influence flamande qui s'exerça en Andalousie, aussi bien que dans le reste de l'Espagne, jusqu'au début du XVIe siècle, se prit à décliner alors et fut complètement remplacée par l'influence italienne, répandue à Séville par le peintre Luis de Vargas et à Cordoue par le prébendé de la cathédrale, Pablo de Cespedes ; ce dernier, parfait prototype des hommes de la Renaissance, cultiva différents arts plastiques et fut même un poète et un archéologue distingué.

La suprématie de l'art italien acquit son complet développement avec Juan de las Roëlas. Ce peintre, de retour à Séville à la fin du XVIe siècle, après avoir étudié sous les Vénitiens, produisit d'importants ouvrages, d'un tour personnel, où l'on trouve en pleine activité les éléments de ce réalisme propre à l'école de Séville lorsqu'au siècle suivant elle atteignit son apogée avec Alonso Cano, Zurbaran, Velazquez et Murillo.

Herrera *le Vieux* et Francisco Pacheco firent leur apparition peu d'années après Roëlas. Le caractère impétueux et brusque de Herrera, manifeste jusque dans ses tableaux, fait de ce peintre un représentant accompli des artistes de sa race. Son tableau du Salon Carré, au Louvre, *Saint Basile dictant sa doctrine*, donne une idée exacte de son tempérament de peintre. Pacheco, homme fort instruit, poète et critique d'art, ne fut pas, comme peintre, à la hauteur de Herrera. L'un et l'autre furent les maîtres de Velazquez et ce fait, plus que leurs œuvres mêmes, a assuré leur gloire.

Velazquez naquit à Séville en 1599 et fut baptisé le dimanche 6 juin en l'église paroissiale de San Pedro, où l'on conserve son acte

[1] *Rubens Diplomatico español*, par Cruzada Villaamil. Madrid, Medina y Navarro, 1874, p. 70 et 72.

de baptême[1]. Il est à présumer que sa venue au monde précéda la cérémonie de un ou plusieurs jours. La tradition rapporte qu'il vit le jour dans la maison portant le numéro 8 de la calle de Gorgoja, où d'ailleurs plus rien ne subsiste de cette époque. Ses parents étaient don Juan Rodriguez de Silva, né à Séville d'une illustre famille portugaise établie depuis quelque temps dans cette ville, et doña Geronima Velazquez, Sévillane elle aussi et descendant des Velazquez et des Zayas. Le nom exact de notre peintre doit donc être Diego Rodriguez de Silva y Velazquez; il avait coutume de signer Diego de Silva Velazquez; mais, du roi au dernier de ceux qui jadis et maintenant ont proféré son nom, tous l'ont appelé et l'appelleront Velazquez.

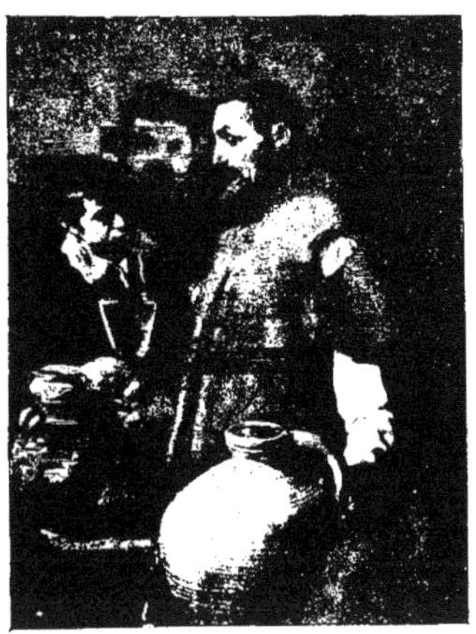

LE VENDEUR D'EAU DE SÉVILLE[2]
(Collection du duc de Wellington, Apsley House.)

On ne sait rien de bien intéressant sur ses premières années. Il apprit de bonne heure le latin et la philosophie. Au cours de ses études, il fit preuve d'aptitudes pour les sciences; cependant, dès l'abord il témoigna du penchant pour la peinture. Cette vocation ne fut pas contrariée par ses parents; leur état de fortune leur permettait de pourvoir aux dépenses que nécessitait l'enseignement artistique. Aussi trouvons-nous dès l'âge de treize ans le jeune homme étudiant chez Herrera.

En dépit de la remarquable personnalité artistique de ce dernier,

[1] En voici le texte : « Ce dimanche, sixième jour du mois de juin 1599, moi, le licencié Gregorio de Salazar, curé de l'église Saint-Pierre de Séville, ai baptisé Diego, fils de Juan Rodriguez de Silva et de Geronima Velazquez, sa femme; son parrain a été Pablo de Ojeda, habitant de la paroisse de la Magdalena, que j'ai prévenu de la parenté spirituelle par lui contractée; fait *ut supra*. El Licenciado Gregorio de Salazar. »

[2] Publié avec l'autorisation de la « New Gallery », Londres.

l'influence qu'il aurait exercée sur son jeune élève et qui fut décisive, au dire de plusieurs des biographes de Velazquez, est loin d'être prouvée et il n'est pas croyable qu'elle ait pu prendre corps pendant une période d'enseignement de quelques mois. Il ne semble pas possible que Herrera ait mis à Velazquez la palette à la main avant l'âge de quatorze ans; à peine aurait-il eu le temps de lui inculquer les premières notions du dessin : or, on sait que c'est à quatorze ans que Velazquez quitta son maître. D'ailleurs, le caractère excessivement violent de Herrera n'était pas des plus propres à lui valoir la sympathie d'un élève d'un naturel affable, et l'inflexible conscience apportée par Velazquez à l'étude de l'art était l'opposé de l'excessive désinvolture et de l'impétueuse fantaisie de son professeur. Aussi s'explique-t-on qu'en 1613 l'on voie les parents du jeune homme le mener chez Francisco Pacheco, à peine de retour alors d'un long voyage à Madrid, Tolède et l'Escurial, qui n'avait pas peu contribué à le consacrer maître dans toutes les branches de l'art. Ce nouvel enseignement fut autrement profitable à Velazquez que ne l'avait été celui de son ancien professeur; car, bien que supérieur en renom, comme peintre, à Pacheco, Herrera avait un tempérament et des tendances qui n'étaient pas de nature à être transmis à des élèves.

Ces connaissances universelles, qui mettaient Pacheco bien au-dessus de Herrera, en firent un des Espagnols les plus éclairés de son temps. Il avait en outre une singulière aptitude à comprendre le beau et à le faire sentir aux autres. Sa maison était une académie où se donnaient rendez-vous tous les beaux esprits de Séville, tous ceux qui s'y distinguaient dans les lettres ou les arts. Il était poète élégant et subtil, grand amateur de littérature latine, et son autorité était reconnue par ceux mêmes dont l'habileté technique surpassait la sienne.

Pour toutes ces raisons, et peut-être surtout à cause des vertus sociales et privées de Pacheco, les parents de Velazquez ne pouvaient mieux faire que de confier à un tel maître l'éducation artistique de leur fils Diego. Pacheco exerça une grande influence sur la vie entière de son élève, car, outre ce qui a trait à l'enseignement de l'art, il contribua, par ses conseils, son appui, ses relations, à la fortune de

Velazquez, qu'il finit par introduire dans sa propre famille en lui accordant la main de sa fille Juana. Aussi peut-on dire avec M. Menéndez y Pelayo que le plus bel ouvrage de Pacheco fut son gendre[1].

Le savoir que Velazquez acquit dans ses années d'adolescence à l'Académie où se réunissaient chaque jour les plus beaux esprits de Séville — pour la plupart dépeints par Pacheco dans son fameux *Livre descriptif de portraits véridiques d'illustres et mémorables personnages* — ; les récits que dut lui faire Pacheco de ses voyages, narrations enrichies de commentaires sagaces des chefs-d'œuvre admirés ;

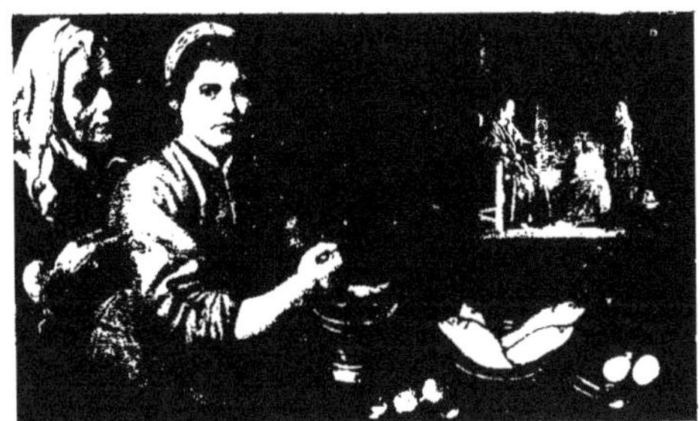

Le Christ chez Marthe (National Gallery[1].)

la fréquentation de camarades tels que Zurbaran et son condisciple Alonso Cano ; toute cette éducation quotidienne fut merveilleusement propre à développer son talent viril et sérieux et cette suprême distinction qui, sous les espèces d'un naturalisme pur, est la caractéristique de ses créations inspirées.

Pacheco, en tant que maître, eut surtout le talent de deviner et de respecter de prime abord les rares aptitudes de son élève et principalement sa vigoureuse personnalité. Cette originalité, qui distingua Velazquez dès sa jeunesse, fut pressentie en son germe par la sagacité de Pacheco ; Velazquez, en effet, dans les premiers tableaux qu'il

[1] *Historia de las ideas estéticas en España*, t. II, vol. II, p. 621.

peignit sous la direction de ce dernier, va de l'avant avec tant d'indépendance que, si l'on n'était pas certain de la date de ses œuvres, il serait impossible de les attribuer à un élève quelconque de Pacheco, tant, par leur style et leurs tendances, elles diffèrent de celles du professeur. Velazquez suivait librement le penchant qui le portait à étudier la nature et à la reproduire telle qu'il la voyait, sans l'idéaliser. Il bornait son art à rendre le plus fidèlement possible les lignes et les formes de ses modèles, afin d'exprimer avec le plus d'intensité possible ce qu'il voulait interpréter. La reproduction fidèle de la nature fut toujours le but qu'il s'assigna avec la plus stricte sévérité, guidé d'abord en cela par un instinct foncier, et ensuite par l'impulsion d'une foi inébranlable. L'évolution lente mais progressive que l'on remarque dans son œuvre est le fruit de cette croyance qui s'affermissait à mesure que s'opérait, grâce à d'incessantes études, à des voyages, à des lectures et à d'autres éléments de culture intellectuelle, l'éducation de ses sens et de son esprit.

Personne ne peut porter sur les premiers tableaux exécutés par Velazquez dans l'atelier de son maître un plus exact témoignage que Pacheco lui-même : celui-ci nous dit dans son *Art de la Peinture*[1] que les premiers essais de son élève furent des *bodegones* (natures mortes)[2], et il ajoute en faveur de ce genre de peinture, alors et encore plus tard si en vogue en Espagne : « Les *bodegones* ont droit à une très haute estime, car c'est à eux et aux portraits qu'il (Velazquez) doit d'avoir trouvé la vraie manière d'imiter la nature, encourageant ainsi beaucoup d'esprits par son puissant exemple ». Et plus loin : « C'est dans cette croyance que fut élevé dès son enfance mon gendre Diego Velazquez de Silva. Il avait embauché un petit paysan qui lui servait de modèle dans diverses poses et attitudes, tantôt pleurant, tantôt riant, sans que mon gendre tâchât d'esquiver aucune difficulté. Et il fit d'après ce garçon et d'autres de nombreuses études au fusain

[1] *Arte de la pintura, su antiguedad y grandezas*, imprimé à Séville en 1649. Don Gregorio Cruzada Villaamil en a fait une réimpression à Madrid, en 1866, chez Manuel Galiano.

[2] On entendait en outre par *bodegones* des tableaux avec figures représentant des scènes de cuisine ou autres scènes analogues.

rehaussé de blanc sur papier bleu, ce qui lui permit de parvenir à la vérité dans l'art du portrait ».

C'est à cette période de jeunesse qu'appartiennent quelques tableaux de Velazquez, notamment celui que mentionne l'érudit Ponz[1] et que cite également l'inventaire du palais en 1772, dans les termes suivants : « Une peinture qui représente une table sur laquelle il y a

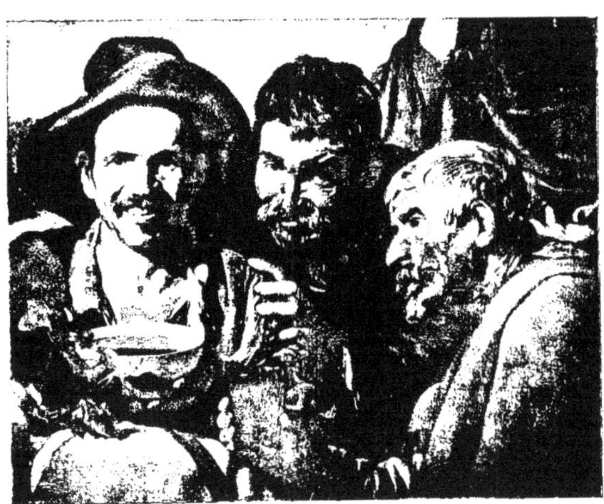

Les buveurs (Détail.)

de la vaisselle et une cruche; devant la table deux personnages à mi-corps assis ; œuvre de Velazquez ». Ce tableau se trouve aujourd'hui à Londres, à Apsley House, propriété du duc de Wellington, et, bien que ni son sujet ni son arrangement ne présentent un grand intérêt, il est loin d'être indifférent, si l'on considère la fidélité et le relief avec lesquels sont représentés les accessoires, comprenant, outre la vaisselle et la cruche que porte l'inventaire, un mortier avec

[1] *Viaje de España*, par don Antonio Ponz. Madrid, Joaquin Ibarra imp., 1776, t. VI, p. 38. — Décrivant les tableaux qui se trouvaient dans la chambre du roi au palais, il dit : « Et dans le même genre, un *bodegon* représentant deux garçons qui mangent et boivent ».

son pilon, un pot et une orange posée sur la cruche. Il est fâcheux que, par suite de restaurations, les figures aient perdu de leur verve première.

M. Carl Justi, dans son important ouvrage sur Velazquez[1], signale d'autres toiles du même genre et de la même période qui jusqu'ici ont passé pour des originaux du maître, par exemple celle qui représente un enfant portant une corbeille de raisins et accompagné d'un domestique (collection de M. Salting) et une autre, intitulée *le Mendiant au ballon*, appartenant à sir Francis Cook, toiles qui ont figuré à l'Exposition de l'art espagnol organisée à Londres, dans la New Gallery, pendant l'hiver 1895-1896.

Comme M. Justi émet sur leur authenticité des doutes très fondés, et que notre appréciation s'accorde avec la sienne, nous nous dispenserons de nous occuper de ces tableaux, mais nous en mentionnerons un autre : *le Vendangeur*, propriété de don Leandro Alvear, à Madrid, qui figura à l'Exposition historique de cette ville, en 1892 et 1893. Il représente un jeune homme qui s'avance, de face, l'air souriant, tenant une grappe de raisin de la main droite et un couteau de la main gauche ; près de lui, un panier plein de raisins. Cette figure, qui est sensiblement moins grande que nature et qui est coupée au-dessous de la ceinture, se détache sur un paysage sombre, analogue à ceux employés par le maître dans ses tableaux de cette période. L'éminent critique M. Émile Michel[2] est le premier qui ait décrit cette œuvre et qui en ait vanté la franchise d'effet et l'habileté d'exécution, notamment dans les grappes de raisin.

Mais, de tous les tableaux de ce genre exécutés par Velazquez pendant sa jeunesse les plus importants sont la *Vieille femme faisant frire des œufs* et le *Vendeur d'eau de Séville*. Tous deux sont en Angleterre, le premier à Richmond-Hill, aux environs de Londres,

[1] *Diego Velazquez und sein Jahrhundert*, par Carl Justi. Bonn, 1888, 2 volumes. — Une traduction anglaise de cet ouvrage, par le professeur A.-H. Keane, revisée par l'auteur, a été éditée à Londres en 1889.

[2] *Études sur l'histoire de l'art*, par Émile Michel. Paris, 1895. — L'étude consacrée à Velazquez a paru dans les fascicules d'août et septembre 1894 de la *Revue des Deux Mondes*.

chez sir Francis Cook, vicomte de Montserrat, et le second à Apsley House, résidence ci-dessus mentionnée du duc de Wellington. Les figures que renferment ces tableaux sont de grandeur naturelle et à mi-corps; la lumière qui les baigne est oblique, venant de gauche et tombant d'assez haut, ce qui permet d'affirmer que ces toiles, ainsi que d'autres de la première manière de l'auteur, furent peintes dans un atelier recevant le jour d'une fenêtre pratiquée dans un mur épais, à une hauteur assez considérable. C'est l'unique explication du vigoureux clair-obscur dans lequel les figures et les accessoires sont plongés et dont l'intensité a fait croire à quelques-uns à un éclairage produit par l'action directe du soleil.

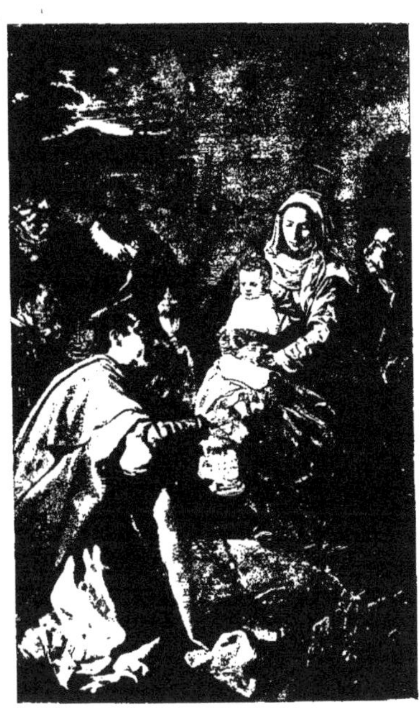

ADORATION DES MAGES (Musée du Prado.)

Pour ce qui est du tableau de la *Vieille femme faisant frire des œufs*, déjà décrit, bien qu'imparfaitement, par Palomino au commencement du siècle dernier[1], nous ignorons son histoire du jour où il fut terminé à celui de sa réapparition, il y a quelques années, dans la collection de sir J.-C. Robinson, d'où il passa dans celle de son possesseur actuel. Velazquez nous y montre deux figures à mi-corps. Une vieille femme, la tête de profil, coiffée d'un grand bonnet blanc, tient de la main droite la

[1] *El Museo pictorico y escala optica*, par don Antonio Palomino Velasco, peintre de chambre de Sa Majesté. Madrid. 2 volumes, le premier publié en 1715 et le second en 1724.

cuillère de bois avec laquelle elle s'apprête à retirer des œufs de la friture ; dans la main gauche se trouve un œuf encore intact. Devant elle, une table sur laquelle sont posés divers ustensiles de cuisine, entre autres ce même mortier avec son pilon reproduit dans le tableau aux deux personnages déjà décrit. La vieille fait mine d'adresser la parole à un jeune garçon qui s'approche, portant de la main gauche une bouteille et serrant de la main droite contre soi un superbe melon. Un petit fourneau dans lequel on voit rougeoyer de la braise et sur lequel est posée la poêle, un chaudron appuyé contre le fourneau et un cabas contenant des chiffons suspendu au vieux mur qui sert de fond au tableau, tels sont les éléments complémentaires de cette œuvre où chaque détail est rendu avec une vérité surprenante de dessin et de couleur, en particulier la tête du jeune garçon, d'un vigoureux modelé attestant le talent magistral du peintre. La coiffe blanche de la vieille femme est la note la plus brillante du tableau, qui se maintient dans la gamme sombre particulière à l'artiste pendant cette période.

Le *Vendeur d'eau de Séville* (*El aguador de Sevilla*) est encore supérieur à la toile que nous venons de décrire, et c'est sans doute le tableau qui valut au maître le plus de célébrité dans sa ville natale avant qu'il la quittât à vingt-quatre ans pour aller s'installer à Madrid. Cette supériorité s'impose aux yeux lorsqu'on contemple la sobriété de l'ordonnance, le groupement plus artistique des figures et l'extrême simplicité des éléments de l'œuvre. Il suffit de comparer ces deux tableaux pour assigner, sans l'ombre d'un doute, à la composition de la *Vieille femme* une date de quelques mois antérieure à celle du *Vendeur d'eau*. Dans le premier, en effet, il y a plus de sécheresse et de dureté et plus d'inexpérience dans l'arrangement ; enfin, et surtout, le garçonnet qui y figure et qui servit également de modèle pour le second tableau, y a l'air un peu plus jeune, encore que la différence ne soit pas bien sensible.

C'est sur un fond très sombre que se détachent les trois personnages du *Vendeur d'eau de Séville*. Le principal, « le Corse, » *aguador* populaire à l'époque où l'immortalisa Velazquez et ainsi dénommé à cause de son origine, tend un verre plein d'eau à un jeune garçon. Entre eux et en arrière apparaît un troisième garçon qui vide une petite cruche de la fraîche boisson; mais on le distingue à peine, tant il se trouve dans l'ombre. Une table sur laquelle il y a un alcarraza clos, en guise de couvercle, par une sorte de tasse, et une grande cruche au premier plan, complètent le tableau.

Les têtes des deux principaux personnages pourraient fort bien passer pour des portraits, tant y est grande l'intensité d'expression et de caractère; les accessoires sont peints avec un relief et une verve extraordinaires, et la plus majestueuse simplicité règne dans les draperies, notamment dans le manteau du vendeur d'eau et dans la manche blanche, qui est la note la plus claire du tableau. Ces deux toiles sont peintes selon la manière sèche et dure qui fut propre à Velazquez pendant cette période, avec une pâte assez abondante dans les parties claires et même avec les ombres qui, en général, n'en semblent que moins transparentes. Dans le coloris dominent les tons chauds, effet dû en partie au hâle prononcé des têtes et des mains.

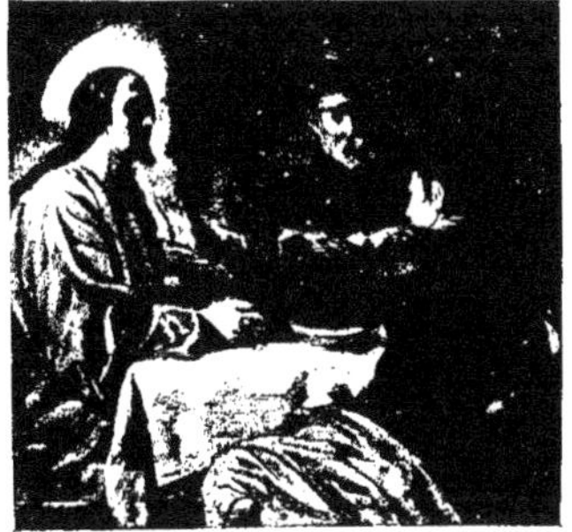

Le Christ et les pèlerins d'Emmaüs

Ces deux toiles peuvent être considérées comme les premières de ce genre exécutées par Velazquez dans sa jeunesse, et l'une et l'autre, spécialement le *Vendeur d'eau*, auraient révélé à tout observateur sagace ce qu'il y avait à attendre d'un artiste qui débutait si magistralement; aussi s'explique-t-on qu'il soit possible de suivre les vicissitudes de ce dernier tableau depuis son exécution jusqu'à nos jours. Après avoir occupé une place d'honneur dans les palais des souverains des maisons d'Autriche et de Bourbon, il fut saisi dans les bagages du roi Joseph Bonaparte à la suite de la bataille de Vitoria, en 1814, et, peu de temps après, Ferdinand VII en faisait don, en même temps que d'autres trésors artistiques, au duc de Wellington, auteur de la capture.

Velazquez fut le premier, en Espagne, à s'inspirer pour ses tableaux des types du roman picaresque si en vogue dans ce pays. Il suffit de rappeler parmi les nombreux livres de ce genre publiés alors, *El Lazarillo de Tormes, Guzman de Alfarache, La Picara Justina*, sans oublier ceux que l'immortel génie de Cervantes avait popularisés sous le nom de *Nouvelles exemplaires*, pour faire comprendre la genèse de ce mouvement dans l'ordre de la peinture. Cette littérature, riche en couleur locale, en types et en mœurs des classes populaires, devait inspirer à un peintre aussi réaliste que le nôtre un tableau comme le *Vendeur d'eau*, présage d'autres œuvres plus importantes que nous verrons éclore plus tard.

Dans cette catégorie, plusieurs des biographes de Velazquez rangent le *Garçon qui rit* du Musée impérial de Vienne (nº 613), dans le catalogue duquel le tableau est marqué d'un signe de doute. Ce n'est qu'un pastiche assez vulgaire de touche et dont les négligences de dessin suffisent à prouver que Velazquez n'en est pas l'auteur.

On ne peut pas non plus admettre l'authenticité du *Guerrier mort* de la National Gallery de Londres (nº 741), bien que ce tableau provenant de la collection Pourtalès ait eu pour lui, lors de sa mise en vente à Paris, en 1865, sous le nom de *Roland mort*, le suffrage compétent de Paul Mantz, et bien qu'il soit tenu pour bon et classé parmi les originaux de la première manière de Velazquez par M. Walter Armstrong, dans le livre qu'il a récemment publié sur le maître[1].

Néanmoins, depuis son acquisition par la National Gallery jusqu'à ce jour, le jugement porté sur ce tableau tend de plus en plus à se retourner contre l'attribution primitive, et déjà, sur le cadre du tableau lui-même, est exprimé ce doute que, pour ma part, j'irai jusqu'à étendre à la classification de cette toile parmi celles de l'école espagnole.

La préférence marquée de Velazquez pour les *bodegones* et pour la représentation des scènes de la vie de tous les jours lui fut reprochée

[1] *Velazquez, a study of his life and art*, par Walter Armstrong, directeur de la Galerie nationale d'Irlande. Londres, 1897.

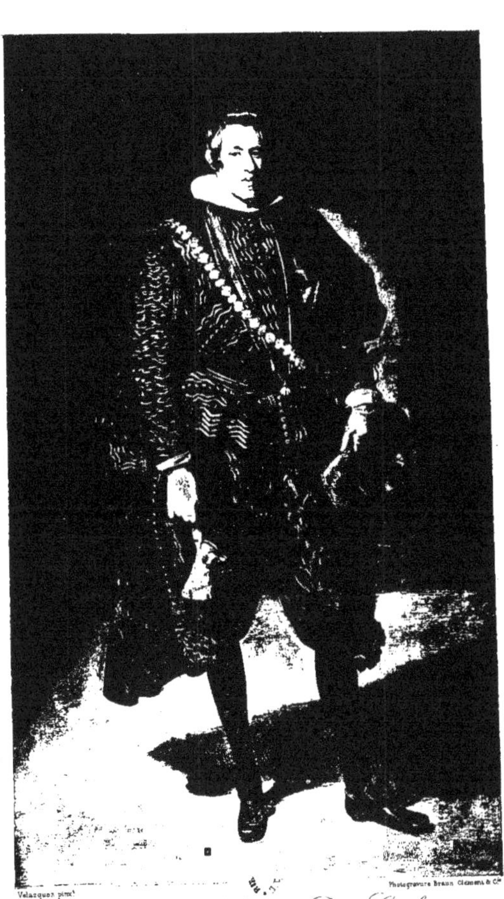

Velazquez pinx[t] Photogravure Braun Clément & Cie

Portrait de l'Infant Don Carlos
fils du Roi Philippe III
(MUSÉE DU PRADO)

par certains personnages qui voulaient lui voir peindre avec dignité et magnificence des scènes d'un art plus relevé, au moyen desquelles il pourrait rivaliser avec Raphaël d'Urbin. A quoi il répondait ingénieusement « qu'il préférait être le premier dans le trivial que le second dans le délicat ».

Pourtant, dans les premières années de sa vie artistique, il paya tribut à la peinture religieuse. Ceán Bermudez[1] cite deux tableaux de ce genre qui se trouvaient dans l'église du Carmen Calzado à Séville : une *Immaculée Conception* et un *Saint Jean l'Évangéliste écrivant l'Apocalypse*[2]. Je ne puis hasarder un jugement sur ces œuvres, que je ne connais pas, et je passe aussitôt au *Christ chez Marthe*, de la National Gallery, à Londres (nº 1375), dont le sujet inspiré de l'Évangile est présenté d'une façon purement réaliste. Une jeune fille, à mi-corps, est en train de piler dans un mortier posé sur une table où sont deux plats, l'un contenant quatre poissons, l'autre des œufs. Une vieille femme, placée derrière cette jeune fille, semble vouloir attirer son attention en lui posant les mains sur l'épaule. Au fond, par une fenêtre ou baie, on aperçoit une pièce dans laquelle le Sauveur, assis, s'entretient avec Marthe et Marie, l'une debout, l'autre à genoux. Les qualités d'exécution de cette singulière toile et l'analogie indubitable qu'elle offre avec d'autres œuvres du maître, sont garants de son authenticité. Velazquez dut la peindre à la même époque que la *Vieille femme faisant frire des œufs*, car pour les deux œuvres il se servit du même modèle.

Le principal tableau religieux de cette période est sans contredit l'*Adoration des Mages* du musée du Prado (nº 1054), qui porte la date de 1619, époque à laquelle l'auteur comptait vingt ans. Rien que ce détail suffit à la gloire d'une œuvre aussi sérieusement méditée et dont l'exécution, dure, mais ferme et vigoureuse comme celle du *Vendeur*

[1] *Diccionario historico de los mas ilustres profesores de las Bellas Artes en España*, compuesto por D. Juan Augustin Ceán Bermudez y publicado por la Real Academia de San Fernando. Madrid, 1800.

[2] Ces tableaux furent acquis au commencement du siècle par M. Frère, ministre d'Angleterre à Madrid, chez les héritiers duquel ils se trouvaient il y a quelques années, d'après M. Justi. Cete famille ne les possède plus aujourd'hui et j'en ai perdu la trace.

d'eau, est des plus soignées, aussi bien dans les parties principales — têtes et mains — que dans les magnifiques plis des draperies et dans tous les accessoires.

La Vierge est représentée assise, montrant l'Enfant Dieu aux Rois mages, qui lui offrent des coupes d'or. Deux des rois sont à genoux, le troisième se tient debout. A droite se trouve saint Joseph, et derrière les Mages on voit passer la tête d'un jeune homme. Une sorte de portique, sur lequel se détache le groupe formé par la Vierge, l'Enfant et saint Joseph, et un coin de paysage avec arbres, montagnes et un peu de ciel, constituent le fond. Il est aisé de voir, à l'expression des têtes de ce tableau, que chacune d'elles est un portrait fidèle. L'âge présumé de l'Enfant permet de penser que c'est peut-être là l'effigie de l'aînée des filles de Velazquez, née en 1619; le peintre lui a donné une expression vive et pénétrante sans cesser d'être enfantine.

Comme tous ceux qu'exécuta Velazquez pendant cette période, ce tableau est peint dans une note excessivement sombre et avec une dureté exagérée. Ces caractères le rendent peu attrayant, mais on est frappé de l'éclat et du relief sculptural de quantité de détails, aussi bien que de la conscience approfondie avec laquelle la nature y est interprétée. Il précède évidemment le *Vendeur d'eau*, qui est moins sec et révèle plus d'expérience artistique.

Ni dans le catalogue de Curtis[1], ni dans aucune des biographies de Velazquez, on ne trouve la moindre trace des trois tableaux religieux que nous allons signaler. Le premier, indiscutablement authentique et datant de la jeunesse de Velazquez, représente *le Christ et les pèlerins d'Emmaüs*[2]. On y voit les trois figures, de grandeur naturelle, jusqu'aux genoux, du Christ et des deux disciples attablés, suivant l'épisode du Nouveau Testament si diversement interprété par tant de

[1] *Velazquez and Murillo. A descriptive and historical Catalogue*, par Charles-B. Curtis. Londres, 1883.

[2] Sir William Stirling, dans son ouvrage bien connu *Velazquez and his works*, traduit en français par G. Brunet, parle d'un tableau de même sujet appartenant à lord Breadalbane, dans le Perthshire. Curtis catalogue ce tableau, dont l'authenticité est mise en doute par Thoré, mais ce n'est pas celui auquel il est fait allusion ici.

peintres. Le Sauveur est à gauche ; il est vigoureusement éclairé et sa tête est entourée d'une auréole ; de la main droite il prend le pain posé sur une table recouverte d'une nappe blanche. Au premier plan et tournant le dos au spectateur, un des disciples recule, frappé d'étonnement, à la vue de son maître. Le troisième personnage est de face, de l'autre côté de la table et plus avant dans l'ombre. Têtes, mains et draperies sont modelées avec beaucoup de relief et avec le soin particulier à la première manière de l'artiste.

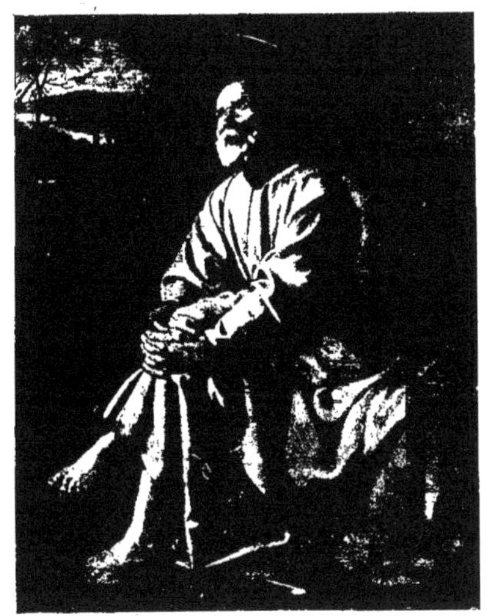

Saint Pierre

C'est à cette période, bien que je sois porté à croire qu'il fut peint un peu auparavant, qu'appartient un autre tableau religieux représentant *saint Pierre* assis sur un rocher et levant les yeux au ciel; les mains de l'apôtre sont croisées au-dessous du genou gauche, et on entrevoit ses pieds nus sous sa tunique. Velazquez se servit comme modèle pour cette figure, qui est un peu moins grande que nature, d'un paysan au visage et aux mains brûlés par le soleil et à la musculature puissante. La figure du saint se détache sur le fond sombre d'une grotte par l'entrée de laquelle on aperçoit des montagnes, des arbres et une rivière. Pour ce paysage, à peu près semblable à ceux qui servent de fond à l'*Adoration des Mages* et au *Vendangeur*, et plus sombre que les paysages pleins d'étendue et de lumière qu'on rencontre aux environs de Séville, il s'inspira de la coutume en honneur chez ses contemporains et ses maîtres lorsqu'ils traitaient de tels sujets. Le dessin si ferme de la figure de saint Pierre et le vigoureux modelé des plis de la tunique et du manteau ocre brun dont le saint est revêtu décèlent la main de Velazquez.

Ces deux tableaux firent partie de la collection bien connue de M. Cañaveral et figurent maintenant dans des galeries particulières, les *Pèlerins* à Séville et le *Saint Pierre* à Madrid.

Dans le palais archiépiscopal de Séville se trouve le troisième de ces tableaux religieux ignorés jusqu'ici des biographes du maître. Il représente *la Vierge entourée d'anges remettant la chasuble à saint Ildefonse*. Les figures sont un peu moins grandes que nature. Bien que cette toile soit en très mauvais état, on peut, d'après ce qui en subsiste, en affirmer l'authenticité. Le principal de ces morceaux est la tête du saint, vue de profil, laquelle, d'ailleurs, paraît être le portrait d'un ecclésiastique du temps. Il est agenouillé, vêtu de noir, et porte une collerette unie. La figure de la Vierge a été presque entièrement repeinte d'une affreuse façon, et il en est de même des anges, exception faite de l'un d'eux.

Il y a à la National Gallery à Londres un tableau représentant l'*Adoration des Bergers* qui appartint jadis au comte del Aguila, à Séville, puis le baron Taylor l'acheta pour la galerie espagnole de Louis-Philippe, au Louvre; enfin, à la vente de cette galerie il fut acquis par le musée qui en est le détenteur actuel. L'attribution à Velazquez de ce tableau a été mise en doute à diverses reprises. Les critiques qui affirment son authenticité, tels que MM. Justi et Armstrong, conviennent qu'il diffère des autres tableaux de la première manière de l'auteur en ce que le coloris en est plus riche et plus éclatant, la composition plus artistique, les ombres plus colorées, les types plus nobles, et ils déduisent de ces considérations que Velazquez imita dans cette œuvre, pour la première et dernière fois de sa vie, la manière de Ribera. On ne peut guère de pareilles hypothèses tirer la conclusion que l'*Adoration des Bergers* soit due au pinceau de Velazquez. Les raisons alléguées par ces critiques tendent à prouver, au contraire, que l'attribution n'est pas exacte et on peut même ajouter, entre autres preuves, d'après certains morceaux — notamment la figure de la Vierge, celles de l'Enfant Jésus et du jeune homme placé au premier plan, — que ce tableau doit être classé parmi les meilleurs de Zurbaran, et je n'hésite pas à l'attribuer à ce dernier.

Viardot partagea cette manière de voir, qui est devenue aussi celle de sir E.-J. Poynter, aujourd'hui directeur de la National Gallery et président de la Royal Academy, après examen des différents tableaux de Zurbaran qui se trouvent en Espagne et particulièrement à Séville.

Velazquez subit-il à cette époque l'influence du peintre Ribera, ainsi que le supposent plusieurs de ses biographes? M. Paul Lefort, dont les travaux sur l'art et les artistes espagnols sont si substantiels[1], l'affirme dans un article de la *Gazette des Beaux-Arts* publié dans la livraison du 1er novembre 1894. Il y rappelle qu'en 1618, époque à laquelle Ribera avait trente ans, ses tableaux durent être connus de Zurbaran et de Velazquez. C'est l'hypothèse contraire qu'émet M. Justi; il croit que les tableaux de l'Espagnolet ne firent leur apparition à Séville qu'en 1631, c'est-à-dire huit ans après l'abandon définitif de sa ville natale par Velazquez. Cependant, dans un autre chapitre de son ouvrage, le même critique prétend que l'*Adoration des Bergers* de Londres est imitée de Ribera, allégation dont nous nous sommes déjà occupé. Dans les premières œuvres connues de

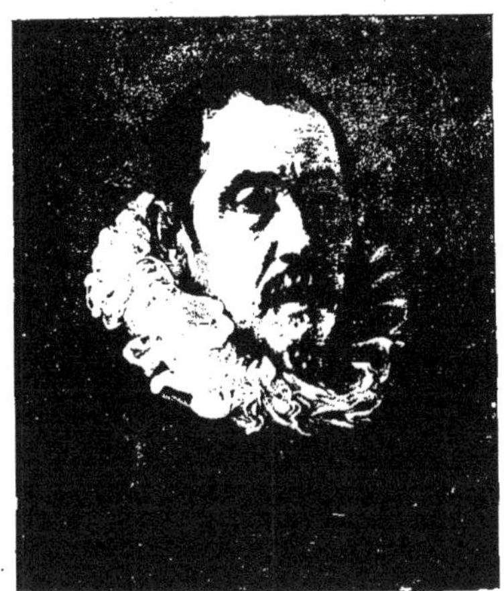

PORTRAIT D'INCONNU (Musée du Prado.)

[1] Parmi les ouvrages de ce critique, nous devons signaler, outre plusieurs articles insérés dans diverses revues d'art, *Velazquez*, 1888 (dans la collection des *Artistes célèbres*). Ce travail parut d'abord dans la *Gazette des Beaux-Arts*, années 1879 et suivantes. A citer également de cet auteur : *La Peinture espagnole* (Paris, Bibliothèque de l'enseignement des Beaux-Arts, 1893).

Velazquez, l'*Adoration des Mages*, la *Vieille femme faisant frire des œufs*, l'*Aguador*, nous trouvons des caractères de même nature que ceux que présentent les tableaux de Ribera, notamment un clair-obscur très vigoureux et un relief accusé; mais, de ce que ces traits sont communs il ne s'ensuit pas que l'un de ces deux maîtres ait eu de l'influence sur l'autre. Si, en 1631, il n'y avait pas encore à Séville de tableaux de Ribera, comment Velazquez aurait-il pu en voir en 1619, date de la composition de l'*Adoration des Mages*? Ce que l'on peut avancer pour expliquer ces ressemblances entre les deux peintres, c'est que l'instinct qui les guidait du côté de l'interprétation réaliste du modèle était de même nature, encore que le développement progressif de leurs aptitudes fît naître une divergence de plus en plus grande entre leurs manières respectives de peindre. Velazquez, même au début de sa carrière, voyait plus large et plus simple que Ribera, lequel appuyait un à un sur tous les traits physionomiques et accusait jusqu'aux moindres détails.

L'influence de Zurbaran sur Velazquez est encore plus improbable que celle que l'on attribue à Ribera. En effet, bien que doué d'un tempérament artistique exceptionnel, Zurbaran ne l'emporta pas sur Velazquez; aussi, au cas où il existerait une influence de l'un des deux peintres sur l'autre, Velazquez aurait été celui qu'on imite et non celui qui imite. Camarades du même âge (Zurbaran n'avait que sept mois de plus que Velazquez), il n'est pas croyable qu'il ait pu exister entre eux d'autre sentiment que celui bien naturel de l'émulation suscitée par le succès de leurs œuvres respectives.

Il reste encore à examiner si la prétendue influence exercée par le peintre Luis Tristan à cette époque sur Velazquez est plus fondée.

Cette opinion fut avancée par Palomino et reprise par Ceán Bermudez. Stirling[1] l'admet sans réserves dans ses *Annales*, et il ajoute même que Velazquez rendit toujours hommage au génie de Tristan, déclaration qu'il atténua sensiblement par la suite dans le livre qu'il consacra au premier[2]. Cruzada Villaamil, dans son intéressant ouvrage

[1] *Annals of the Artists of Spain*, par William Stirling. Londres, 1848, 3 volumes.

[2] *Velazquez and his works*, par William Stirling. Londres, 1855.

sur Velazquez[1], se fait aussi l'écho de cette opinion, qui, grâce à l'appui de ces nombreuses autorités, est devenue un article de foi, sauf pour un petit nombre d'incrédules. Parmi ces derniers, on compte M. Justi, qui démontre que la préférence de Velazquez pour Tristan

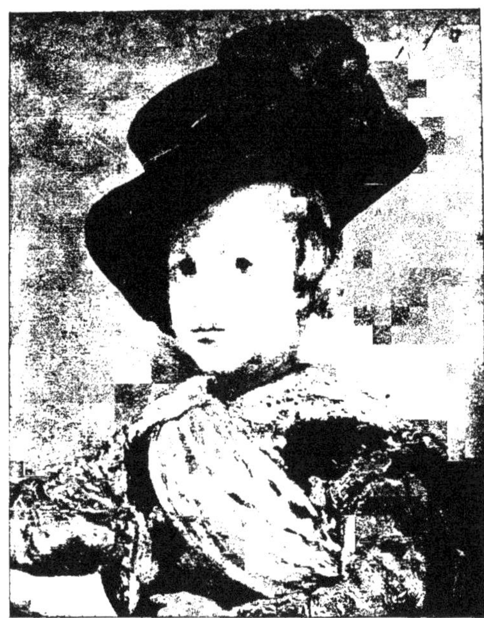

LE PRINCE DON BALTASAR CARLOS (Détail.)

ne put se manifester avant son premier voyage à Madrid en 1622, et M. Lefort, qui affirme encore plus explicitement, à propos de cette assertion, « qu'elle a tout l'air d'une légende » et que, au cas même

[1] *Anales de la vida y de las obras de Diego de Silva Velazquez escritos con ayuda de nuevos documentos,* par G. Cruzada Villaamil. Madrid, 1885. Il n'existe que fort peu d'exemplaires de cet ouvrage, qui n'a pas été mis dans le commerce.

où Velazquez aurait vu des œuvres de Tristan, l'influence exercée sur son talent par ce dernier ne fut pas supérieure à celle plus durable et moins discutable d'autres peintres. Il est incompréhensible qu'une telle hypothèse ait tenu si longtemps. A supposer même que Velazquez eût pu voir à Séville quelque toile importante de Tristan, — condition indispensable si l'on veut qu'il ait eu l'intention d'imiter le style de ce maître et de s'assimiler quelques-unes de ses qualités, — il suffit d'examiner les principaux tableaux de Tristan, notamment celui que l'on tient pour son chef-d'œuvre, le retable de l'église paroissiale de Yepes, qui orne encore le sanctuaire pour lequel il fut peint en 1616, pour comprendre qu'ils ne purent nullement influencer Velazquez ni le pousser à imiter le style de leur auteur.

Il ne faut pas chercher l'origine du style des premières œuvres de Velazquez dans une influence étrangère quelconque, mais bien dans le tempérament spécial du peintre, qui, loin de s'inquiéter des préjugés d'école, les fuyait et, dès le principe, se borna à interpréter la nature le plus sincèrement possible, accentuant de la sorte sa propre personnalité. Pour le choix de ses sujets et sa façon de traiter les scènes religieuses, il subit sans doute l'influence du milieu ambiant, tout imprégné de réalisme, au même titre que la subirent ses contemporains, Zurbaran, Castillo et autres, comme jadis à Valence Ribalta et surtout son élève Ribera. Ce naturalisme caractéristique de l'école espagnole au XVIIe siècle inspira les plus belles créations de cette période et l'on peut dire que toutes les œuvres conçues en dehors de cette tendance ne furent, à part de rares exceptions, que de froides imitations ou des travaux mal venus.

Le 23 avril 1618, fut célébrée l'union de Velazquez avec Juana Pacheco, fille de son maître. Le grand poète Francisco de Rioja fut l'un des témoins. Un document conservé à l'église de San Miguel à Séville constate cet événement, mais Pacheco en parle dans des termes autrement expressifs et éloquents : « Après cinq ans d'éducation et d'enseignement, je lui donnai ma fille en mariage, incité par ses vertus, sa retenue et ses belles qualités et par les espérances que me faisaient concevoir son heureux naturel et son grand talent ».

L'enthousiasme que Velazquez inspirait à son beau-père se révéla plus d'une fois, et l'on en trouve un témoignage dans le voyage à Madrid qu'entreprit en avril 1622 le jeune peintre, déjà père de deux filles, l'une, Francisca, baptisée le 18 mai 1619, et la seconde, Ignacia, baptisée le 29 janvier 1621, voyage en vue duquel Pacheco munit son gendre de lettres d'introduction pour nombre de personnes de qualité avec lesquelles il était en relations à Madrid.

Cependant, Velazquez ne parvint pas à ses fins, qui étaient de se faire présenter à la cour, bien que, entre autres, l'huissier du rideau du roi, Juan de Fonseca y Figueroa, grand ami de Pacheco, s'y employât. Il dut se contenter de visiter le palais de Madrid, ceux du Pardo et d'Aranjuez et le monastère de l'Escurial. Son beau-père le chargea de faire le portrait du grand poète Luis de Gongora, mais on ne peut admettre que ce portrait soit celui qui passe pour tel au musée du Prado (n° 1085) : on n'y reconnaît aucune des qualités particulières aux œuvres du maître, et l'on dirait plutôt un Zurbaran.

En revanche, nous appelons l'attention des amateurs sur un autre portrait, celui d'un jeune homme inconnu, appartenant aussi au musée du Prado (n° 1103), peint sans doute à Séville peu de temps avant le voyage en question, et qui offre cette particularité d'être le seul portrait authentique datant de la jeunesse de Velazquez. On y remarque une fermeté de dessin qui rappelle les œuvres des peintres allemands et flamands des siècles antérieurs. Le coloris affecte ce ton de cuir tanné caractéristique dans les premiers ouvrages de l'auteur. La fraise plissée, unique ornement de ce buste coupé presque ras au-dessous de la tête, est un spécimen excellent de la minutieuse fidélité avec laquelle Velazquez étudiait alors le modèle.

Ici, à notre avis, peut être close la liste des tableaux peints par Velazquez avant son deuxième et définitif voyage à Madrid. Par malheur, en dehors des toiles parvenues jusqu'à nous, plusieurs œuvres de jeunesse ont dû disparaître à la suite des ravages du temps, des perturbations occasionnées par les guerres et les révolutions, et peut-être aussi par suite de l'incurie générale. Au nombre des ouvrages aujourd'hui perdus se trouvent tous les dessins dont parle Pacheco et les premiers essais à l'huile, car il est évident qu'avant d'exécuter les tableaux que nous venons de décrire, Velazquez dut entreprendre de nombreuses études préliminaires ; malheureusement, nous n'avons pu en retrouver aucune.

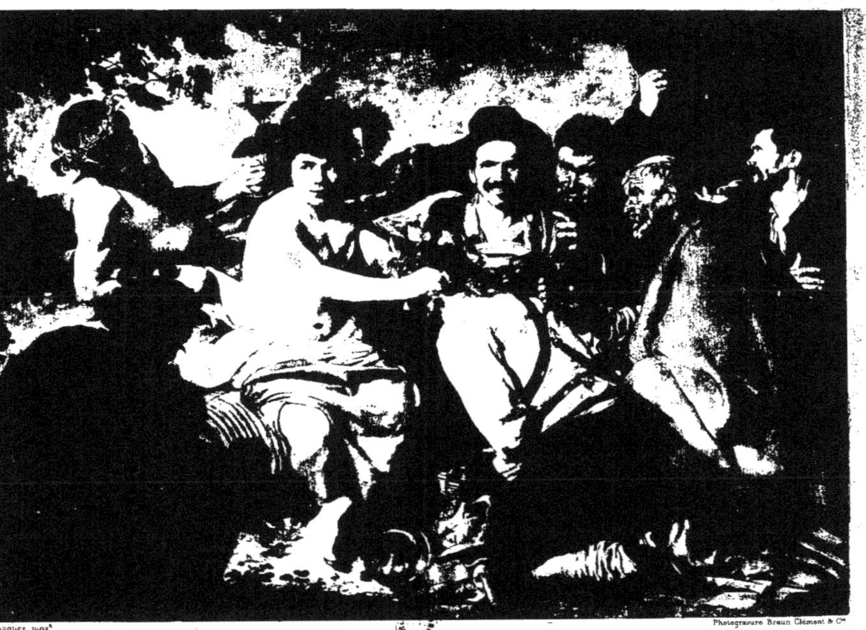

Velazquez pinx^t — Photogravure Braun Clément & Cie

Réunion des buveurs (Los Borrachos)

(MUSÉE DU PRADO)

CHAPITRE II

Deuxième voyage à Madrid. — Velazquez entre au service du roi. — Premiers portraits du souverain. — Portrait d'un géographe, du musée de Rouen. — Portraits du prince de Galles et de l'infant don Carlos. — Originalité manifeste des premiers portraits de Velazquez à la cour. — La faveur de Velazquez auprès du roi excite la jalousie des peintres de la chambre[1]. — *L'Expulsion des Morisques*. — Honneurs octroyés par le roi. — Portrait d'un jeune homme, de la Pinacothèque de Munich. — Portrait de la femme de Velazquez, du musée du Prado. — Rubens à Madrid en 1628. — Ses rapports avec Velazquez. — *Les Buveurs* (*Los Borrachos*). — Le roi accorde à Velazquez l'autorisation d'entreprendre un voyage en Italie et lui en fournit les moyens.

Un an après son voyage à Madrid, en 1623, au printemps, Velazquez fut mandé par le comte-duc d'Olivares, favori et ministre de Philippe IV, pour exécuter le portrait du jeune monarque. Il partit aussitôt pour Madrid, accompagné cette fois de Pacheco, qui, en homme sagace et avisé, devait pressentir dans ce voyage, qui ouvrait à son gendre les portes de la cour, le prélude des succès qui l'y attendaient.

Sa première œuvre exécutée à Madrid fut le portrait de l'huissier du rideau du roi, Fonseca. Ce tableau, disparu depuis, fut porté, aussitôt fini, au palais par un fils du comte de Peñaranda, camérier du cardinal-infant don Ferdinand d'Autriche, et tous ceux qui furent appelés à le voir, le cardinal-infant, son frère l'infant don Carlos, les grands, en un mot tous les dignitaires de la cour, en exaltèrent à tel point les mérites que le roi eut vent de la chose, voulut le voir, et, emporté par l'enthousiasme général, commanda sur-le-champ son portrait à Velazquez.

L'exécution de cette œuvre dut être différée à cause des nombreuses occupations du monarque ; celui-ci ne put commencer à poser que le 30 août. Le triomphe de l'artiste fut complet, et, en récompense de son

[1] On appelait « peintres de la chambre » ceux qui étaient pensionnés par le roi.

travail, il fut admis au service de Sa Majesté aux gages de vingt ducats par mois, rétribution évidemment mesquine, mais conforme aux mœurs du temps[1] : quelques années auparavant, en effet, en 1617, le peintre Bartolomé Gonzalez était entré au service du roi avec un salaire mensuel de seize ducats, en dehors duquel il était stipulé qu'on ne lui devrait rien pour ses ouvrages.

La consécration de ce succès, d'après Pacheco, fut l'approbation du comte-duc d'Olivares, qui assura qu'aucun peintre n'avait réussi jusque là à peindre l'effigie du roi. Le roi, d'ailleurs, donna l'ordre à son favori de faire enlever tous les portraits de sa personne qui se trouvaient au palais et ajouta que Velazquez seul désormais pourrait reproduire ses traits.

Il est assez difficile de savoir au juste quel fut ce premier portrait de Philippe IV. Serait-ce, comme l'affirme Palomino, qui en fait la description, ce fameux portrait équestre, si vanté par les poètes de l'époque, qu'on exposa *calle Mayor* devant San Felipe el Real et qu'on suppose avoir été détruit dans l'incendie du palais en 1734? Pacheco ne dit pas que ce portrait équestre fut le premier exécuté par Velazquez d'après le roi ; il se borne à écrire que : « il fit le premier portrait du roi le 30 août 1623, ainsi qu'une ébauche d'après le prince de Galles, qui lui fit compter cent écus », et plus loin : « ayant terminé le portrait de Sa Majesté à cheval, le tout d'après nature, y compris le paysage, etc. ». Cruzada Villaamil, transcrivant l'inscription latine portant la date de 1625 qui se trouvait sur l'un des côtés du tableau, suppose avec raison qu'avant d'exécuter le portrait équestre, Velazquez peignit, en 1623, celui qui est aujourd'hui au musée du Prado (n° 1070). Philippe IV, alors âgé de dix-huit ans, y est représenté debout devant une table, tout habillé de noir. Il est presque certain que Velazquez fit en vue de ce tableau, comme étude préalable, le portrait en buste que renferme le même musée (n° 1071). Son exécution plus sèche et plus serrée dénote qu'il dut être fait directement d'après le modèle vivant. L'armure et

[1] L'ordre aux termes duquel le roi admettait Velazquez à son service porte la date du 6 octobre 1623. Les ducats qui avaient cours alors en Espagne valaient à peu près 2 fr. 75 de notre monnaie.

l'écharpe du roi durent être repeintes par l'auteur à une époque très postérieure, car la facture en est plus libre que celle de la tête.

Malgré la perte sensible du portrait équestre, nous avons donc dans ces deux superbes tableaux des spécimens du talent de Velazquez lorsqu'il se fit connaître à la cour. Ce sont les premiers en date de cette longue série de portraits du roi qu'exécuta Velazquez au cours de sa vie. Qu'il serait intéressant d'analyser, à l'aide de tant de représentations du même personnage, les sillons creusés par le temps et les hasards de la vie sur le masque froid et impassible de Philippe, en même temps que l'évolution lente, mais toujours progressive de l'artiste, pendant une période de près de quarante ans, de 1623 à 1660, année où la mort de Velazquez priva le roi de son peintre favori !

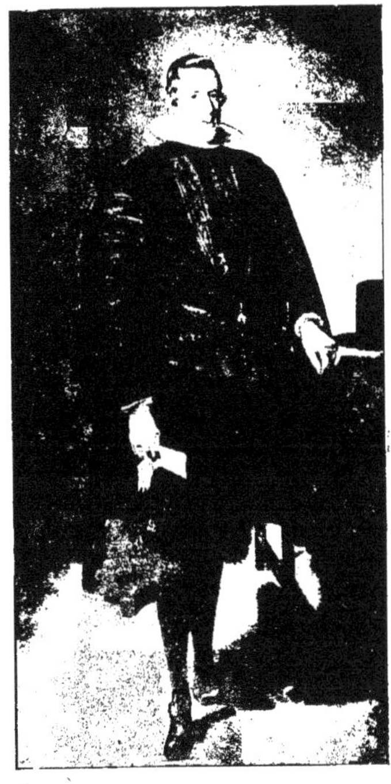

Philippe IV (Musée du Prado.)

Le portrait en pied de Philippe IV que nous venons de décrire doit être considéré comme la première des œuvres importantes, parmi celles existantes aujourd'hui, que peignit Velazquez à son arrivée à Madrid, et l'on y remarque déjà des différences essentielles avec les œuvres antérieures exécutées à Séville.

Il est probable qu'il peignit aussi à cette époque le tableau du musée de Rouen intitulé *Portrait d'un géographe*, qui autrefois était dénommé *Portrait de Christophe Colomb* et attribué à Ribera. Le géographe représenté de grandeur naturelle et à mi-corps se courbe, avec un geste burlesque et un sourire railleur, vers une sphère terrestre qu'il désigne de la main gauche. Près de lui, une table sur laquelle sont placés la sphère et deux livres. M. Gonse[1] suppose que Velazquez lui-même retoucha la tête plusieurs années après avoir terminé le tableau, et, d'après MM. Bonnat et R. de Madrazo, il se serait servi pour ces retouches d'un bouffon de la cour appelé Pablillos de Valladolid, dont il fit plus tard le portrait. En effet, n'était que la barbe est rasée sur le portrait de Rouen, il y a de la ressemblance entre les deux physionomies, et, comme certainement un intervalle de dix ans dut s'écouler entre l'exécution des deux toiles, on peut très bien en tirer la conséquence que Velazquez, dans sa recherche incessante de la reproduction véridique de ses modèles, remplaça la tête primitive par celle de Pablillos de Valladolid, laissant en l'état les autres parties du tableau, qui présentent tous les caractères de sécheresse et de dureté, mais aussi de scrupuleuse exactitude, de ses œuvres de jeunesse.

De même qu'on a perdu la trace du portrait de Fonseca, on ignore ce qu'est devenue l'ébauche exécutée d'après le prince de Galles — plus tard l'infortuné Charles Ier d'Angleterre — venu incognito à Madrid quelques jours avant l'arrivée de Velazquez pour y traiter de son mariage avec l'infante doña Maria, sœur du roi. On ne sait, relativement à cette remarquable esquisse, disparue sans laisser de traces, que ce que nous en dit Pacheco.

Un autre tableau, encore plus intéressant, au point de vue artistique, que le portrait en pied de Philippe IV, est celui que fit Velazquez de l'infant don Carlos (n° 1073 du musée du Prado). Le peintre a progressé d'une manière évidente, et, pourtant, entre l'exécution des deux tableaux il n'a dû s'écouler que quatre ans environ, car l'infant, né en 1607, paraît avoir une vingtaine d'années sur son portrait.

Cette effigie, où la figure, sans aucun accessoire, se détache sur un fond gris uni, est peut-être, par sa parfaite sobriété et sa distinction,

[1] *Un tableau de Velazquez au musée de Rouen*, par Louis Gonse (*Gazette des Beaux-Arts*, février 1893).

le plus beau des portraits de cette période. Rien de plus heureux que la silhouette du jeune prince, type des gentilshommes de sa cour, vêtu d'un somptueux costume noir. Le visage, qui rappelle celui du roi, n'est certes pas la partie la mieux venue de l'œuvre; sans doute, faute d'un nombre suffisant de séances de pose, l'artiste n'eut pas le loisir d'étudier son modèle à fond, inconvénient commun à la plupart des portraits de personnages haut placés, tant à cause des obligations qu'ont ceux-ci que parce que les grands ne se rendent pas compte de l'importance qu'il y a, pour le succès de l'œuvre, à ce que le modèle y mette du sien autant qu'il est possible.

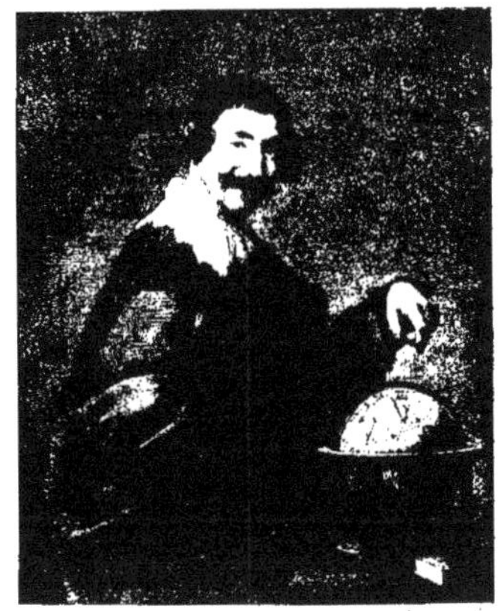

Le géographe (Musée de Rouen.)

Mais ces imperfections, visibles seulement lorsqu'on étudie de près la tête, n'enlèvent rien au magnifique effet de l'ensemble. Le personnage est debout, tenant son chapeau de la main gauche et un gant de la droite; les jambes, bien qu'elles soient extrêmement fines et grêles, soutiennent avec aisance le buste élégant.

Il est impossible de voir un ouvrage plus vivant et d'une plus absolue simplicité; c'est la nature même surprise par l'œil synthétique de Velazquez et interprétée par lui avec sa supériorité innée. Toutefois, ce portrait est encore çà et là entaché de dureté, défaut que nous verrons disparaître progressivement dans les œuvres postérieures. Le peintre révèle dans ce portrait et dans ceux que nous avons déjà décrits une grande indépendance et une personnalité marquée; il y montre à la cour un genre tout différent de celui auquel elle était habituée, car de pareils portraits n'ont rien de commun avec ceux de Titien, de Mor et autres, qui ornaient les palais royaux. Ces maîtres font ressortir leurs figures sur des fonds sombres et le ton de leurs peintures est généralement chaud. Au contraire, chez Velazquez, à cette époque, les fonds sont gris et le ton un peu froid, et l'harmonie dominante des noirs et des gris donne à l'ensemble un cachet de rare distinction.

Il va sans dire que les préférences du roi à l'égard de Velazquez valurent à ce dernier l'antipathie de ses collègues, les anciens peintres de la chambre Bartolomé Gonzalez, Vicente Carducho et Eugenio Caxes. Ces deux derniers étaient Italiens ou descendants d'Italiens, comme Angelo Nardi qui leur fut adjoint en 1627, par suite de la mort de Bartolomé Gonzalez. Ce jeune homme, ce nouveau débarqué qui d'un seul bond s'était mis à la tête de peintres invoquant, outre leur talent personnel, la suprématie de la tradition italienne, devait être en butte à leur jalousie. Aussi, Carducho, dans ses *Dialogues sur la peinture*[1], ne cite-t-il qu'une seule fois le nom de Velazquez, et encore y était-il obligé, car il s'agit de l'énumération des tableaux appendus dans le salon des Glaces du palais de Madrid; mais en revanche c'est une allusion transparente que le passage suivant : « Je connus un autre peintre aussi audacieux qu'heureux, dont nous pouvions dire qu'il était né peintre, tant lui obéissaient pinceaux et couleurs, d'ailleurs servi par son tempérament fougueux plus que par l'étude ». Un autre passage plus piquant a trait à « ces artistes qui ont fait preuve de peu de savoir ou de peu d'estime d'eux-mêmes en rabaissant l'art généreux jusqu'à traduire de mesquines conceptions, telles que des *bodegones* bas et grossiers, des ivrognes, des joueurs, des escrocs, sans qu'il y ait dans ces tableaux, qui abondent aujourd'hui, d'autre intérêt, d'autre ingéniosité que le caprice du peintre de représenter une demi-douzaine de garnements effrontés ».

On raconte que le roi, ayant eu connaissance de ces appréciations des peintres de la chambre, amena la conversation sur ce terrain et rapporta à Velazquez qu'on disait de lui « qu'il ne savait peindre que les têtes », ce à quoi l'artiste répondit avec impassibilité : « C'est bien de l'honneur que me font ces messieurs; pour moi, j'estime que personne n'est capable d'en bien peindre ».

[1] *Dialogos de la pintura, su defensa y origen, etc.*, par Vincencio Carducho, 1633; réimprimés à Madrid en 1865 par don Gregorio Cruzada Villaamil.

Cependant, ému de ces dires et désireux de prouver que, malgré sa prédilection pour les sujets que ses émules décriaient tant, il n'était pas pour cela impuissant à mener à bien d'autres travaux tenus en général pour plus relevés, Velazquez sollicita du roi le moyen de rendre cette possibilité évidente aux yeux de tous. Philippe IV, accédant au désir de son peintre, choisit un sujet historique de fraîche date : l'expulsion des Morisques en 1609 par Philippe III, et le fit traiter concurremment par Carducho, Caxes, Nardi et Velazquez.

A propos du tableau inspiré à Velazquez par cet événement historique, sir William Stirling prétend que, entraîné par le détestable esprit qui régnait alors, le maître avilit son pinceau en se faisant ainsi le panégyriste de la cruauté et de l'injustice. Ce critique oublie que ni le bien ni la vertu ne sont le but de l'art et que l'artiste ne peut se prêter à être le champion de telle ou telle tendance sociale ou politique.

L'art existe en soi, trouve en soi sa fin ; la meilleure preuve de cette indépendance est l'histoire même de Velazquez qui passa presque toute sa vie à peindre les personnages et les actes d'une cour corrompue sans que le mérite de ses créations en soit diminué.

L'*Expulsion des Morisques* fut donc le sujet traité par les quatre compétiteurs, et leurs travaux furent jugés par un tribunal composé de Juan Bautista Crescenzio, peintre et architecte célèbre d'origine italienne, et, en cette qualité, compatriote de trois des concurrents, et de Juan Bautista Mayno, peintre illustre, élève du Greco et ancien maître de dessin de Philippe IV. Le prix fut décerné à Velazquez, dont la supériorité fut ainsi affirmée. Ce tableau fut très probablement détruit, en 1734, dans l'incendie de l'Alcazar, où tant de trésors artistiques furent la proie des flammes. On n'en conserve ni gravure ni reproduction d'aucune sorte, et si nous en avons une idée, c'est grâce à Palomino qui le vit dans le grand salon de l'Alcazar et le décrit ainsi : « Au centre du tableau, se trouve le roi Philippe III, en armure, le bâton de commandement à la main, désignant une multitude d'hommes, de femmes et d'enfants éplorés, conduits par quelques soldats ; au loin, des chariots et la mer semée d'embarcations... A la droite du roi, l'Espagne, sous les traits d'une femme majestueuse, armée à la romaine, est assise au pied d'un édifice ; de la main droite elle tient un écu et des traits, de la main gauche des épis ». Sous le tableau, il y avait une inscription latine relative à l'événement et la date de l'exécution du tableau : 1627.

En 1625, Velazquez avait reçu une nouvelle marque de la faveur du souverain : celui-ci lui fit remettre une gratification de 300 ducats, puis une pension s'élevant à la même somme pour l'obtention de laquelle il fallut une dispense du pape Urbain VIII, en 1626. Vint ensuite l'octroi du logement, estimé 200 ducats par an, et enfin, à la suite du triomphe obtenu par l'*Expulsion des Morisques*, la concession de la charge d'huissier de la chambre, pour laquelle l'artiste prêta serment le 7 mars 1627.

C'est vers cette époque sans doute que fut peint le portrait de la Pinacothèque de Munich (n° 1293), la seule œuvre authentique de Velazquez que renferme cette riche collection. Il représente un jeune homme de vingt à vingt-quatre ans, à mi-corps, vêtu de noir avec une collerette unie. La main droite est posée sur la hanche, et la gauche, à ce qu'il semble, sur le pommeau d'une épée. Ni l'une ni l'autre main ne sont peintes ; le dessin seul est tracé. Dans ce tableau, qui est en parfait état de conservation, la tête, d'un modelé superbe, ressort vigoureusement. La préparation de la toile est rougeâtre, comme dans la plupart des ouvrages de cette manière de l'auteur : on peut s'en rendre compte en examinant les parties non peintes des mains et l'espace resté vide entre les contours de l'effigie et le fond gris.

Il est à supposer que c'est à peu près à cette époque que Velazquez peignit le portrait de profil et en buste qui passe pour celui de sa femme Juana Pacheco (n° 1086 du musée du Prado). Celle-ci devait avoir en effet l'âge de vingt à trente ans qui paraît être celui du modèle, mais il est loin d'être prouvé que ce soit là son portrait. C'est une figure de grandeur naturelle ; le teint est brun, les cheveux, abondants et noirs, sont retenus par un large ruban vert qui leur sert d'ornement. De la main gauche, elle tient une sorte de panneau dont la disposition occasionna l'ancienne dénomination de

Sibylle donnée à ce tableau. Elle est vêtue de gris et porte un manteau jaune. Ce n'est pas là une des meilleures œuvres de cette période ; il y manque la vigueur de touche du portrait de Munich ; mais l'ensemble

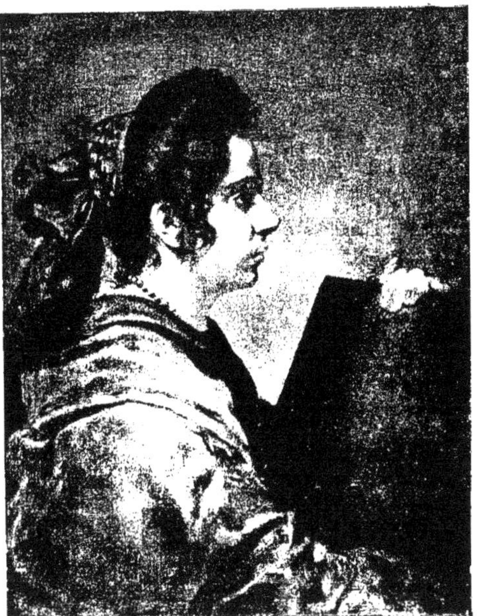

Dona Juana Pacheco, femme de Velazquez (?) (Musée du Prado.)

est agréable et le dessin et le modelé décèlent l'infaillible main de Velazquez.

Ce portrait est-il celui de la femme du peintre ? En faveur de cette hypothèse, il n'y a absolument que la ressemblance existant entre cette image et le portrait de femme du musée de Berlin (n° 413^c) attribué à Velazquez et au dos duquel on a trouvé écrit ce nom : *Juana de Miranda*[1] ; quant à la ressemblance qu'on a prétendu établir entre cette

[1] Bien que la femme de Velazquez s'appelât en réalité Juana Pacheco, puisque tel était le

figure et une de celles de la *Famille de Mazo*, gendre de Velazquez, du musée de Vienne, elle n'a pas de fondement, à mon avis.

Le portrait de femme de Berlin dont nous parlons provient de deux collections espagnoles : celle de Sebastian Martinez et celle de Salamanca ; après avoir appartenu ensuite à lord Ward de Dudley, il fut acquis par le musée de Berlin. Plutôt qu'une œuvre originale de Velazquez, je tiens ce portrait pour une copie ancienne et habile, exécutée par un imitateur du maître, car, bien qu'il y ait du métier dans la robe et les accessoires, les parties principales, telles que la tête et les mains, sont plus faibles ; les mains, en particulier, sont traitées avec une timidité, une pauvreté qu'on n'a jamais à reprendre dans les tableaux de Velazquez ; il y a aussi des négligences de dessin dans le nez.

On peut contredire avec encore plus d'assurance l'attribution à Velazquez des deux tableaux (n°s 1087 et 1088) du musée du Prado représentant, dit-on, les filles du peintre. Il ne s'agit même plus ici de copies fidèles et habiles, mais de simples pastiches, assez agréables d'ailleurs, du style de Velazquez. Il n'y a pas non plus de raison sérieuse de croire que ce soient les portraits des filles du peintre. Cette idée prit naissance à la suite d'une hypothèse de Thoré, reproduite dans le catalogue du musée du Prado avec restrictions quant au bien fondé de cette assertion.

A la fin d'août ou au début de septembre 1628, le célèbre peintre Rubens fit son second voyage à Madrid. Il était chargé d'une mission diplomatique relativement à la conclusion de la paix entre l'Espagne et l'Angleterre. Ce n'est pas ici le lieu de faire l'historique de cette ambassade, mais ce voyage a de l'importance en soi, car de là daterait la prétendue influence exercée, suivant quelques auteurs, par l'artiste flamand sur Velazquez. Rubens avait alors cinquante et un ans ; il était arrivé à la maturité de l'âge et au faîte des grandeurs ; nul peintre ne pouvait rivaliser avec lui ; on confiait à sa diplomatie les missions les plus considérables et les plus secrètes, au succès des-

nom de son père, et bien qu'elle figure sous ce nom sur l'acte de baptême de sa seconde fille, elle est désignée sur son acte de mariage et sur l'acte de baptême de sa fille aînée sous celui de Juana de Miranda.

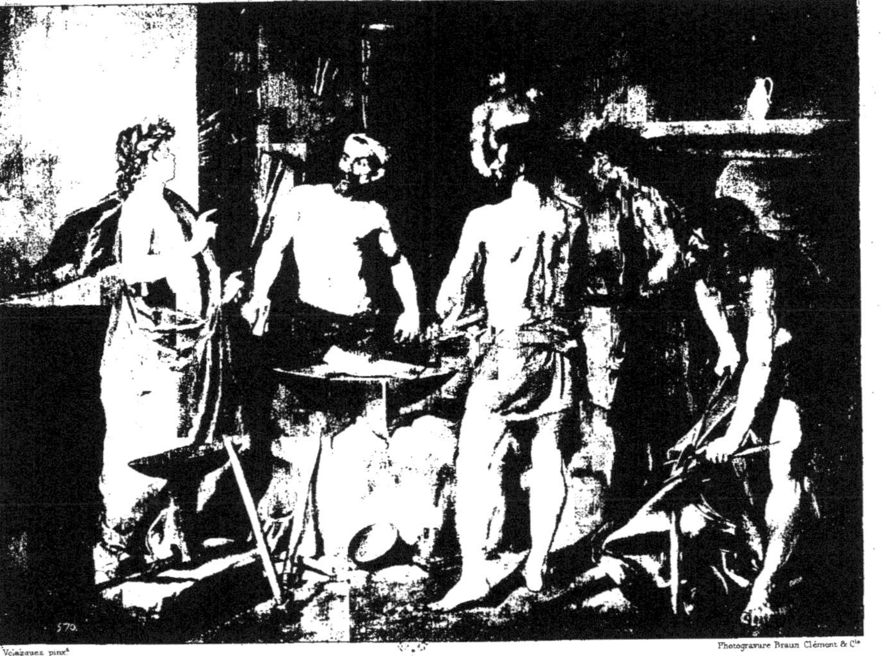

Velazquez pinxᵗ — Photogravure Braun Clément & Cⁱᵉ

La forge de Vulcain

(MUSÉE DU PRADO)

quelles contribuaient sa science du monde et sa connaissance de plusieurs langues. L'urbanité de son commerce et l'élégance de ses manières en faisaient un des personnages les plus brillants et les plus marquants de son siècle. A son arrivée à Madrid, il offrit à Sa Majesté huit tableaux que le roi fit placer dans le nouveau salon du palais, et, outre l'accomplissement de sa mission, il employa les neuf mois de son séjour à Madrid à exécuter des peintures dont Pacheco a dressé le catalogue[1] et dont le nombre est tel qu'on reste émerveillé d'une telle fécondité.

Philippe IV chargea Velazquez de faire fête à Rubens, de lui montrer tout ce qui à la cour était digne d'attention, et de lui servir de guide dans les résidences royales, qui renfermaient tant de trésors artistiques.

Quelle ne dut pas être l'impression produite sur le jeune Sévillan par la radieuse apparition de Rubens, du peintre le plus célèbre de son temps, encore grandi par son titre d'ambassadeur ! Et quelle fut sa surprise d'étudier de près la fécondité de ce génie, la rapidité avec laquelle, sous ses yeux et, dit-on, dans son propre atelier au palais, tant de merveilles étaient exécutées ! Quel enchantement que les récits de cet homme qui avait parcouru l'Europe, conversé avec des rois et

[1] Pacheco écrit à ce propos dans son *Arte de la Pintura* : « Pendant les neuf mois qu'il séjourna à Madrid, tout en poursuivant les importantes négociations qui l'y conduisaient, et malgré la goutte qui le tourmenta quelques jours, il exécuta de nombreux tableaux, comme nous verrons par la suite, tant il a d'adresse et de facilité. En premier lieu il peignit le roi, la reine et les infants à mi-corps et il emporta leurs effigies en Flandre ; il fit, d'après Sa Majesté, cinq portraits, dont l'un était équestre et entouré de figures pleines d'éclat. Il peignit, à mi-corps, l'infante de las Descalzas (couvent de religieuses déchaussées) et fit des répliques de ce tableau ; il exécuta cinq ou six portraits de particuliers ; il copia toutes les peintures du Titien qui appartiennent au roi, à savoir : *Les Bains, Europe, Vénus et Adonis, Vénus et Cupidon, Adam et Ève*, etc. ; les portraits du landgrave, du duc de Saxe, du duc d'Albe, de Cobos, d'un doge de Venise et beaucoup d'autres tableaux qui ne se trouvent pas au palais ; il copia en outre le portrait de Philippe II en pied et armé. Il fit quelques modifications à son tableau de l'*Adoration des Mages*, qui se trouve au palais ; il fit pour don Diego Megia, grand admirateur de son talent, une *Conception* haute de deux *varas* [la *vara* équivaut à un mètre environ] et pour don Jaime de Cardenas, frère du duc de Maqueda, un *Saint Jean l'Évangéliste* de grandeur naturelle. Qu'un homme aussi occupé ait pu en si peu de temps produire un nombre d'œuvres aussi considérable, cela semble tenir du prodige. Il se lia avec peu d'artistes, excepté avec mon gendre (qui était déjà son correspondant), il le loua beaucoup de son talent et de sa modestie, et ils allèrent ensemble visiter l'Escurial. »

des princes, fait le portrait de tant de personnages et atteint ce à quoi tendent les désirs et les ambitions terrestres ! Grande dut être en effet la fascination exercée par Rubens, si l'on tient compte de ces considérations, que M. Lefort expose et développe longuement dans son livre sur Velazquez. Ceux qui ne s'astreignent pas à analyser froidement les faits en ont déduit que cette fascination se traduisit par une influence marquée, à partir de ce moment, du peintre flamand sur l'artiste espagnol. Et pourtant, rien de plus inexact. Velazquez ne se laissa pas éblouir par cet éclat. Il comprit que son tempérament et ses aptitudes artistiques étaient aux antipodes de ceux de Rubens, que son chemin, à lui, était tracé, dès l'enfance, du côté de l'étude constante et fidèle de la nature et que, dépourvu comme il l'était de grandes ressources imaginatives, il ne pouvait aborder les sujets si magnifiquement traités par Rubens ni manier une palette aussi exubérante que celle du peintre flamand. C'est ainsi que cette rencontre, qui aurait pu être funeste pour un artiste encore irrésolu en ce qu'elle lui eût fait délaisser ses propres qualités pour courir après d'autres plus brillantes, fut pour Velazquez la pierre de touche de la fermeté de ses convictions. En agissant avec cette indépendance, notre peintre obéit sans doute à une intuition géniale qui lui fit entrevoir l'abîme qui le séparait de Rubens, et s'il compara son style et ses créations à ceux de son grand contemporain, il dut s'écrier : « Suis ton chemin, continue à éblouir les hommes par les étonnantes harmonies de ton merveilleux coloris : je ne me laisse pas séduire par de si magiques conceptions, je suivrai ma voie, j'accentuerai ma manière, j'affirmerai ce que je sens et veux, j'irai aussi loin que me le permettront la vie, ma persévérance et mon génie ».

Au printemps de 1629, Rubens quitta Madrid, et, au mois de juillet de la même année, Philippe signa un décret aux termes duquel, entre autres dispositions, il était alloué à Velazquez 100 ducats pour le *Bacchus* : tel était le nom que l'on donnait alors aux *Buveurs*. Et rien ne corrobore mieux notre assertion de tout à l'heure que l'étude de ce tableau, dans lequel, plus encore que dans tout autre, ressortent les qualités caractéristiques de son auteur, si différentes de celles de Rubens.

Jamais peut-être jusque là Velazquez n'avait été aussi sincère, d'une sincérité qu'on pourrait comparer à celle de van Eyck ou de Holbein, n'était que le peintre espagnol interprète la nature avec plus de liberté et de largeur et que la robustesse et l'éclat de sa touche

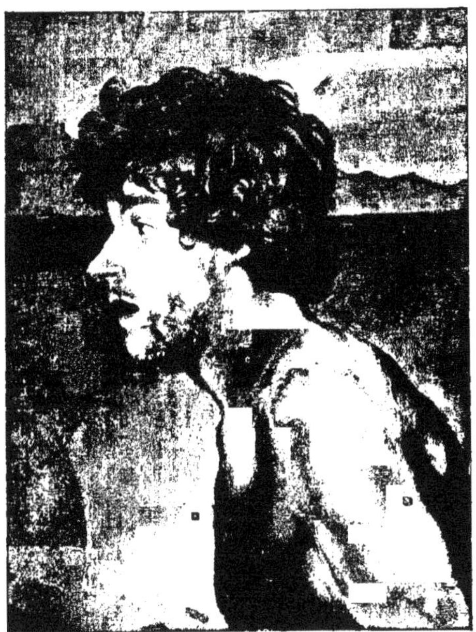

TÊTE D'UN FORGERON (Détail de « La Forge ».)

donnent à l'objet représenté le relief sculptural. Quel caractère, quelle expression dans les figures des *Buveurs!* On ne peut aller au delà. La nouveauté de la conception saisit l'esprit du spectateur, qui se demande si l'auteur a voulu réellement peindre une scène mythologique ou si le sujet de cette bacchanale ne fut qu'un prétexte à jeter sur la toile, dans un groupe mouvementé, quelques-uns des ruffians les plus en vue de l'époque.

Cette bizarre composition représente Bacchus nu, assis sur un tonneau et couronné de pampres, couronnant à son tour un truand qui reçoit respectueusement à genoux cette investiture. A la gauche de Bacchus est assis un autre malandrin qui rit effrontément à belles dents, le regard fixé sur le spectateur, dont il a l'air de porter la santé avec une écuelle pleine de vin. Sur son épaule s'appuie des deux mains un troisième personnage à mine également patibulaire. A son regard vague, on comprend que les effets du vin ont été plus puissants sur lui que sur son compagnon. Un des assistants, agenouillé, lève son verre et fait mine de boire à la santé de Bacchus. Un autre, vrai avorton, dont la tête est d'un réalisme extraordinaire, souhaite la bienvenue à un personnage, embossé dans une cape, qui se découvre pour saluer cette réunion choisie. A la droite de Bacchus un Silène, également nu et couronné, soulève une coupe de forme classique qui contraste avec la terrine, la cruche, le pot et le verre grossier qui composent la vaisselle disparate de cette bacchanale. Au premier plan, et se détachant en sombre sur les parties claires du tableau, se trouve une figure assise et couronnée qui ne paraît avoir été mise là que pour servir de repoussoir au personnage principal, Bacchus.

Quiconque voudrait avoir des documents d'anthropologie criminelle ou désirerait étudier les caractères distinctifs des ruffians, aigrefins et loqueteux de l'Espagne du XVIIe siècle serait servi à souhait par ce tableau, où les types sont si réels qu'ils semblent revenus à la vie. Bien que le lieu de la scène soit à la campagne, ainsi qu'en font foi le ciel, les montagnes du fond, la treille sous laquelle est étendu Silène, et le sol, la lumière qui éclaire ces figures n'est pas diffuse comme celle du plein air. L'auteur les peignit évidemment dans un atelier clos et se servit, comme pour le *Vendeur d'eau* et d'autres tableaux de sa première période, d'un éclairage latéral, tombant de haut, afin de faire rejaillir sur ses modèles les grandes oppositions de lumière et d'ombre qu'il a reproduites.

Si l'on examine ce tableau à la lueur d'un puissant foyer lumineux, on s'aperçoit que sur nombre de points, particulièrement autour des figures et des accessoires, la préparation rougeâtre de la toile, analogue à celle qu'employait d'habitude le maître à cette époque, n'est pas recouverte. Le portrait d'homme de Munich présentait déjà cette particularité : c'est la preuve que, au lieu de fondre les figures avec leur entourage, Velazquez peignait alors chaque morceau à part, s'astrei-

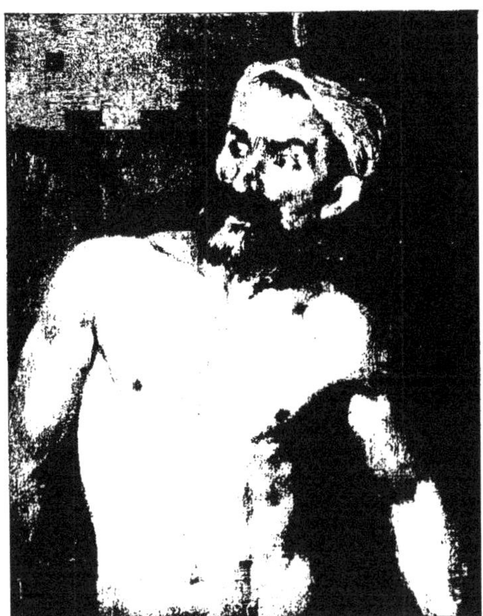

TÊTE D'UN FORGERON (Détail de « La Forge ».)

gnant à suivre le dessin tracé en couleur claire ou peut-être à la craie sur la préparation sombre.

On est encore plus frappé de la magistrale exécution de ce tableau que de son originalité et de son pittoresque. Dans les diverses têtes le relief le dispute à l'expression et à la vie ; les accessoires produisent l'illusion de la réalité ; les draperies, compliquées et caractéristiques, sont très savantes et si irréprochables au point de vue de l'indication anatomique qu'il semble, à les analyser, qu'on ait la possibilité d'en défaire les plis. Pour la première fois dans l'œuvre de Velazquez, nous nous trouvons en présence du nu, traité d'ailleurs si supérieurement qu'on a lieu de croire que l'artiste était passé maître dans ce genre. Le dessin, toujours irréprochable chez notre peintre, même dans ses premières œuvres, et qui aide à distinguer ses originaux des pastiches, est admirable et constitue un des principaux mérites des *Buveurs*.

Aussi est-ce à juste titre que l'on tient ce tableau pour le chef-d'œuvre de la première manière de Velazquez, et c'est à lui qu'aboutit le cycle dont le point de départ fut l'*Adoration des Mages* et plus tard le *Vendeur d'eau*.

Bien que les *Buveurs* soient le tableau le plus important de cette manière, il s'y trouve encore un peu de sécheresse et de dureté ; les ombres ne sont pas suffisamment transparentes, le ton général est trop sombre, la plupart des têtes et des mains sont exagérément hâlées, quoique ce défaut soit moins sensible que dans les tableaux exécutés à Séville ; les contours sont trop nets, ils ne se fondent pas avec l'ambiance, faute d'atmosphère ; mais, malgré toutes ces imperfections, que nous verrons disparaître graduellement au cours de l'évolution du maître, ce tableau est un des plus considérables de l'œuvre de Velazquez. Aucun ne lui est supérieur par le sentiment intime, la sincérité et la conscience.

Les qualités qui se trouvaient en germe dans les toiles antérieures acquièrent dans celle-ci leur complet développement, de sorte que, si Velazquez était mort avant d'avoir produit les œuvres qui vont suivre, les *Buveurs* suffiraient seuls pour lui assigner la première place parmi les peintres espagnols du XVIIe siècle : aucun de ces naturalistes n'est jamais monté si haut.

Si nous voulions comparer ce tableau à une toile fameuse entre toutes en Europe à cette époque, nous ne pourrions rien trouver de mieux à lui opposer que la *Leçon d'anatomie*, peinte en 1632 par Rembrandt à l'âge de vingt-six ans. Les *Buveurs* sont de 1629, et Velazquez avait trente ans lorsqu'il les peignit. Bien que le sujet et la condition des personnages y diffèrent du tout au tout, il existe entre ces deux tableaux plus d'une analogie. Les figures sont au nombre de neuf dans l'un et dans l'autre; leur centre, leur point culminant est un morceau de nu placé plus en lumière que le reste et qui attire de préférence l'attention du spectateur ; l'éclairage est à peu près le même. Il va sans dire que les deux toiles visent au réalisme le plus absolu et que les tendances en sont similaires. Si de cet examen comparatif nous passons à l'étude du mérite artistique de chacune d'elles, force nous sera de reconnaître qu'il n'y a pas autant de vie ni de puissance dans la *Leçon d'anatomie* que dans les *Buveurs*, que les types de la première, exception faite de la superbe figure du docteur Tulp, ont moins de chaleur et de relief, et qu'enfin l'exécution en est plus timide. En un mot, on n'y retrouve pas l'accent et la touche géniale des *Buveurs*. Quant à la figure nue du tableau de Rembrandt, bien qu'il faille tenir compte qu'il s'agit d'un cadavre, on peut dire avec Fromentin qu'elle est « ballonnée, mal construite, manque d'étude ». En présence de la puissante structure du Bacchus de Velazquez, du relief de ses formes et de l'éclat de sa couleur, il faut convenir qu'il est à lui tout seul une leçon d'anatomie.

Quel contraste ne durent pas offrir dans le sévère palais de Philippe IV, avec les bacchanales de Titien et les scènes mythologiques, d'un coloris exubérant, de Rubens, les personnages de sac et de corde des *Buveurs!* Nous savons que le tableau fut jugé digne d'être reçu et payé à part, et qu'en sus des 100 ducats qui furent remis à Velazquez, le roi lui accorda l'autorisation si ardemment désirée d'entreprendre son premier voyage en Italie.

Les *Buveurs* figurèrent à l'Alcazar de Madrid jusqu'à l'incendie de cet édifice ; ils passèrent alors à l'Armeria et plus tard au palais du Retiro. Lorsqu'au commencement du siècle fut créé le musée du Prado, on y plaça ce tableau, qui y est catalogué sous le n° 1058.

Ce fut en grande partie à l'instigation de Rubens que Velazquez conçut le désir d'entreprendre un voyage en Italie, car, malgré la divergence de leurs styles et de leurs tendances, les deux peintres se lièrent d'amitié, et Rubens, poussé par l'affection noble et désintéressée qu'il portait à son jeune confrère, lui conseilla de faire en sorte, par tous les moyens possibles, de se rendre en Italie, où ses exceptionnelles facultés artistiques se perfectionneraient sûrement. Il est probable même qu'il alla jusqu'à peser, dans ce sens, sur l'esprit du roi. Celui-ci, le 22 juillet 1629, fit remettre à Velazquez, en sus des 100 ducats d'argent, montant du prix d'achat des *Buveurs*, 300 ducats à valoir sur d'autres tableaux. Le comte-duc d'Olivares, plus libéral que son maître, fit don au peintre de 200 ducats d'or et d'un riche médaillon à l'effigie du roi ; il le munit en outre de nombreuses lettres de recommandation pour son voyage. Velazquez s'embarqua à Barcelone le 10 août 1629.

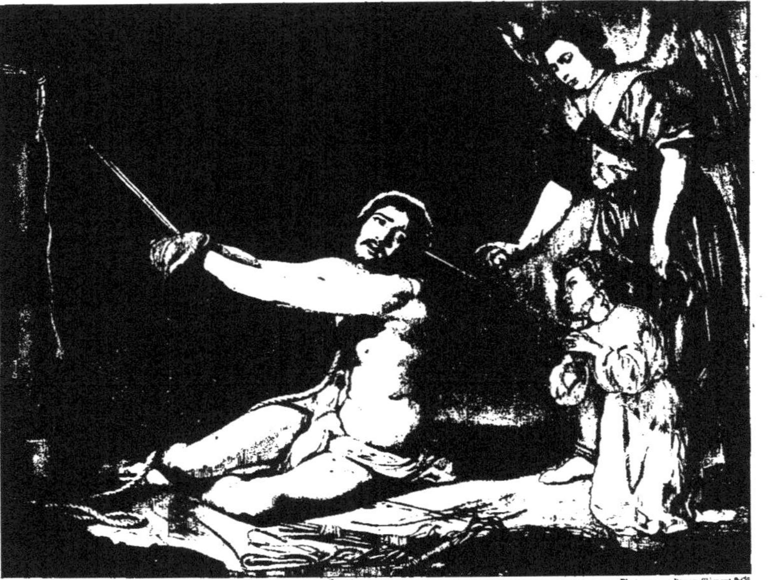

Velazquez pinx^t — Photogravure Braun Clément & Cie

Le Christ à la colonne

(NATIONAL GALLERY)

CHAPITRE III

Séjour de Velazquez à Venise. — Départ pour Rome. — Études de paysage à la villa Médicis. — *La Forge de Vulcain* et *la Tunique de Joseph*. — Progrès de l'artiste à la suite de son voyage en Italie. — Portrait de Velazquez du musée du Capitole. — Velazquez se rend à Naples pour y exécuter le portrait de la reine Marie de Hongrie. — Rencontre de Ribera. — Retour à Madrid au commencement de l'année 1631.

Velazquez prit la mer en même temps que le vainqueur de Bréda, don Ambrosio Spinola, qui allait, suivi d'illustres hommes de guerre et investi de pleins pouvoirs, prendre le commandement de l'armée.

Ils se quittèrent à Milan pour ne plus jamais se revoir ; mais ces quelques jours de vie commune ne furent pas sans profit pour l'artiste, qui, sûrement, se souvint de la physionomie de Spinola lorsqu'il eut plus tard à la reproduire dans son fameux tableau des *Lances*.

Notre peintre poursuivit donc sa route jusqu'à Venise, où il présenta les lettres que, par ordre du comte-duc, lui avait remises pour la Sérénissime République le secrétaire du Conseil d'État, Juan de Villela. Il y reçut l'hospitalité de l'ambassadeur d'Espagne, don Cristobal de Benavente. Pendant son court séjour à Venise, il ne semble pas qu'il ait rien produit d'autre que les copies du *Crucifiement* et de la *Cène*, tableaux célèbres du Tintoret, qui fut, avec le Titien, celui des peintres de la brillante école vénitienne que préféra Velazquez. L'esquisse de la *Cène* figura sur l'inventaire du palais jusqu'en 1734, année où elle fut sans doute détruite dans l'incendie de cet édifice. Quant au *Crucifiement*, on ne sait que ce qu'en dit Palomino. Il est regrettable que nous ne conservions pas de spécimen de la façon dont Velazquez interprétait les Vénitiens.

De Venise il se rendit à Ferrare, où il fut traité le mieux du monde par le cardinal Sacchetti, ancien nonce à Madrid, à qui il avait été recommandé; puis il passa à Rome en 1630, dans la septième année du pontificat d'Urbain VIII. L'artiste reçut un excellent accueil du neveu du pape, le cardinal Barberini, qui lui fit l'honneur de lui offrir l'hospitalité du Vatican. Mais Velazquez préférait un logement plus paisible

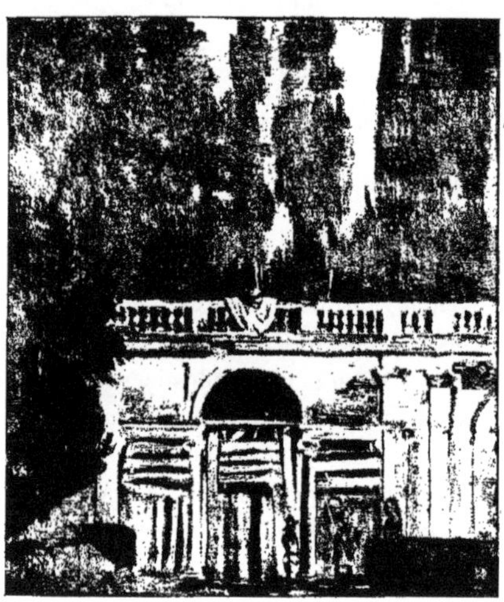

Jardins de la villa Médicis, a Rome (Musée du Prado.)

et il pria le comte de Monterey de solliciter pour lui du duc de Toscane l'autorisation d'habiter la villa Médicis, propriété de ce prince.

C'est pendant son séjour à la villa Médicis qu'il peignit les deux études qui font partie du musée du Prado (n°s 1106 et 1107). Ces tableaux, fort intéressants en dépit de leur insignifiance apparente, nous renseignent sur la manière dont, à partir de ce moment, Velazquez comprit le paysage, après l'avoir, jusque-là, traité conventionnellement, en disciple respectueux de la tradition, ainsi que nous l'avons constaté dans ses tableaux de Séville. Ce sont des vues de jardins avec des constructions dans le goût de la Renaissance et quelques figures ébauchées qui donnent de la vie à la scène. Les tons dominants sont des gris argentés et des verts foncés et délicats qui s'harmonisent délicieusement. L'exécution est déliée, mais ferme et sûre, et le relief en est magistralement relevé par quelques touches précises.

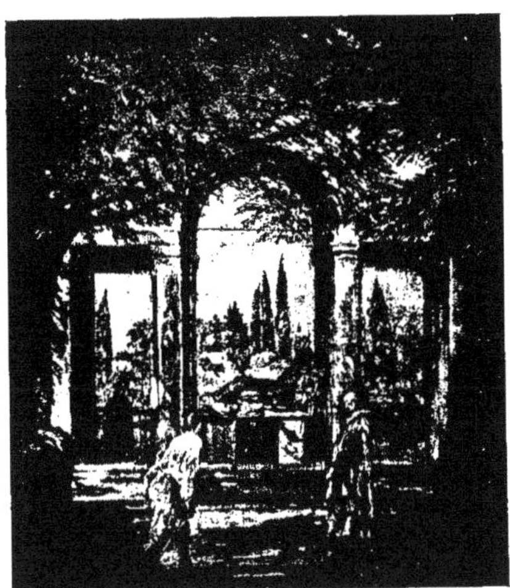

Jardins de la villa Médicis, a Rome (Musée du Prado.)

Nous donnons la préférence à celle de ces deux études où de grands cyprès se profilent au-dessus d'une terrasse, et M. Émile Michel est de cet avis : dans son étude sur Velazquez, il exalte les mérites de ce petit chef-d'œuvre et en fait une description enthousiaste et brillante.

L'étude de ces paysages fortifie en nous la croyance que les sept autres paysages [1] attribués à Velazquez par le catalogue du musée

[1] Ces paysages (nos 1108 à 1114 du catalogue) sont les suivants : *l'Arc de Titus à Rome, la Fontaine des Tritons dans le jardin de l'île à Aranjuez, l'Allée de la Reine à Aranjuez, Vue du Buen Retiro, Vue prise dans un domaine royal* et deux *Études de paysage et de perspective.*

du Prado ne sont que des imitations de sa manière. Nous ne sommes pas les premiers [1] à exprimer cette opinion, à l'appui de laquelle les arguments abondent. En premier lieu, il saute aux yeux que ces paysages sont plus bruns et plus sombres que ceux peints alors par Velazquez et que les nombreux fonds de paysage de ses tableaux; le dessin précis et irréprochable du peintre est ici plus vague et plus brouillé; les architectures et les arbres sont traités d'une façon toute différente; la forme des nuages, si caractéristique chez Velazquez, est autre, et les figures n'ont ni l'à-propos et l'harmonie, ni la grâce de celles de même dimension qui font partie de la *Vue de Saragosse* et de la *Chasse au sanglier*.

Ces ouvrages, notamment la *Fontaine des Tritons* et l'*Allée de la Reine à Aranjuez*, n'en sont pas moins estimables, bien qu'ils ne méritent pas les éloges qu'on en a faits et qui sont dus en majeure partie au grand nom dont on les revêtait. D'aucuns les ont comparés aux paysages de Corot, comparaison qui serait plus équitable si elle s'appliquait aux deux études rapportées de la villa Médicis : ces études, par leur ton général et je ne sais quelle simplicité poétique, évoquent, en effet, nombre de tableaux du grand paysagiste moderne.

Des fièvres contractées à la villa Médicis obligèrent Velazquez à chercher un domicile dans l'intérieur de Rome; il y logea chez le comte de Monterey, parent du comte-duc d'Olivares. On a supposé qu'il fit alors des études d'après l'antique et des copies d'après Michel-Ange et Raphaël. Qu'il admira et étudia de tels maîtres, cela est hors de doute, mais il ne s'ensuit pas qu'il consacra ses loisirs à exécuter des copies : il manquait du temps et du repos d'esprit nécessaires à ce genre d'ouvrages. En tout cas, si tant est que ces copies aient existé, il n'en subsiste aucune. Les quelques mois que passa l'artiste à Rome ne furent pas stériles; il les employa à peindre les deux tableaux qu'il offrit au roi à son retour à Madrid : *la Forge de Vulcain* (n° 1059 du

[1] Nous faisons allusion à l'éminent critique don Ceferino Araujo Sanchez, auteur d'ouvrages tels que *les Musées d'Espagne*, *Goya*, et de quantité d'articles publiés dans des revues et journaux. Ce profond connaisseur de l'art espagnol, dans un article du journal *El Dia* (Madrid, 19 juin 1887), rangea ces sept paysages parmi les peintures du musée du Prado faussement attribuées à Velazquez.

musée du Prado) et *la Tunique de Joseph*, qui se trouve à l'Escurial.

La scène mythologique dont Velazquez s'inspira pour les *Buveurs* avait été interprétée par lui d'une façon originale, réaliste, qui différencie absolument cette bacchanale de toutes les autres scènes semblables ; son pendant, au point de vue de la nouveauté de la conception, pourrait être la *Forge de Vulcain*. Exception faite de la figure d'Apollon, rien dans cette composition ne rappelle les types mythologiques

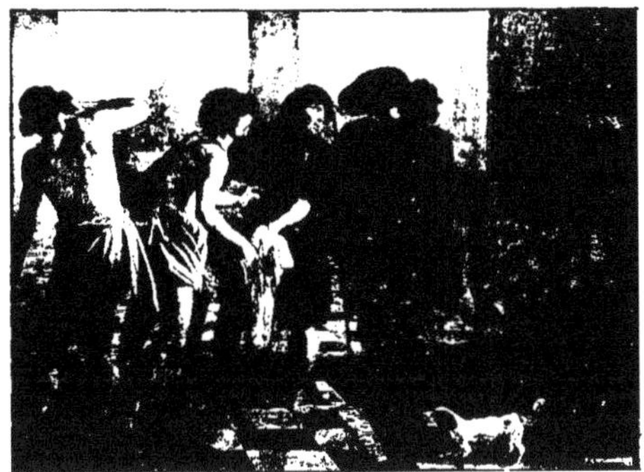

La Tunique de Joseph (Monastère de l'Escurial.)[1]

qui avaient été et étaient encore en honneur. Le peintre, en groupant ces superbes figures à demi-nues, a voulu peindre de beaux morceaux ; il a voulu aussi prouver avec évidence son savoir et sa connaissance de l'anatomie. Et il était naturel que, se trouvant à Rome, entouré d'œuvres classiques en ce genre, il s'y essayât.

Apollon, sous les traits d'un éphèbe couronné de lauriers et la tête ceinte d'une auréole lumineuse, fait à Vulcain le récit des infidélités de Vénus avec Mars : tel est le sujet du tableau. Vulcain, occupé avec l'aide de ses cyclopes à forger un morceau de fer sur l'enclume, écoute tout surpris la narration d'Apollon, et cette surprise est partagée par tous ceux qui vaquent aux travaux de la forge. Le divin artisan et

[1] Publié d'après la photographie et avec l'autorisation de M. Laurent.

ses quatre auxiliaires sont à peu près nus, un morceau d'étoffe passé autour des reins leur tenant lieu de vêtement. Le fond est en parfaite harmonie avec la simplicité des acteurs de la scène.

Velazquez sut résoudre admirablement le problème ardu de mener à bien une œuvre où le nu est le facteur principal; en effet, la virtuosité de rendu des figures, la délicatesse et l'élévation du dessin, la simplicité, toute classique et digne du sujet, de la composition, le bonheur avec lequel sont pris sur le vif l'intérêt qu'excite le récit d'Apollon et l'attention avec laquelle ses auditeurs le suivent, mettent cette toile à la hauteur des plus importantes du peintre.

La lumière qui baigne la scène est plus diffuse que celle qui éclaire les tableaux précédents du maître ; le ton général est plus gris ; enfin, relativement aux *Buveurs*, il y a plus d'atmosphère, plus de liberté dans les figures et de transparence dans les ombres. Le fond et les accessoires, tels que marteaux, enclumes, tenailles, armes, tous les détails, en un mot, sont rendus avec autant de fidélité et avec moins de sécheresse et de dureté que ceux des œuvres antérieures. La facture et l'arrangement confirment les progrès accomplis par l'artiste sous l'influence bienfaisante de son voyage en Italie.

Lorsqu'on examine de près la *Forge*, on constate que la figure de Vulcain fut repeinte par l'auteur, et sans doute à la fin de sa vie, car il y a dans la tête et même dans le torse une audace, une franchise de touche et un bonheur d'exécution auxquels il ne parvint que dans ses dernières œuvres. Il n'y a pas lieu de s'étonner de pareilles retouches : en sa qualité de peintre du roi d'abord et de grand maréchal du palais ensuite, il avait toute latitude de disposer des tableaux confiés à sa garde dans le palais même de Philippe IV.

On ne peut établir l'antériorité ou la postériorité du pendant de ce tableau : *la Tunique de Joseph*, exécuté également à Rome. Il représente les fils de Jacob montrant à celui-ci la tunique ensanglantée de leur frère. Le patriarche, revêtu d'une tunique bleue et d'un manteau brun et assis sur une estrade recouverte d'un riche tapis, étend les bras, frappé d'horreur à la vue du sang. Un petit chien aboie aux visiteurs inconnus; ceux-ci sont au nombre de trois, dont deux, à peu près nus et vigoureusement éclairés du côté droit, sont particulièrement intéressants. Dans le fond, un autre groupe de deux figures assez vagues et plongées dans l'ombre contraste avec celui du premier plan. Entre les colonnes et le mur de la salle sont deux grands vides

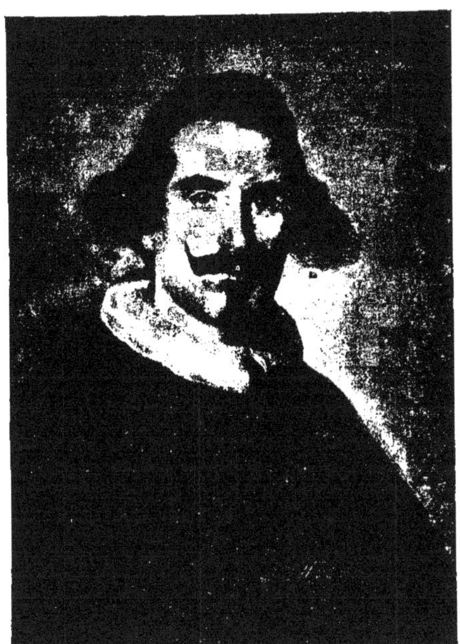

PORTRAIT DE L'ARTISTE (Musée du Capitole, Rome.)

par où l'on découvre un paysage à horizon bas et une vaste étendue de ciel sur laquelle se détachent les bustes de plusieurs des personnages du tableau. Le dallage blanc et noir, dont la perspective est soigneusement rendue, est l'unique morceau de ce genre dans l'œuvre entier du maître.

Quelques-uns des modèles de la *Forge* figurent dans la *Tunique de Joseph*. Ils sont au nombre de six dans l'une et l'autre toile ; leurs dimensions, les draperies qui recouvrent leur demi-nudité, sont à tel point similaires qu'on croirait à une transposition d'un tableau à l'autre. En dépit de cette analogie, c'est la *Forge* qui mérite la préférence.

Il résulte de l'examen de ces deux toiles que l'atmosphère artistique où Velazquez se mouvait alors en Italie contribua à élargir son horizon et à donner plus de finesse à son coloris et de souplesse à sa facture. Mais il n'y a pas de raison sérieuse pour attribuer ces progrès à telle influence en particulier. Serait-ce celle du Tintoret, comme l'assurent quantité de biographes de Velazquez, d'après lesquels elle se serait exercée à partir des copies faites à Venise ? Mais d'abord le coloris des deux maîtres est dissemblable : l'Espagnol se maintient dans une harmonie discrète de tons gris radicalement différente des somptueuses colorations du Vénitien. Et puis, Velazquez n'essaya même pas du procédé de la peinture à l'œuf avec des glacis à l'huile cher aux maîtres de l'école vénitienne et grâce auquel ils obtinrent des tons si brillants et si chauds. Cette méthode, parfaitement connue de nos jours, devait l'être encore bien davantage à l'époque dont nous nous occupons. Velazquez, au contraire, s'en tint toute sa vie à l'huile avec plus ou moins de pâte, selon les principes qu'on lui avait inculqués à Séville.

D'autres critiques, parmi lesquels M. Walter Armstrong, prétendent que Velazquez, lorsqu'il peignit les deux œuvres capitales exécutées pendant son séjour à Rome, était influencé par celles du Guide et de Poussin qui s'y trouvaient alors. A part la prépondérance du nu, on ne voit guère les rapports qui peuvent exister entre les tableaux de Poussin et la *Forge de Vulcain* ou la *Tunique de Joseph*. Il y en a peut-être davantage entre ces toiles et certaines du Guide et de son école, bien que la sincérité et la simplicité foncières de Velazquez soient tout l'opposé du maniérisme du peintre bolonais. Ce n'est donc qu'à fleur de toile qu'existeraient ces analogies.

Pour nous, d'accord avec M. de Wyzewa [1], nous croyons que

[1] *Les Grands peintres de l'Espagne et de l'Angleterre*, par T. de Wyzewa. Paris, 1891, p. 56.

Velazquez « a appris des Italiens ce qu'il pouvait en apprendre sans cesser en rien d'être lui-même : l'art de relier entre eux d'un lien nécessaire tous les éléments d'un tableau, l'art aussi de faire servir le jeu des nuances à des effets nettement définis ».

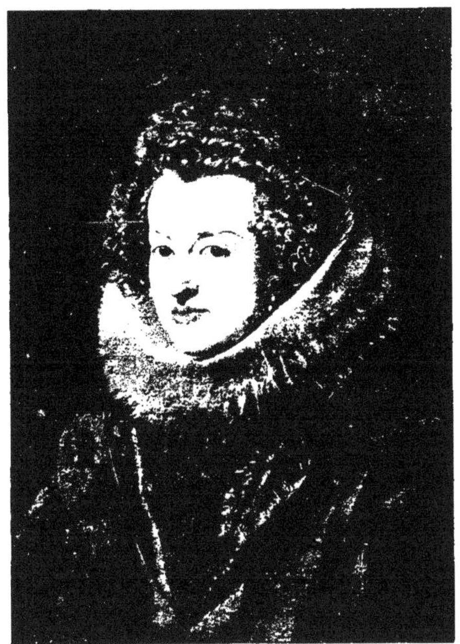

Portrait de l'infante Doña Maria, reine de Hongrie (Musée du Prado.)

Il faut ajouter au nombre des ouvrages exécutés par Velazquez à Rome son propre portrait destiné à Pacheco, au dire de ce dernier, qui s'écrie que ce portrait « fait l'admiration des connaisseurs et qu'il est un monument de l'art ». Cette œuvre serait-elle le délicieux portrait en buste qui fait partie actuellement du musée du Capitole ? Ce portrait authentique est un peu plus petit que nature ; il paraît peint d'un jet, à part de légères retouches faites après coup, à sec, çà et là. Velazquez est vêtu de noir et porte une collerette; son teint est brun pâle, ses cheveux noirs et abondants. A la profondeur et à la vivacité du regard on reconnaît bien que l'artiste se servit d'un miroir pour se peindre. La physionomie, très espagnole, est expressive et sympathique. Au point de vue technique, c'est une des bonnes toiles de Velazquez, encore que, sous l'action du vernis, elle ait poussé au noir. A considérer seulement l'âge que paraît avoir le maître sur ce portrait, le tableau aurait été peint en 1630; mais c'est une hypothèse inadmissible, étant donné l'évidente postériorité de l'exécution. En effet, la facture plus libre et plus aérée atteste qu'il fut peint six ou sept ans plus tard, en 1636 ou 1638, c'est-à-dire peu de temps avant que Velazquez atteignît la quarantaine, et c'est le maximum de l'âge que l'on puisse attribuer au personnage représenté. Mais, ainsi écartée la supposition d'après laquelle ce portrait serait celui dont nous parle Pacheco, il faut avouer qu'on a perdu la trace de ce dernier tableau.

Comme il se disposait à retourner en Espagne, Velazquez reçut de Philippe IV l'ordre de partir pour Naples afin d'y exécuter le portrait de la sœur du roi, l'infante Marie, qui venait d'épouser, par procuration, Ferdinand, roi de Hongrie, plus tard empereur sous le nom de Ferdinand III. La nouvelle reine, qui allait rejoindre son époux, fut obligée de faire un détour, afin d'éviter l'épidémie de peste qui infestait le nord de l'Italie, et de passer par Naples, où Velazquez alla remplir la mission que lui avait confiée le roi. Cette princesse était des plus célèbres par sa beauté et c'est pour elle autrefois que le prince de Galles avait entrepris son romanesque voyage à Madrid.

Il est probable que, vu la courte durée du séjour de doña Maria à Naples, Velazquez n'eut le temps que d'exécuter le portrait en buste du musée du Prado (nº 1072). La beauté du teint est rehaussée par la chevelure blonde et frisée ; les traits sont fins et présentent les particularités caractéristiques des princes de la maison d'Autriche. L'infante porte une volumineuse gorgerette de gaze empesée et un costume gris et verdâtre. Le dessin est soigné, et, s'il y a de la sécheresse dans le modelé des yeux, du nez et de la bouche, en revanche les cheveux sont un morceau savoureux d'une exécution délicate et d'une couleur charmante.

Le portrait en pied, de grandeur naturelle, de la même princesse, au musée de Berlin (n° 413 c), provenant du palais royal de Madrid et ayant figuré dans la collection Suermondt, est indubitablement, malgré son lieu d'origine et son histoire, une copie ancienne, et non des meilleures, de quelque original du maître aujourd'hui perdu, et qui fut sans doute l'agrandissement du portrait en buste de Madrid, car cette effigie et celle de Berlin sont identiques.

Naples était alors la résidence d'un autre peintre espagnol, José Ribera, avec lequel Velazquez se lia probablement, bien que Pacheco n'en souffle mot. Il y avait tant de traits communs entre ces deux génies qu'il dut s'établir entre eux, de prime abord, un courant de bonne intelligence et de sympathie. En outre, nulle crainte de rivalité possible, car, tandis que Velazquez repartait bientôt pour Madrid, Ribera, parvenu à l'apogée de sa gloire en Italie, ne voulut jamais rentrer en Espagne et mourut dans son pays adoptif en 1656, comblé d'honneurs et de richesses. C'est à la fervente admiration qu'éprouvait sans doute Velazquez pour Ribera qu'il faut attribuer l'acquisition par Philippe IV de bon nombre de tableaux de l'Espagnolet destinés à l'Escurial et au palais de Madrid. Plusieurs de ces toiles ont disparu, mais celles qui subsistent, tant à l'Escurial qu'au musée du Prado, suffisent amplement à donner une idée exacte de ce peintre extraordinaire.

Une fois sa mission à Naples terminée, Velazquez fit voile vers l'Espagne. Il dut y arriver vers les premiers mois de l'année 1631, car à partir de cette époque on le voit toucher personnellement ses appointements de fonctionnaire du palais.

CHAPITRE IV

Retour de Velazquez à Madrid. — Portrait en pied de Philippe IV de la National Gallery. — Autre portrait de ce roi et portrait de sa première femme Isabelle de Bourbon, du musée de Vienne. — Portraits de don Diego del Corral y Arellano et de Juan Mateos, porte-arquebuse de Sa Majesté. — Tableaux religieux de cette période. — *Le Christ à la colonne* et *le Christ en croix*. — Notice sur le Greco. — Influence exercée par ce peintre sur Velazquez. — Portrait présumé du comte de Benavente. — Portrait du duc de Modène. — Portrait d'un personnage inconnu d'Apsley House. — Le tableau des *Lances* ou *la Reddition de Bréda*.

L'absence de Velazquez dura dix-sept ou dix-huit mois. On rapporte que son premier soin, à son retour, fut de remercier le roi d'avoir tenu sa parole de ne laisser aucun autre peintre faire son portrait, engagement que Philippe ne transgressa qu'en faveur de Rubens.

Les dix-huit années qui séparent le retour à Madrid de Velazquez, en 1631, de son second voyage en Italie furent les plus fécondes de sa carrière artistique, mais il est impossible, faute de données précises, d'établir l'ordre chronologique de ses productions.

Il est probable que, dès son arrivée à Madrid, Velazquez s'empressa de faire un nouveau portrait du roi, et peut-être est-ce celui qui se trouve actuellement à la National Gallery (n° 1129), après avoir appartenu au duc de Hamilton. En effet, le roi, en 1631, avait vingt-six ans, âge qu'il paraît avoir sur ce portrait. Philippe IV est debout, vêtu d'un riche costume brun brodé d'argent et d'un manteau sombre ; il porte des bas blancs et des gants. Dans la main droite, se trouve un papier sur lequel sont tracés de l'écriture de l'artiste les mots suivants : « *Señor Diego Velazquez Pintor de Vuestra Magestad* ». La main gauche est appuyée sur la garde de l'épée. Sur une table à droite est posé un feutre à plumes. Ce pâle et fin visage, qui rappelle par sa cou-

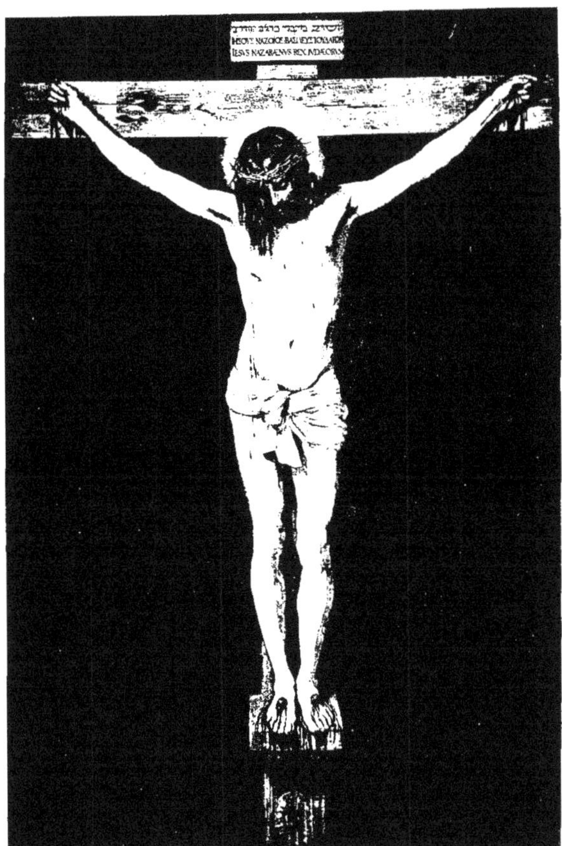

Velazquez pinx[t] Photogravure Braun Clément & Cie

Le Christ en croix

(MUSÉE DU PRADO)

leur, son modelé et son exécution celui du portrait en buste de la reine Marie de Hongrie, sœur du roi, se détache sur le rideau du fond.

La première impression produite par ce tableau n'est pas des plus favorables, à cause d'une certaine dureté et de la sécheresse avec lesquelles sont traités les ornements du costume. C'est ce qui fait que, parmi les rares critiques qui se soient occupés de cette œuvre, il s'en trouve, comme M. Armstrong, qui l'attribuent à Mazo. Et pourtant il suffit d'étudier de près ce portrait pour repousser cette supposition et acquérir la certitude qu'il n'y a pas là un coup de pinceau qui ne soit de la main de Velazquez. La tête est peinte avec une délicatesse infinie et elle est dessinée de façon irréprochable, ainsi que les mains, rendues avec une virtuosité sans pareille, et, bien que les draperies et les ornements d'argent tranchent avec le costume, leur saveur est garante de l'authenticité de cet ouvrage.

C'est à cette période qu'appartiennent également les deux portraits à mi-corps du roi et de sa première femme Isabelle de Bourbon (n°s 612 et 622 du musée de Vienne), auxquels se rapporte une note de l'année 1632 [1]. Bien qu'authentiques, ces œuvres ne sont guère intéressantes : il est à présumer qu'on se trouve en présence de répétitions faites par l'artiste d'autres portraits exécutés directement d'après le modèle. Les ornements du portrait de la reine sont peints avec un peu de cette sécheresse que nous avons relevée dans le portrait du roi de la National Gallery et produisent la même impression.

Il faut ajouter au nombre des œuvres exécutées alors un portrait qui a appartenu à la famille de Narros et est actuellement la propriété de la duchesse de Villahermosa, à Madrid. C'est celui de don Diego del Corral y Arellano, haut fonctionnaire, jurisconsulte éminent, qui avait rendu des services à l'État sous les règnes de Philippe III et de Philippe IV. Il mourut le 20 mai 1632, et c'est une preuve que ce

[1] Cette note, copiée aux archives du Palais et publiée dans le livre ci-dessus mentionné de M. Cruzada Villaamil, porte que Velazquez reçut une somme équivalant à 275 francs de notre monnaie pour l'emballage de ces portraits et autres frais occasionnés par leur transport en Allemagne.

portrait dut être peint pendant le laps de temps qui s'écoula entre le retour d'Italie de Velazquez en 1631 et cette date. Ce personnage est vêtu de noir ; il se tient debout devant une table recouverte de velours cramoisi ; son austère silhouette se détache sur un fond gris uni ; la tête a beaucoup d'accent. Dans les deux mains sont des papiers officiels qui symbolisent sa charge de conseiller. Tout dans ce tableau révèle la main de Velazquez, et on peut le classer parmi les meilleurs de cette période, bien que nous ne sachions pas qu'il ait été cité jusqu'ici par aucun des biographes ou des critiques du maître, excepté Curtis, qui, par erreur, dit que c'est le portrait d'un fils de don Cristobal del Corral.

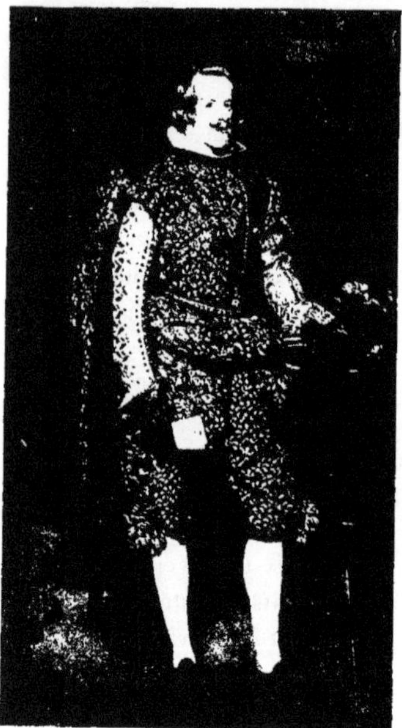

PHILIPPE IV (National Gallery, Londres.)

Le portrait, appartenant à la Galerie royale de Dresde (n° 697), du premier porte-arquebuse (*ballestero*) de Philippe IV, Juan Mateos, atteste, par la virtuosité avec laquelle il est peint, qu'il est postérieur de quelques années. Il n'y a pas de doute à avoir sur l'identité du modèle, grâce à la ressemblance existant entre ce portrait et celui gravé au frontispice du *Traité de l'origine et de la dignité de la chasse*, par Mateos, imprimé en 1634.

Mateos, vu à mi-corps, est vêtu de vert très foncé, presque noir ; les cheveux sont gris et courts ; il porte la moustache et la barbiche à la mode du temps. La tête, d'une énergique précision, est pleine d'expression : le visage pâle est d'un modelé étonnant et d'un relief extraordinaire, et le regard pénétrant et sévère fixe le spectateur. Les mains ne sont qu'indiquées au moyen d'un ton gris à travers lequel transparaît la préparation gris rougeâtre de la toile.

M. Justi, en même temps qu'il décrit ce tableau et qu'il le vante selon ses mérites, s'occupe d'un autre portrait du musée du Prado (n° 1105). On suppose que c'est celui de Alonso Martinez del Espinar, dont la fonction au palais était de porter l'arquebuse du roi et qui composa un traité sur l'*Art de la vénerie*. Complètement d'accord avec l'éminent critique relativement à l'absence dans ce tableau de tous les traits caractéristiques du style de Velazquez, nous rangeons cette toile parmi celles dont l'authenticité est manifestement douteuse.

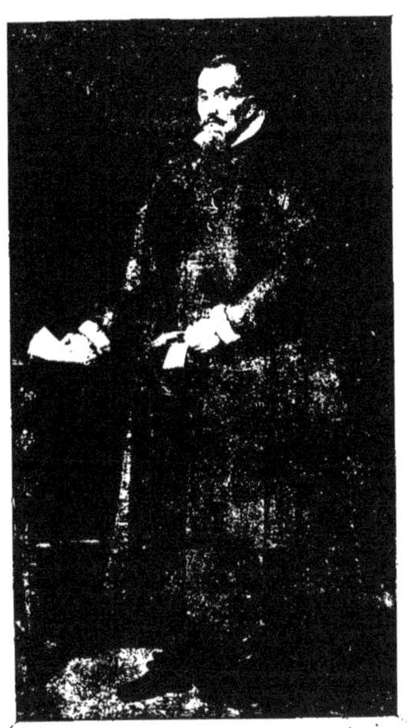

Don Diego del Corral.
(Collection de la duchesse de Villahermosa)[1]

Pendant la période de dix-huit ans comprise entre ses deux voyages en Italie, Velazquez ne peignit que deux tableaux religieux. L'un d'eux, *le Christ à la colonne*, est à Londres; le second, *le Christ en croix*, appartient au musée du Prado. Aucun biographe n'a fait mention du *Christ à la colonne* avant sa mise en vente à Madrid en 1862 ou 1863. En 1883, son propriétaire, sir John Savile, plus tard lord Savile, en fit don à la National Gallery. Il représente le Sauveur jeté à terre, les bras liés, et attaché à une colonne. La beauté de la musculature, peut-être trop robuste pour un corps ravagé par

[1] Publié d'après une photographie et avec l'autorisation de M. Laurent, de Madrid.

la douleur, atteste dans cette composition, comme dans celles que Velazquez exécuta à Rome, le respect de la tradition classique. Le Sauveur tourne la tête et considère d'un air d'affection un enfant qui, à genoux et les deux mains croisées, contemple le douloureux spectacle que lui montre un ange placé derrière lui, et exprime doucement la compassion dont il se sent pénétré envers le divin Martyr. L'idée d'éveiller la pitié chez un enfant est rendue avec beaucoup de simplicité et d'originalité. Les figures sont de grandeur naturelle; le faire est large, et déjà dans le coloris abondent les tons délicats et fins caractéristiques de cette période. Le fond est gris sans accessoires; au premier plan, quelques instruments de torture.

M. Stevenson, dans son ouvrage sur Velazquez[1], suppose que ce tableau fut exécuté en 1639. Je n'ai pu lire aucune date sur la toile, mais la vraie date nous est fournie par l'aspect du tableau. Or, il est impossible d'admettre qu'un ouvrage aussi semblable à ceux exécutés à Rome en 1630 par Velazquez leur soit bien postérieur. D'autre part, M. Stevenson croit voir dans le modèle dont se servit l'artiste pour l'ange le même que celui qui posa pour l'Apollon de la *Forge de Vulcain*, hypothèse toute gratuite, car il est visible que le modèle de l'Apollon fut un homme et celui de l'ange une femme. L'ange ressemblerait plutôt, à mon avis, à la prétendue Juana Pacheco du musée du Prado, et je crois bien qu'un seul et même modèle posa pour les deux figures.

En 1638 ou 1639, c'est-à-dire environ six ou sept ans plus tard, fut peint le *Christ en croix* (n° 1055 du musée de Madrid). A cette toile est attachée une légende scandaleuse, d'après laquelle le protonotaire d'Aragon et le comte-duc d'Olivares lui-même ayant joué, vis-à-vis du roi, le rôle peu honorable d'entremetteurs, le roi, en réparation de ce scandale, aurait commandé le tableau à Velazquez pour en faire don au couvent de San Placido, à Madrid. Quoi qu'il en soit, cette œuvre y figura jusqu'au commencement du siècle.

Peu de tableaux du maître ont été l'objet de tant de commentaires; peu de tableaux sont aussi surprenants. Les critiques se sont répandus

[1] R.-A.-M. Stevenson, *The Art of Velazquez*. Londres, 1895.

en effusions éloquentes, voire hyperboliques, à son sujet. Il est difficile, en effet, de se soustraire à l'impression profonde que produit cette toile puissante et dramatique. Non que l'on soit ému par le réalisme de cette image de la mort : le modèle dont se servit Velazquez fut sans doute un modèle vivant, bien que sa structure ne soit pas robuste

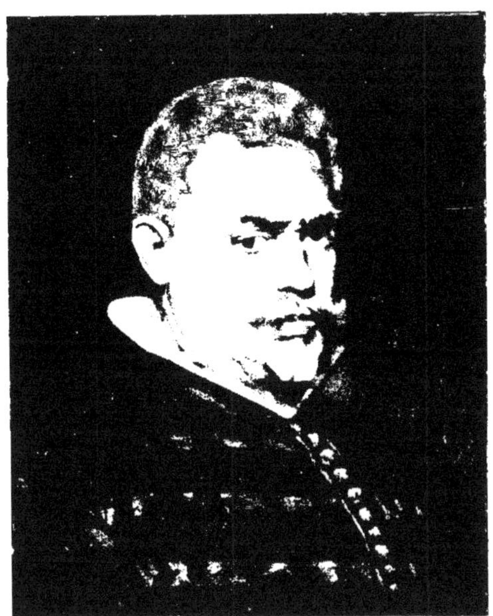

PORTRAIT DE JUAN MATEOS (Galerie royale de Dresde.)

comme celle du *Christ à la colonne.* Mais ce qui nous impressionne ici, c'est l'austère et classique silhouette du Crucifié ressortant sur un fond très sombre, et toutefois aéré malgré ses ténèbres ; c'est l'harmonie des membres, merveilleusement modelés en teintes claires sans aucun contraste violent ; c'est la couleur de la chair, aussi éloignée du violacé de la mort que du rosé de la vie ; c'est l'incomparable finesse, l'élégance des bras, des jambes et des mains, qui ne sont ni flasques, ni rigides ; c'est la sobriété avec laquelle le sang, savamment mesuré aux plaies, tache çà et là le corps ; c'est enfin l'heureuse disposition du visage, mi-découvert, mi-voilé par la chevelure. Cette toile est de celles que l'on n'oublie pas. Ce n'est peut-être pas une effigie bien typique du Christ en croix ; Tristan, Montañes, et tant d'autres, dans les nombreuses peintures et sculptures que ce sujet leur inspira, traduisirent mieux que ne fit Velazquez le sentiment religieux qui animait l'Espagne au XVIIe siècle, mais le caractère plus austère, plus classique, plus universel, en un mot, du *Christ en croix* met cette œuvre au-dessus de tout ce qui avait été peint ou sculpté jusque-là dans ce genre en Espagne et de tout ce qui a été créé depuis.

Pendant cette période de la vie de Velazquez se produisit un fait digne de remarque, étant donné la personnalité et l'indépendance du maître. Il s'agit de l'influence indiscutable qu'exercèrent alors sur lui les tableaux du Greco. Il les vit et les étudia sans doute à Tolède, où il y en a encore aujourd'hui une soixantaine et où devait se trouver à cette époque la quasi-totalité de ses ouvrages. Velazquez, qui s'était soustrait à l'influence de Rubens et qui avait échappé aux séductions es Vénitiens, trouva sans doute chez le Greco quelque chose de supérieur qu'il tâcha de s'assimiler. Ce n'est pas la première fois qu'on a émis cette opinion [1], dont il ne faudrait pas outrer les conséquences, comme tel qui soutient que le jour viendra peut-être où Velazquez passera pour l'élève du Greco.

Domenico Theotocopuli, surnommé le Greco, était né dans l'île de Crète entre 1540 et 1550. En 1575 il se rendit à Tolède, pour y peindre des retables au couvent de Santo Domingo el Antiguo, dans l'église duquel il fut enterré en avril 1614, comme le registre de l'église paroissiale de Santo Tomé, à Tolède, en fait foi. Il est hors de doute qu'il acquit sa première célébrité comme élève des grands peintres vénitiens ; il n'y a, pour s'en rendre compte, qu'à examiner une de ses

[1] Elle a eu cours depuis Palomino — qui avança, dans sa biographie de Velazquez, que celui-ci dans ses portraits imita Domenico Greco — jusqu'à l'époque présente, où la plupart de ceux qui connaissent l'œuvre de Theotocopuli expriment cette idée.

œuvres de jeunesse, la *Guérison de l'aveugle-né* du musée de Parme, et d'autres œuvres de la même époque figurant dans diverses galeries et attribuées au Baroche, aux Bassan, voire à Véronèse ou à Tintoret. On peut néanmoins assurer que le Greco est absolument inconnu en dehors de l'Espagne. Sa principale toile à Santo Domingo el Antiguo,

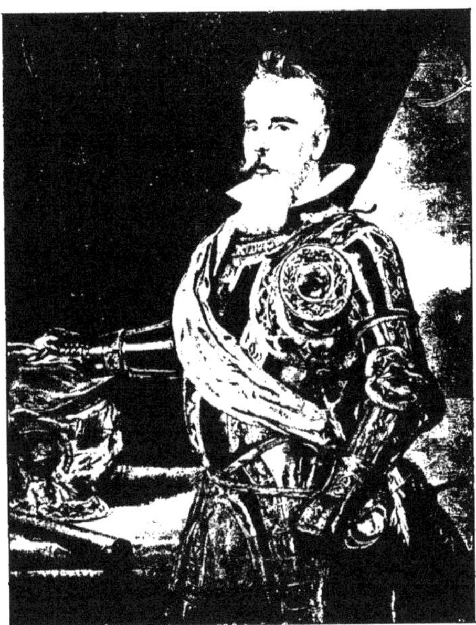

Le comte de Benavente (Musée du Prado.)

l'Assomption de la Vierge, qui a fait partie de la collection de l'infant don Sebastien de Bourbon, lui valut tant de renommée à Tolède qu'en 1577 le chapitre de la cathédrale le chargea de peindre une autre toile de grandes dimensions dont le sujet était : *le Christ dépouillé de ses vêtements sur le Calvaire*, et qui se trouve encore dans la sacristie de la cathédrale pour laquelle elle fut exécutée. Ces deux tableaux et les

Funérailles du seigneur d'Orgaz, que conserve l'église de Santo Tomé, sont les chefs-d'œuvre du Greco, représenté en outre à Tolède, à Madrid et dans d'autres villes d'Espagne par une centaine de portraits et de scènes religieuses.

Le Greco est un des peintres les plus originaux et les plus suggestifs qui aient existé. Ses tableaux religieux atteignent parfois au sublime ; je n'en veux d'autre preuve que la tête inspirée du Sauveur dans *le Christ dépouillé de ses vêtements*, de Tolède. Ses Christs, ses saints, ses ascètes, sont imprégnés d'un mysticisme particulier. Plutôt que des êtres humains, ils ont parfois l'air de spectres aux proportions exagérées et aux faces livides ; mais ils respirent toujours l'au-delà. Quant à ses nombreuses Vierges et à ses anges, ils sont empreints d'une grande beauté, faite de suavité et de grâce. Ses portraits vivent ; il réussit mieux que personne à interpréter non seulement l'extérieur d'une physionomie, mais ce qu'il y a de plus intime et de plus personnel dans le modèle.

Il y a un intérêt capital à étudier la technique du Greco ; c'est elle qui lui permet d'obtenir les effets de couleur les plus surprenants et les harmonies les plus délicates, en même temps que les contrastes les plus étranges et parfois même les plus discordants. La gradation des valeurs dans ses tableaux est à elle seule un enseignement. Les blancs sont tantôt brillants et purs, tantôt teintés de gris ou de jaune, mais toujours d'une qualité rare. Ses portraits en buste du musée de Madrid, où il y a trois notes dominantes : le noir des vêtements et du fond, le gris si particulier du visage et le blanc intense de la collerette, sont d'un effet unique.

C'est une véritable énigme que son procédé : tantôt il paraît compliqué, tantôt il est si simple qu'on peut suivre la trace du coup de pinceau sur la préparation rougeâtre de la toile. Le Greco empâte en général ses chairs sans exagération, à petites touches, et il ajoute quelques coups de pinceau définitifs très accentués mais très délicats.

Il y a dans beaucoup de ses tableaux, et spécialement dans ses scènes religieuses, des figures si allongées et si contractées et des expressions si exagérées qu'on a supposé que le Greco devint fou à la fin de sa vie et que ces bizarres compositions furent enfantées dans des accès de délire. C'est une légende dénuée de fondement, admise par ceux-là seuls qui, frappés de ces exagérations, ne comprennent pas l'intensité du sentiment qui anime l'œuvre du peintre. On peut mettre au nombre de ces critiques timorés le roi Philippe II, qui, ne rendant pas justice aux exceptionnelles facultés artistiques du Greco et ne voyant en lui qu'un extravagant, l'éloigna de lui et ne permit même pas qu'on accrochât dans l'endroit pour lequel ce tableau avait été peint le *Martyre de saint Maurice*, qui se trouve aujourd'hui à l'Escurial. Et pourtant, qui se souvient aujourd'hui de la majeure partie des peintres à qui Philippe II préféra confier la décoration de l'Escurial? En revanche, les œuvres du Greco sont de plus en plus admirées, et Velazquez les tenait en si haute estime que, d'après l'inventaire qu'on fit de son atelier après sa mort, il possédait trois portraits de Theotocopuli, deux d'hommes et un de femme.

L'opinion si répandue d'après laquelle Velazquez aurait à cette époque imité les Vénitiens et surtout le Tintoret provient de l'impression produite sur lui par le Greco, dont le faire offrait tant d'affinités avec celui de Titien et surtout du Tintoret, ses maîtres. Velazquez ne subit nullement l'influence directe de ces derniers peintres, pas même au moment en apparence le plus favorable à un entraînement de ce genre, c'est-à-dire à l'époque où il étudiait et copiait les principaux maîtres vénitiens. L'adoption par Velazquez de teintes gris argenté dans la coloration des chairs, l'emploi de certains carmins, une plus grande liberté d'exécution dans les draperies, étoffes et autres accessoires, tels sont les points où se fait sentir l'influence du Greco. Heureusement, Velazquez sut avec beaucoup de tact s'assimiler ce qu'il y avait de sain dans le talent de son prédécesseur, tout en évitant ce qu'il renfermait de dangereux. Il lui doit certaines finesses de coloris, une harmonie de tons gris très distinguée que ses toiles ne présentaient pas jusque-là, et il n'en conserva pas moins son irréprochable dessin et l'heureux équilibre de ses qualités natives.

Il n'y a pas dans l'œuvre entier de Velazquez de peinture qui rappelle de plus près le style du Greco que le portrait présumé de don Antonio Alonso Pimentel, comte de Benavente (n° 1090 du musée du Prado), portrait dont le modèle et même l'auteur — qu'on disait être Titien — restèrent inconnus jusqu'au moment où don Pedro de Madrazo[1] s'efforça d'éclaircir ce point. C'est un portrait à mi-corps : le modèle paraît avoir quelque cinquante à soixante ans ; il est revêtu d'une armure damasquinée d'or que traverse une écharpe rose. Les mains portent des gantelets ; la gauche s'appuie sur le pommeau de l'épée, la droite sur un casque posé sur une table couverte d'un tapis rouge ; en arrière, un rideau relevé sur un fond de paysage. La tête, et la bouche en particulier, ont été repeintes maladroitement, mais le buste est superbe et en bon état de conservation. L'armure est peinte avec la plus grande virtuosité et rappelle par sa couleur et ses reflets celle que porte le principal personnage des *Funérailles du seigneur d'Orgaz*, un des plus fameux tableaux du Greco. Le rideau et le paysage du fond sont entachés de nombreux repeints qui gâtent ce superbe portrait.

Le portrait de François d'Este, duc de Modène, n'est pas sans analogie avec celui du comte de Benavente. La pose est à peu près la même et le duc porte également l'armure et l'écharpe. C'est lors du voyage de ce prince à Madrid en 1638 que Velazquez peignit cet intéressant portrait dont l'authenticité n'est pas niable, bien que, après une assez longue disparition, il ait été acheté en 1843, comme un van Dyck, pour le musée de Modène où il se trouve actuellement. Quoique très intéressant en soi, ce portrait ne répond pas à l'importance du rang du personnage auquel il était destiné ; il est donc à croire, étant

[1] *Catalogo descriptivo é historico de los cuadros del Museo del Prado*, par don Pedro de Madrazo. Madrid, 1872. La notice consacrée à ce tableau prétend que le modèle du portrait est le neuvième comte de Benavente, qui aurait été en 1641 gouverneur général sur la frontière portugaise, allégation erronée puisque le neuvième possesseur du titre mourut en 1633. Peut-être confond-on ce dernier avec son second fils, don Rodrigo Alfonso, qui, en effet, remplit ces fonctions. Les qualités du portrait étant de celles qui n'apparaissent dans l'œuvre de Velazquez que quelques années après 1633, date de la mort du neuvième comte de Benavente, il est possible que nous nous trouvions en présence non du personnage imaginé par M. de Madrazo, mais du dixième comte don Juan Francisco, mort en 1652, ou de son successeur, don Antonio Alfonso, mort en 1677.

donné la rapidité présumée de l'exécution, que ce fut une étude pour un second portrait plus grand et plus important.

Nous devons mentionner ici un autre portrait qui se trouve à Apsley House et qui passa longtemps pour le propre portrait de

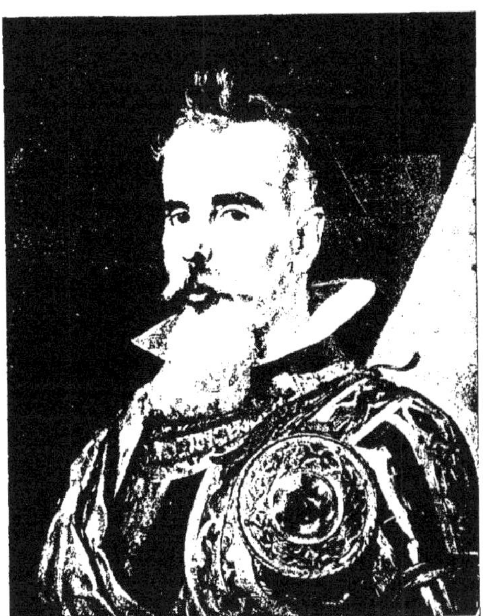

Le comte de Benavente (Détail.)

Velazquez. Le personnage représenté n'est sûrement pas notre peintre, mais ce superbe tableau est sans nul doute authentique. Le modèle paraît avoir environ trente-cinq ans. Il a le teint pâle, des traits fins, le type espagnol, une moustache et une barbiche noires, les cheveux courts, des yeux expressifs qui fixent le spectateur. Il est vêtu de noir et porte une collerette unie. Le buste est de profil, la tête est de trois quarts à gauche, affectant ainsi la même position que celles du comte de Benavente et du duc de Modène. La silhouette, bien campée, ressort sur un fond gris sombre, et l'œuvre est empreinte de cette sobriété propre aux tableaux du maître. L'exécution est précise et a beaucoup d'accent.

Une des œuvres les plus importantes de cette période, et la plus universellement célèbre peut-être des toiles de Velazquez, est la *Reddition de Bréda*, connue vulgairement sous le nom de tableau des *Lances*. Le peintre voulut immortaliser ainsi l'événement le plus héroïque et le plus glorieux du règne désastreux de Philippe IV. La part du roi dans ce fait d'armes se borna, il est vrai, à l'ordre laconique : « Spinola, emparez-vous de Bréda ! » Muni de ces seules instructions, Ambrosio Spinola, en capitaine illustre, consolida une gloire déjà éclatante en dirigeant pendant de longs mois avec une énergie surhumaine, au milieu de difficultés sans nombre, un siège qui, bien qu'il ait abouti à une capitulation, fut aussi honorable pour les défenseurs que pour les assaillants. Et c'est ce double aspect, cette gloire jumelle des vainqueurs et des vaincus que Velazquez a su interpréter d'une façon incomparable.

Au centre du tableau, le marquis de Spinola, avec l'affabilité la plus courtoise et le sourire aux lèvres, accueille Justin de Nassau qui lui remet les clefs de la ville. Ce groupe, au lieu de figurer la conclusion d'un fait d'armes, semble être la mise en scène des sentiments les plus chevaleresques. A droite, derrière le principal personnage, se tiennent les chefs des troupes espagnoles. Il est évident que ce sont pour la plupart des portraits, car nombre de héros de la prise de Bréda vivaient encore au moment de l'exécution du tableau, mais, encore que les noms de ces chefs nous aient été transmis, il serait hasardeux de vouloir reconnaître tel ou tel personnage. L'homme à la tête couverte d'un *chambergo* qui se trouve entre le cheval de Spinola et le bord de la toile, est-il, comme on s'accorde à le dire, Velazquez lui-même? MM. Justi et Lefort le nient, mais Cruzada Villaamil en est si persuadé qu'il choisit ce portrait pour en orner le frontispice de son ouvrage sur Velazquez. Si l'on compare cette effigie avec le portrait du musée du Capitole ou celui, également authentique, du musée de Valence, en tenant compte de la différence des âges dans ces trois portraits, on acquiert la certitude que le personnage des *Lances* n'est autre que l'artiste en personne. Nous avons vu que le portrait du musée du Capitole dut être peint vers 1637 ; celui de Valence, où le peintre paraît avoir dépassé la quarantaine, fut exécuté vers 1645, et la *Reddition de Bréda* en 1639 ou 1641, époque où Velazquez avait quarante ou quarante-deux ans. La diversité de ces dates explique les transformations de la physionomie.

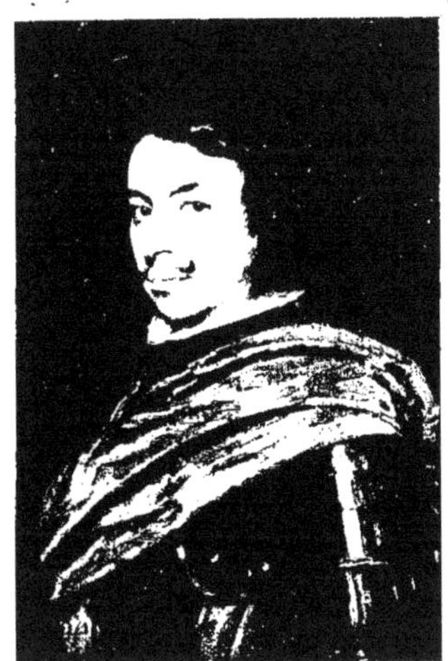

Le duc de Modène (Musée de Modène.)

Pour revenir aux *Lances*, on remarque que le groupe de gauche, formé par la suite de Nassau, est moins important numériquement que celui des Espagnols. Il est facile d'en saisir les motifs : les modèles flamands n'abondaient pas à Madrid comme les espagnols ; mais cette infériorité numérique n'enlève rien au pittoresque de cette partie de la toile. Les figures des Flamands, étant plus rapprochées du spectateur, sont plus grandes que celles de leurs adversaires, et la composition est ainsi équilibrée. Dans leur groupe les trois notes dominantes sont le vert, le jaune et un blanc exquis, qui s'harmonisent avec les tons du groupe opposé. Les deux troupes diffèrent également par les costumes, les types et l'arrangement. Le teint hâlé de Justin de Nassau, son grand rabat, son ample pourpoint et ses énormes bottes font contraste avec la sveltesse et le visage pâle de Spinola, revêtu de l'armure et chaussé d'élégantes bottes bien ajustées à son pied aristocratique.

Au second plan, à droite, est un peloton d'infanterie armé de piques ou lances dont le parallélisme obligé — que d'aucuns ont considéré comme le point faible de l'œuvre [1] — vaut à ce tableau le sur-

[1] Le peintre Antoine-Raphaël Mengs, dans une lettre à Ponz publiée dans le tome VI du

nom dont le vulgaire l'a baptisé. Au fond, on voit défiler la garnison emportant ses armes et ses drapeaux, aux termes des conditions accordées par Spinola comme hommage à l'héroïque défense de la place. Dans le lointain se déroule le paysage le plus varié, plein d'accidents pittoresques, tels que cours d'eau, tranchées, gens armés, sous un ciel où courent des nuages clairs et changeants.

Des feux, les uns rapprochés, les autres plus éloignés, d'où montent des tourbillons de fumée, animent encore cette scène déjà si pleine de vie.

Il n'est pas étonnant que dans une composition aussi compliquée et d'un effet aussi puissant, on rencontre de ces défaillances inévitables dans les ouvrages de longue haleine : l'inspiration, en effet, ne peut s'y maintenir à la même hauteur pendant toute la durée de la création. La critique moderne peut trouver à redire à l'éclairage oblique des *Lances* et soutenir que ce n'est là ni la lumière solaire ni la lumière diffuse du plein air si en vogue de nos jours. On peut aussi reprocher à la composition d'être symétrique et assujettie aux règles étroites des canons archaïques. Enfin, parmi les têtes, d'ailleurs si expressives et si variées et dont quelques-unes sont admirables, il y en a deux ou trois qui sont négligées ou même défectueuses. Mais ces tares, si tant est qu'elles existent, ne servent qu'à faire mieux ressortir les beautés d'un tableau qui est le modèle de ceux de ce genre et le plus parfait spécimen de ce qu'on a appelé la seconde manière de Velazquez, c'est-à-dire du style qui caractérise ses œuvres pendant la période comprise entre ses deux voyages en Italie.

On tomberait dans la prolixité à vouloir rapporter tous les éloges qu'on a prodigués aux *Lances*. M. Justi, qui en fait une analyse auss consciencieuse que celles qu'il a consacrées aux autres œuvres du maître, s'écrie à leur sujet : « Il y a dans peu de tableaux d'histoire autant de flamme artistique et virile que dans celui-ci ; peu de toiles sont aussi suggestives ; un plus petit nombre encore révèlent un peintre doué de sentiments aussi nobles. »

Viaje à España, après force éloges à l'adresse de ce tableau, ajoute que « tout y est exprimé d'une façon magistrale, sauf les piques ».

Les artistes ont été saisis du même enthousiasme. Lorsque Henri Regnault vint à Madrid en 1868, après son séjour en Italie, il s'écria en présence des œuvres de Velazquez : « Je n'ai jamais rien vu de comparable à cet homme-là. Quelle couleur, quel charme, quel aspect nouveau et original, quelle sûreté d'exécution !... Je voudrais avaler Velazquez tout entier. C'est le premier peintre du monde... Ah ! si je

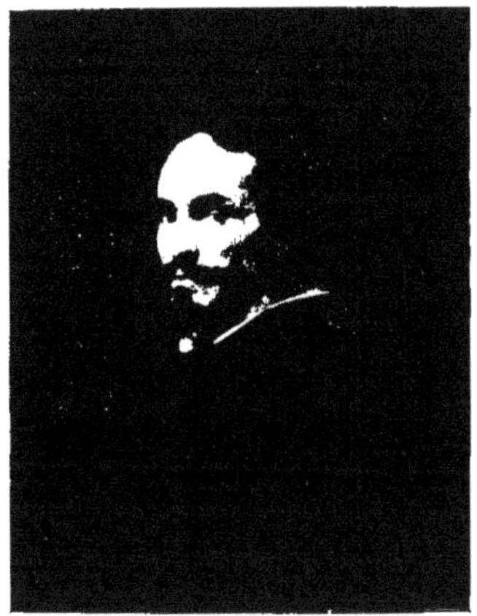

PORTRAIT D'UN INCONNU (Collection du duc de Wellington, Apsley House.)[1]

ne fais pas à Madrid vingt-cinq lieues de progrès, je me pends[2]. » Ne se bornant pas à ces effusions, il entreprit la copie du tableau des *Lances* dans les dimensions de l'original. Il se mit à l'ouvrage avec une ardeur fébrile, travaillant huit heures et demie par jour, et, bien que cette copie, qui se trouve actuellement à l'École des Beaux-Arts à Paris, n'ait pu être terminée par Regnault, elle est la meilleure preuve de l'enthousiasme qu'excita en lui le grand peintre espagnol.

Le tableau des *Lances*, destiné primitivement au salon de *los Reinos* au palais du Buen Retiro, se trouvait en 1772 au Nouveau Palais, à

[1] Reproduit avec l'autorisation et d'après la photographie de la « New Gallery » de Londres

[2] *Correspondance de Henri Regnault*, annotée et recueillie par Arthur Duparc. Paris, 1872.

Madrid. Croirait-on que, à la fin du XVIIIe siècle et même au commencement du XIXe, le sujet de cette composition ait été universellement ignoré? Ponz, dans son *Voyage en Espagne* [1], suppose que le principal acteur de la scène est le marquis de Pescaire. Mengs, malgré les éloges qu'il fait de cette toile, ne sait rien à son endroit, sinon qu'il s'agit de la capitulation d'une place forte. Ceán Bermudez commet la même erreur que Ponz, qu'il copie. Tel était l'oubli où tomba à cette époque, par suite sans doute des partis pris d'école, le tableau des *Lances*, qui était à la fois l'évocation d'un fait d'armes glorieux pour l'Espagne et un des chefs-d'œuvre de la peinture.

[1] *Op. cit.*, t. VI, p. 54.

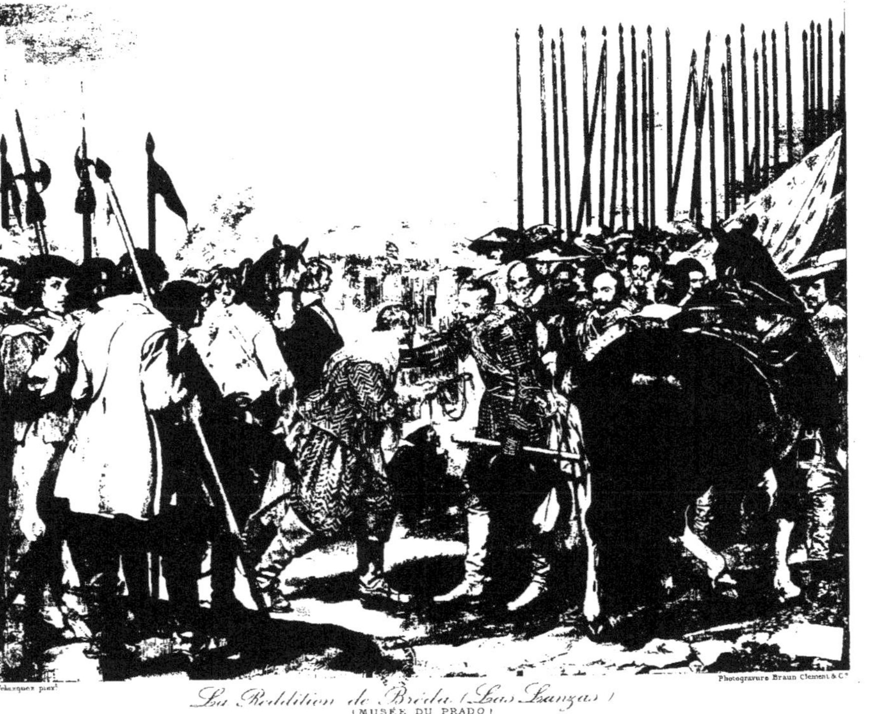

Velazquez pinx^t Photogravure Braun Clément & Cie

La Reddition de Bréda (Las Lanzas)
(MUSÉE DU PRADO)

CHAPITRE V

Portraits du prince don Baltasar Carlos à Castle Howard et au Musée impérial de Vienne. — Portraits de chasseurs du musée du Prado. — *Chasse au sanglier, au « Hoyo »*, de la National Gallery. — *Vue de Saragosse*. — La duchesse de Chevreuse ; on ignore ce qu'est devenu son portrait ainsi que ceux du poète Quevedo et du cardinal Borja. — L'amiral Adrian Pulido Pareja. — Autres œuvres attribuées à Velazquez, mais sans preuves solides.

Le 17 octobre 1629, pendant le séjour de Velazquez en Italie, naquit le prince Baltasar Carlos, l'aîné des fils de Philippe IV et d'Isabelle de Bourbon. Cet événement, impatiemment attendu en Espagne, fut accueilli avec la plus grande joie.

Parmi les nombreux portraits que peignit Velazquez d'après ce prince, et que nous décrirons au cours de cet ouvrage, nous ne croyons pas qu'il y en ait d'antérieur à celui qui se trouve à Castle Howard, résidence du comte de Carlisle. Le prince, âgé de deux ans, y est représenté debout sur une marche, au second plan ; au premier plan, un page nain. Déjà, dans le regard du prince se lit cette vivacité de regard caractéristique de ses effigies ultérieures. Dans sa pose, qui n'est pas celle d'un enfant, on peut voir l'intention du peintre de mettre en relief le rang de son modèle : la main gauche s'appuie sur la garde de l'épée et la droite sur le bâton de commandement. Une écharpe rouge traverse son riche costume de velours sombre passementé d'or. Au fond, un grand rideau rouge, et, sur un coussin, un chapeau de velours à plumes blanches. Le nain qui se tient une marche plus bas que son maître tourne vers ce dernier son énorme tête. Il porte une ample collerette unie et une chaîne en sautoir ; un tablier qui lui serre la taille lui couvre tout le bas du corps. Sa main droite tient un bizarre hochet en argent et la gauche une pomme.

Waagen vante très fort ce tableau et l'attribue à Velazquez. On avait voulu y voir jusque-là un portrait du prince de Parme peint par le Corrège. Il est porté sur le catalogue de Curtis comme représentant ce prince ; mais aucun doute ne subsiste plus à cet égard : c'est bien de don Baltasar Carlos qu'il s'agit. Toutefois, se trouve-t-on en présence d'un tableau original de Velazquez ? N'ayant pas vu cette toile, je dois m'en rapporter à l'appréciation de MM. Justi et Armstrong, qui croient à son authenticité, encore que le dernier de ces critiques suppose que les ornements du costume ont été repeints maladroitement, hypothèse que l'examen des photographies du portrait tend à confirmer et qu'il faudrait peut-être étendre à d'autres morceaux du tableau.

Entre ce portrait et celui du musée de Vienne, l'ordre chronologique exigerait que l'on mentionnât le portrait équestre et celui en habit de chasse appartenant au musée du Prado, mais le caractère spécial de ces œuvres veut que l'on s'en occupe en même temps que d'autres appartenant au même groupe.

Le portrait du Musée impérial de Vienne (n° 616) représente don Baltasar Carlos à l'âge de dix ou douze ans ; l'infant, debout, bien campé, porte un costume de velours noir chamarré d'argent avec un manteau assorti ; la main droite repose sur un fauteuil bas, et la gauche sur l'épée. En arrière, une table recouverte d'un tapis rouge, sur laquelle se trouve le chapeau ; fond gris.

Cette œuvre est merveilleuse comme ensemble, mais on y admirera d'abord le prodigieux modelé du visage pâle, éclairé de face, et l'expression de la physionomie, où se lit le caractère de cet enfant universellement aimé, dont la mort prématurée exerça un funeste contre-coup sur les destinées de l'Espagne. Don Baltasar, doué de l'intelligence de sa mère, Isabelle de Bourbon, fille de Henri IV et de Marie de Médicis, avait encore hérité d'elle les traits physiques des Bourbons, si différents de ceux des princes de la maison d'Autriche : il n'avait pas la mâchoire proéminente de ces derniers, et ses yeux, aussi noirs et aussi vifs que ceux de sa mère, n'ont rien de commun avec les yeux gris bleu et mélancoliques des trois Philippe.

Le soin avec lequel cette tête est peinte donne lieu de croire que, contrairement aux habitudes des grands personnages, le prince fut un modèle patient, ce qui permit à Velazquez d'exécuter un portrait qui est un chef-d'œuvre.

Bien que la plupart des portraits de notre peintre aient des fonds

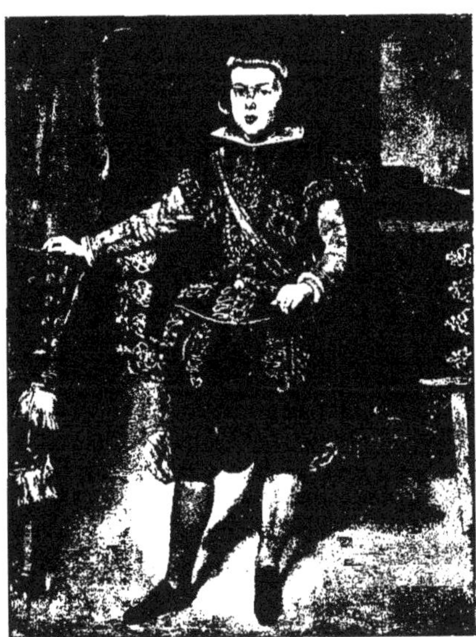

Le Prince don Baltasar Carlos (Musée de Vienne.)

tout à fait unis ou sobrement ornés de rideaux ou de tables, Velazquez en exécuta un certain nombre où la figure se détache sur un fond de paysage dont l'aspect original constitue une des particularités de l'artiste. En effet, les nombreux fonds de paysage en honneur jusque-là et qu'on peut voir dans tant de portraits sont la plupart du temps des morceaux inspirés de la réalité, mais d'une interprétation absolument conventionnelle, mis là seulement pour diversifier l'œuvre et permettre l'emploi de tons plus ou moins chauds en harmonie avec les teintes généralement délicates des chairs : ainsi, l'on peut constater que la plupart de ces paysages sont pris au crépuscule et offrent des ciels enflammés et une végétation très sombre, en vue de produire un ensemble dramatique [1]. Dans les fonds de paysage de Velazquez, les tons sont toujours gris, azurés et froids. Ils sont peints d'après nature et inspirés des sites qu'il découvrait des fenêtres mêmes du palais, ou qu'il notait soit aux environs du palais, soit au Pardo et à l'Escurial, où sa charge à la cour l'amenait constamment. Ces paysages ont ceci de particulier que le soleil n'y éclaire jamais directement les objets et que, par conséquent, les ombres n'en sont pas accentuées, contrairement à ce qui se produit en réalité sous l'action de l'éclatante lumière du soleil castillan. Dans les ciels courent de légers nuages interrompus çà et là par des lambeaux d'azur. Tous ceux qui connaissent les divers aspects du paysage des environs de Madrid à certains jours couverts du printemps et qui ont observé les teintes des coteaux du Pardo plantés de chênes parmi des terrains gris et rougeâtres avec, dans le lointain, le bleu brillant et délicat du Guadarrama couronné de neige, comprendront aisément que Velazquez, impressionné par ces effets, y ait vu un fond aussi artistique qu'original pour les austères modèles de ses portraits. Les plus caractéristiques des tableaux de ce genre sont les trois portraits de chasseurs du musée du Prado (n°s 1074, 1075, 1076), destinés à la Torre de la Parada, rendez-vous de chasse du mont du Pardo où les rois d'Espagne, à partir de Charles-Quint, aimaient à se rendre. Ils représentent Philippe IV, l'infant don Ferdinand d'Autriche, frère du roi, et le prince don Baltasar Carlos. Les trois personnages sont debout et vêtus semblablement d'un habit de chasse brun verdâtre ; des guêtres, des gants de cuir à revers et une petite casquette complètent leur équipement. Les chasseurs, suivis de leurs chiens, ont leur fusil en main. Les trois fonds sont identiques : c'est une vue du Pardo avec les pentes du Guadarrama au dernier plan. Un chêne se dresse auprès de chacun des princes ; le ciel est nuageux.

[1] M. Émile Michel, dans son *Étude sur Velazquez* (page 140), expose des considérations analogues.

Tels sont les caractères communs aux trois portraits, mais ceux-ci diffèrent entre eux par les points suivants, qui sont dignes de remarque. Le portrait du prince don Baltasar dut être exécuté en 1635 ; l'infant avait alors six ans, ainsi qu'il est rapporté sur une inscription placée au bas du portrait. A la droite du prince est couché un gros chien ; à sa gauche, un petit lévrier avance son museau au ras de la toile. Le petit chasseur tient d'une main son fusil exigu, reposant sur la crosse. Ce portrait, peint, comme les deux autres, dans une note grise très délicate, est d'un ensemble superbe, bien qu'il y ait peut-être plus de franchise et de liberté dans le portrait de l'infant don Ferdinand, d'où l'on pourrait inférer que cette dernière œuvre fut exécutée quelques années plus tard pour servir de pendant aux deux autres portraits. L'infant don Ferdinand résidait en Flandre dès l'année 1632 et, son portrait ayant été peint postérieurement à 1635, il est évident que Velazquez se servit, pour la tête du prince, de quelque étude antérieure au voyage en Flandre, car à cette époque le prince comptait environ vingt ans, âge qu'il paraît avoir sur son portrait en attirail de chasse. Cette hypothèse est confirmée par l'aspect de la tête, qui, bien qu'elle s'harmonise avec les autres

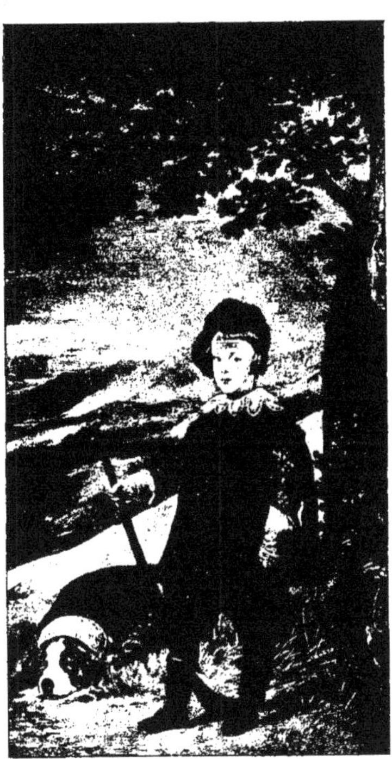

Le Prince Don Baltasar Carlos a l'age de six ans
(Musée du Prado.)

parties du tableau, n'a pas autant de fermeté et de relief que le reste.

M. Justi suppose que ce portrait fut repeint sur un portrait antérieur dont Velazquez n'aurait conservé que la tête. L'artiste aurait, d'une façon large et libre, recouvert la peinture primitive d'une épaisse pâte colorée riche en blancs. L'ample rabat aujourd'hui disparu aurait été remplacé par la collerette actuelle. Ce dernier détail est exact, en effet; on peut y voir un de ces « repentirs » fréquents chez Velazquez. Mais, par contre, malgré les nombreuses séances que j'ai consacrées à l'examen de cette toile en vue de me rendre compte de la véracité de l'assertion de l'honorable critique, je n'ai pu découvrir le moindre indice de l'existence d'un portrait antérieur sur la toile, et, par contre, en plus d'un endroit, j'ai entrevu cette préparation grise employée par Velazquez dans les tableaux de sa seconde manière, ce qui me fortifie dans ma croyance que ce portrait fut peint sur une toile vierge de toute peinture antérieure et que la tête de l'infant fut empruntée à un autre portrait déjà existant. A côté du prince, qui tient son fusil des deux mains, est accroupi un chien admirablement dessiné, dont la tête si vivante, le modelé, la couleur, ont fait dire que c'était le mieux peint des chiens de Velazquez. Et on ne pouvait en faire un plus bel éloge, car nul maître ne surpasse Velazquez dans l'interprétation réaliste de ces animaux.

Le troisième de ces portraits représente le roi Philippe IV à l'âge de trente ou trente-deux ans. Ce fait et l'aspect du tableau laissent penser que ce portrait fut exécuté en même temps que celui de don Baltasar Carlos et avant celui de don Ferdinand. La tête en est le morceau le moins intéressant, et, comme on ne peut pas s'en prendre ici à l'absence du modèle et qu'on sait du reste que Velazquez se tira toujours à son avantage de la tâche de portraiturer le monarque, il n'y a qu'à se souvenir une fois de plus que les personnages d'un rang élevé, que réclament de multiples devoirs, dédaignent volontiers l'ennuyeuse et fatigante corvée de poser pendant des heures et des journées entières. Néanmoins, dans ce portrait comme dans celui de l'infant, il y a harmonie entre la tête et les autres parties du tableau, et cet ensemble noble et distingué est encore rehaussé par un coloris vraiment idéal.

On y relève, davantage encore que dans les autres toiles de Velazquez, — et presque toutes présentent cette particularité, — la trace de

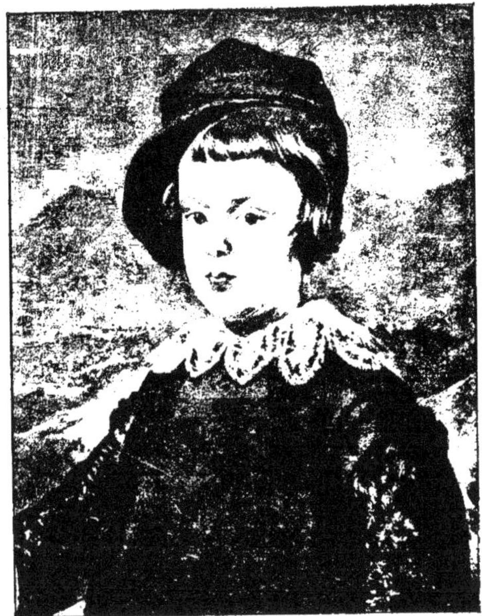

Le Prince don Baltasar Carlos en costume de chasse (Détail.)

ces retouches que le peintre opérait à sec. Avec le temps, ces repentirs deviennent visibles sous la couche de couleur dont ils furent recouverts. L'étude de ces corrections démontre que Velazquez n'était pas aussi primesautier et aussi spontané qu'on le suppose. Maître de son dessin et de sa vision, il n'était pourtant presque jamais satisfait de sa première idée et il la retouchait sans cesse jusqu'à ce qu'il eût donné à ses figures, dans leur contour et leur silhouette, le degré le plus élevé d'idéalisation, tout en restant dans la réalité. C'est ce qui fait que tous les personnages de ses tableaux, sans en excepter même ceux qui présentent les caractères de la vulgarité et de la bassesse, voire de l'abjection, sont animés, sous le masque d'un prétendu réalisme, d'une telle distinction qu'ils sont transformés de ce chef en prototypes de l'espèce à laquelle ils appartiennent. Velazquez voyait la nature avec une précision toute photographique, mais son interprétation tendait à la reproduire sous l'angle le plus artistique.

De nombreuses répétitions de ces portraits de chasseurs sont attribuées à Velazquez, mais nous n'en connaissons pas une seule qui soit de sa main ; ce sont des copies ou des pastiches plus ou moins agréables. De ce nombre est le portrait de Philippe IV du Louvre. Cette copie du portrait de Madrid diffère de l'original en ce que le roi s'y trouve nu-tête. Le ton en est jaunâtre et l'exécution molle; rapproché de l'original, il ne soutiendrait pas un instant la comparaison.

Pendant la période comprise entre ses deux voyages en Italie, Velazquez peignit plusieurs scènes cynégétiques destinées au même rendez-vous de chasse. La plus importante de celles qui subsistent — car il est avéré que d'autres ont disparu — est la *Chasse au sanglier, au « Hoyo »*, partie du parc royal du Pardo où avaient lieu ces divertissements. Ferdinand VII fit don de ce tableau à sir Henry Wellesley, plus tard lord Cowley, qui le vendit 2.200 livres sterling en 1846 à la National Gallery de Londres, où il se trouve actuellement (nº 197). Cette toile fut fort endommagée lors de l'incendie de l'Alcazar, et le feu et les restaurations qu'elle a subies l'ont noircie; mais, d'après les rares morceaux qui en sont restés intacts, on parvient à se rendre compte de ce qu'elle pouvait être avant sa destruction partielle. L'aspect qu'elle présente actuellement a sans doute été cause que M. Armstrong a attribué à Mazo le paysage du fond.

Au centre de la composition se trouve le filet dont on se servait pour rabattre le gibier; au milieu du filet et poursuivant les sangliers, se voient de nombreux cavaliers, parmi lesquels le roi, le comte-duc et le premier porte-arquebuse du roi, Juan Mateos, dont le portrait est à Dresde. La reine et ses dames d'honneur assistent de leurs car-

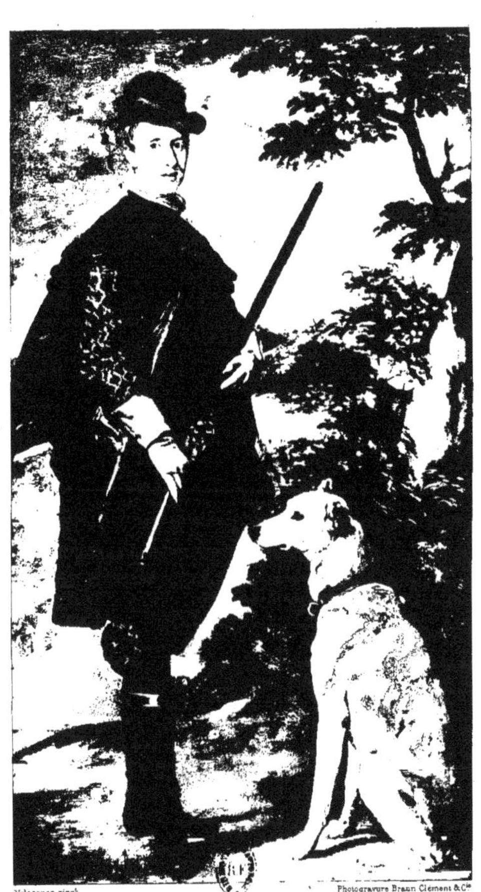

Velasquez pinx[t] — Photogravure Braun Clément & Cie

Portrait de l'Infant Don Ferdinand d'Autriche

(MUSÉE DU PRADO)

rosses à cette scène, et au premier plan, en dehors du cercle décrit par le filet, des groupes de veneurs, d'écuyers, de mendiants, de piétons, de cavaliers, de chiens, toutes sortes de figures accessoires, ajoutent encore à la variété et à la vie de ce tableau. Au fond, les collines du Pardo semées de chênes. La partie la plus intéressante de l'œuvre n'est pas l'épisode principal, à savoir la chasse à laquelle prennent part les personnages de la cour. Cette scène est reléguée au second plan et les figures en sont petites, bien que d'un mouvement gracieux et d'une exécution pleine de verve. L'intérêt se porte de préférence sur les personnages du premier plan, car, en plus de la vie qui y règne, cette foule bariolée aux costumes divers offre une grande richesse de tons.

Cette toile révèle la supériorité avec laquelle Velazquez traitait la peinture de petites dimensions ; sa facture y est non moins vive et non moins noblement simple que dans ses tableaux de grandeur naturelle. C'est ce qui fit dire à Landseer que jamais il n'avait vu peinture aussi large sur une aussi petite échelle.

Certains critiques, tels que M. Justi, font des objections relativement à l'authenticité d'un autre tableau de ce genre : la *Chasse au cerf*, qu'on attribue à Velazquez et qui était porté sur l'inventaire du palais de Madrid sous le nom de *Chasse au cerf à l'estrade* (*Caceria del tabladillo*), ainsi appelée parce que c'est d'une estrade que la reine et les dames d'honneur assistent à la curée.

N'ayant pas vu ce tableau, vendu par le roi Joseph Bonaparte à M. Baring et dont le possesseur actuel est lord Ashburton, à Londres, je ne puis rien avancer au sujet de cette attribution.

Bien que les sujets soient dissemblables, il y a beaucoup de rapports entre ces tableaux et la *Vue de Saragosse* attribuée à Mazo par le catalogue du musée du Prado (nº 788) ; c'est ce qui me pousse à m'occuper ici de cette toile intéressante. Philippe IV commanda en 1646 à Juan Bautista Martinez del Mazo la *Vue de Saragosse* et, comme pendant, la *Vue de Pampelune*. Une inscription latine, qui figure au bas du premier de ces tableaux, porte le nom de Mazo. Celui-ci était devenu, en 1634, le gendre de Velazquez, par suite de son mariage avec la fille aînée du maître, Francisca. A cette occasion il obtint la charge d'huissier de la chambre autrefois occupée par son beau-père. Mazo, qui était déjà avant son mariage un peintre de valeur, se perfectionna au contact de Velazquez et y gagna de s'assimiler non pas précisément les qualités fondamentales de son maître, mais ce qu'il y avait de purement externe dans ses œuvres. Aussi un nombre considérable de tableaux peints sans aucun doute par Mazo sont-ils attribués à Velazquez. Le meilleur exemple de cette confusion est la *Famille de Mazo*, au musée impérial de Vienne (nº 603), tableau que le catalogue attribuait, il y a peu de temps encore, à Velazquez[1], et que d'illustres critiques ont pris pour un original du maître. Un examen approfondi de cette toile fournit le moyen d'éclaircir les doutes qui nous hantent relativement à plusieurs toiles soi-disant dues à Velazquez. Au premier aspect, plus d'un morceau de cette composition semble avoir été peint par lui, mais comparez les éléments de ce tableau à ceux des œuvres authentiques et vous trouverez dans les lignes générales, dans l'arrangement des groupes, dans le dessin de chacune des figures, une banalité et une insignifiance telles que vous ne pourrez croire à tant d'hésitations sur la paternité de cette toile. C'est là toutefois une œuvre des plus intéressantes, car, outre qu'elle nous présente dans ses figures principales la fille et les petits-enfants de Velazquez, elle nous introduit dans l'atelier du maître, occupé à peindre un portrait. La disposition de l'atelier, son éclairage au moyen d'une fenêtre percée dans la partie supérieure du mur, confirment l'hypothèse que nous avons avancée au sujet de la façon dont Velazquez éclairait habituellement ses modèles.

Pour en revenir à la *Vue de Saragosse*, il est certain que l'ensemble de cette œuvre charmante, le groupement des édifices, le coteau qui domine la rivière, les ponts qui la traversent, en un mot les éléments constitutifs du tableau, furent esquissés par Mazo, et que cet artiste en mena à bonne fin la majeure partie ; mais il n'y a qu'à examiner cette toile avec quelque attention pour se convaincre que Velazquez y ajouta partout des retouches ; c'est grâce à celles-ci que l'ensemble est incon-

[1] Ce tableau est aujourd'hui justement attribué à Mazo.

testablement supérieur à ce que put produire au cours de son existence l'élève et gendre du maître. Velazquez ne se borna pas à ces retouches : il peignit lui-même toute la partie du premier plan, peuplée d'intéressantes figures dans le genre de celles de la *Chasse au sanglier*, mais bien supérieures à ces dernières, malheureusement dégradées. On ne peut rien rêver de plus véridique, de plus varié, de plus pittoresque que ces seigneurs et ces dames, ces mendiants, ces étudiants, ces marchands, et la représentation de ces différents types est d'une habileté inimitable. Le premier plan occupé par ces groupes mouvementés est séparé de la ville par l'Èbre, sillonné de barques pavoisées. En face, sur l'autre rive, se dresse Saragosse avec ses monuments singuliers, ses tours, ses clochers et ses maisons bariolées.

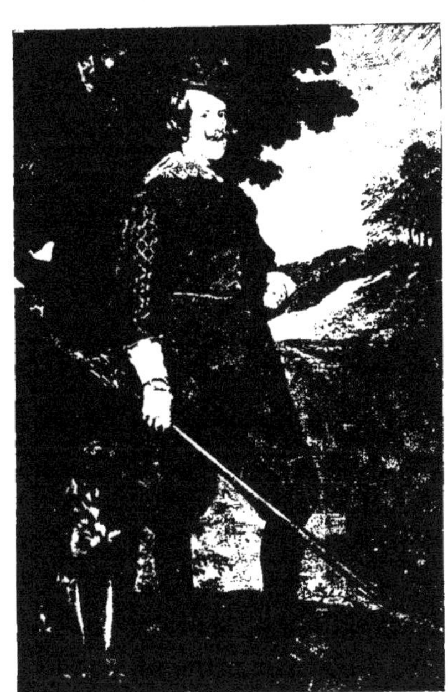

Le roi Philippe IV (Musée du Prado.)

On ne peut que s'étonner du scepticisme exprimé par l'éminent critique M. Justi touchant l'attribution à Velazquez des figures de ce tableau. M. W. Armstrong est encore plus catégorique : il en fait honneur à Mazo, appuyant son assertion sur l'air de famille qu'il y aurait entre ces figures et le portrait de *Don Tiburcio de Redin* (n° 789 du musée du Prado) attribué à cet artiste. Un tel argument perdrait beaucoup de sa valeur si cette dernière attribution était controuvée ; or, il semble qu'elle doive l'être, si l'on compare le portrait en question à d'autres œuvres authentiques de Mazo, telles que la *Famille de l'artiste*, du musée de Vienne, d'une facture si différente. L'auteur du portrait de *Don Tiburcio de Redin* est, à notre avis, le P. Juan Rizi [1], dont les œuvres présentent avec celle-ci de frappantes analogies.

Mais ce qui est encore plus surprenant que les doutes relatifs aux figures de la *Vue de Saragosse*, qui, selon nous, sont bel et bien de la main de Velazquez, c'est de voir M. Justi et d'éminents critiques, tels que MM. Lefort et Michel, pour ne citer que ceux-là, admettre l'authenticité de la *Réunion de portraits* du Louvre. Cette œuvre, d'un dessin étriqué, d'une exécution molle et d'un arrangement banal, n'est évidemment qu'un pastiche médiocre, inspiré des figures de même genre et de mêmes dimensions qui sont groupées dans la *Chasse au sanglier* et dans la *Vue de Saragosse*.

Le 6 décembre 1637, Madrid reçut la visite de la célèbre Marie de Rohan-Montbazon, duchesse de Luynes et de Chevreuse, une des femmes qui, par ses intrigues à la cour de France et ses charmes tout-puissants, avaient le plus défrayé la chronique scandaleuse de l'époque. Les fameuses lettres des Pères de la Compagnie de Jésus [2] rapportent à son endroit que, le jour de son arrivée, Madrid fut déserté par ses habitants : ils se portèrent au-devant d'elle à un tel point que le roi et la reine, saisis de la curiosité générale, assistèrent à son entrée postés derrière les jalousies d'une des portes du Retiro. Cette femme excentrique se présenta bizarrement accoutrée, avec sa désinvolture et son laisser-aller coutumiers. Deux serviteurs français l'accompagnaient, dont l'un était celui qui l'habillait et la déshabillait. Le roi, sous prétexte de faire pièce au cardinal de Richelieu, qui avait voulu, dit-on, livrer la duchesse au bourreau, prodigua à l'exilée les marques de bienveillance pendant les quelques mois que dura son séjour à Madrid. Les chroniqueurs du temps assurent que Velazquez fit

[1] Quelques œuvres de ce moine peintre, moins connu que son frère Francisco Rizi, se trouvent à Madrid, à l'Académie de San Fernando et dans l'église San Martin. Des galeries particulières renferment de lui des scènes religieuses et des portraits qui, par leur ton, leur couleur et leur facture, rappellent celui de don Tiburcio de Redin.

[2] Ces lettres furent publiées par l'Académie royale d'histoire, de Madrid.

le portrait de Mme de Chevreuse « avec la mise et le maintien français », mais malheureusement il a disparu. Peut-être ce portrait est-il celui qui, à la mort du peintre, fut porté sur l'inventaire de son atelier comme représentant une dame anglaise. M. Gayangos, qui émet cette hypothèse, s'appuie pour la soutenir sur ce que la duchesse de Chevreuse, à cause de ses rapports avec nombre de familles anglaises et de ses fréquents voyages à Londres, était tenue à Madrid par beaucoup d'Espagnols pour une Anglaise.

Outre la perte de ce portrait et de celui déjà mentionné du prince

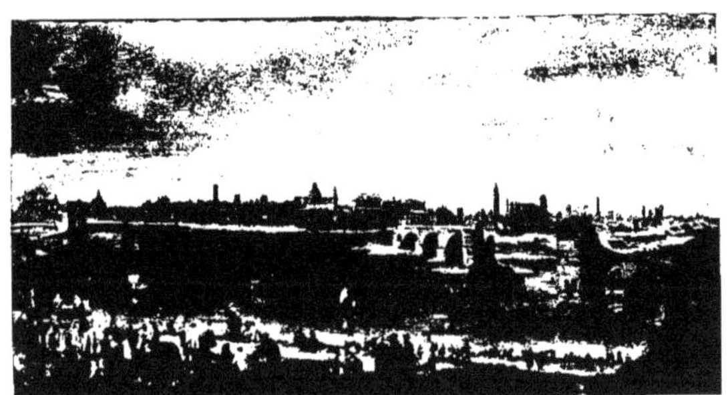

Vue de Saragosse (Musée du Prado.)

de Galles, il faut déplorer celle de deux autres originaux de Velazquez représentant deux personnages non moins célèbres : le poète Quevedo et le cardinal don Gaspar Borja. A vrai dire, il y a à Apsley House un portrait en buste du grand poète attribué à Velazquez, mais on ne peut y voir qu'une bonne copie de l'original perdu. Il y manque, en effet, la griffe du maître. Ma manière de voir est partagée par un connaisseur d'une compétence reconnue, M. Bonnat, en compagnie duquel il m'a été donné d'examiner cette toile. Quant aux deux portraits du cardinal Borja, ni celui de la cathédrale de Tolède, ni celui de l'Institut Stædel, de Francfort, ne peuvent être considérés comme des œuvres authentiques de Velazquez. Ce sont des copies soignées, mais qui n'ont pas l'accent que devrait sans nul doute avoir le portrait original de ce prince de l'Église. On dit que Borja, n'ayant pu décider Velazquez à accepter de l'argent pour prix de son travail, lui remit un très riche *peinador* et des bijoux en argent.

Le portrait de l'amiral Adrian Pulido Pareja (n° 1315) de la National Gallery mérite une mention particulière à cause de son histoire et des doutes qu'il suscite. Palomino raconte que Velazquez peignit ce tableau en 1639, un an après les exploits accomplis par l'amiral à Fontarabie, que Condé assiégeait, et il ajoute que ce portrait fut si universellement admiré que Velazquez, dérogeant à ses habitudes, le signa. Il fut exécuté, dit Palomino, à l'aide de ces longues brosses dont le maître se servait quelquefois pour peindre de plus loin et avec plus de liberté.

Ce tableau, du temps de Palomino, appartenait au duc d'Arcos ; en 1828, le comte de Radnor, à Longford Castle, en était déjà possesseur, et de chez ce dernier il passa, en compagnie du fameux tableau des *Ambassadeurs* de Holbein et d'un portrait de Moroni, à la National Gallery de Londres, en 1890.

L'amiral est en pied, de grandeur naturelle, et presque de face. Il est vêtu de velours noir, avec des manches en brocart d'argent, un ample rabat de dentelle, des bas noirs et une ceinture rouge à filets d'or. Les deux mains sont gantées ; la gauche tient le chapeau, et la droite le bâton de commandement. Le fond, d'un gris chaud, est complètement uni. La tête, type superbe de la race espagnole, est couronnée de cheveux abondants et noirs comme la moustache et la barbiche. La physionomie a beaucoup d'accent, le regard est fixé avec énergie sur le spectateur.

La première impression produite par cette œuvre est absolument favorable et il faut l'étudier en détail pour se permettre de douter de son authenticité. M. Armstrong signale les rapports qu'il y a entre ce tableau et les *Lances ;* si, en effet, l'amiral ne portait pas un habit de cour, on pourrait s'imaginer à son allure et même à sa pose qu'il fait partie d'un des groupes de la *Reddition de Bréda.* A examiner de près ce portrait, on s'aperçoit néanmoins que le dessin n'en est pas aussi ferme et aussi serré que celui des œuvres authentiques de

Velazquez : les bras sont trop courts, et celui de gauche offre une courbe qui n'est rien moins qu'artistique ; les jambes et les pieds, si soignés d'ordinaire par le maître, sont ici lourds et vulgaires. Et l'on ne peut imputer ces imperfections à des tares physiques du modèle,

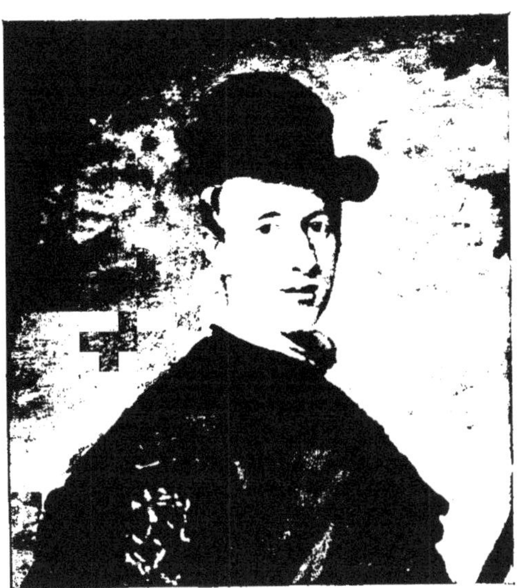

L'INFANT DON FERDINAND D'AUTRICHE (Détail.)

car des modèles les plus disgraciés Velazquez savait tirer un résultat surprenant, grâce à son œil synthétique et à l'incomparable maîtrise de son dessin. Il n'y a pour s'en convaincre qu'à rappeler la silhouette du bouffon Pablillos de Valladolid et à la comparer à celle de Pulido Pareja.

Si de l'examen du dessin et des proportions nous passons à celui de la facture, nos doutes ne feront que s'accroître. A part la tête, dont le faire large et simple produit le meilleur effet, et l'ensemble du corps, qui a de la robustesse et de la plénitude, il y a là des morceaux peints en apparence avec beaucoup de liberté, mais qui, en réalité, sont un assemblage de touches quelque peu douteuses, appliquées au hasard sans la précision et la sûreté propres à Velazquez. On peut observer ces à peu près dans les plis des manches, dans la ceinture et les gants, bref dans tous les accessoires.

Le tableau est, en effet, signé, et d'une façon spéciale qui constitue une exception dans l'œuvre de l'artiste. Toutes les fois — et ces cas sont rares — qu'il signa un tableau, il le fit au moyen d'un papier que tient à la main le personnage représenté : tel le Philippe IV en pied de Londres, tel l'Innocent X de Rome. Au contraire, sur ce portrait de Pulido Pareja la prétendue signature de Velazquez figure au fond à côté du bras droit, et elle est ainsi libellée :

Did. Velasqz. Philip. IV., a cubiculo
eiusq' pictor 1639.

La bizarrerie de cette signature et les caractères mêmes de l'écriture augmentent nos doutes, car, nous le répétons, ce n'est qu'exceptionnellement que Velazquez signa ses tableaux, et jamais il ne les signa de la sorte. Quant à l'assertion de Palomino d'après laquelle ce portrait aurait été exécuté au moyen de longues brosses, comment croire qu'un artiste accoutumé à des procédés qui n'avaient plus de secrets pour lui et qui lui fournissaient l'occasion de continuels triomphes, en eût changé ainsi par caprice ? Mais, au cas même où il se serait servi pour l'exécution de ce tableau de pinceaux plus longs que ceux qu'il employait d'ordinaire, on ne pourrait imputer à ce changement les différences que nous avons signalées. Une autre légende transmise par Palomino est encore plus sujette à caution : c'est l'anecdote d'après laquelle Philippe IV aurait pris le portrait de l'amiral pour Pulido Pareja lui-même et lui aurait adressé la parole, ne revenant de son erreur qu'en remarquant que l'amiral ne s'inclinait pas devant sa royale personne. Palomino, qui écrit soixante ans après la mort de Velazquez, s'en rapporte, pour tout ce qui a trait au maître, aux dires du peintre Juan de Alfaro, qui fut, tout jeune encore, pendant très peu de temps, l'élève de Velazquez et dont le témoignage sur ce point et sur d'autres n'est pas suffisamment digne de foi.

Tout ce qui précède explique assez qu'un portrait auquel ces légendes sont attachées et dont les caractères sont analogues à ceux des œuvres authentiques de Velazquez, ait toujours passé et soit aujourd'hui même tenu pour un original ; mais, seul ou à peu près seul à exprimer des doutes à son endroit, nous avons cru de notre devoir de les soumettre en toute sincérité au jugement de la critique.

Un autre portrait de Pulido Pareja attribué à Velazquez appartient au duc de Bedford. M. Justi ne croit pas à son authenticité pas plus qu'à celle du portrait du marquis Alessandro del Borro du musée de Berlin (nº 413ᵃ). Sur ce dernier tableau, que j'ai examiné avec soin, je ne puis ajouter aux excellents arguments sur lesquels l'éminent critique appuie son incrédulité que l'observation suivante : ce portrait n'est pas à mon avis une copie d'après Velazquez; je n'y trouve ni l'arrangement ni les lignes générales qu'affectionnait le maître dans ses interprétations de personnages semblables à Borro.

Nous devrions nous occuper ici de divers tableaux classés parmi les originaux du maître et faisant partie de collections particulières, mais ce serait là une bien fastidieuse énumération. Notre silence au cours de ce travail devra être considéré comme l'expression des doutes que de semblables œuvres nous inspirent. Nous nous bornerons à en signaler quelques-unes dont la fausse attribution s'étale sur les catalogues des collections publiques.

Ces erreurs officielles pourraient, en effet, engendrer d'autres erreurs plus regrettables encore. Au nombre de ces faux Velazquez nous mentionnerons celui du musée du Prado (nº 1083) qui représente le prince don Baltasar Carlos à l'âge de seize ans. C'est un portrait en pied, de grandeur naturelle. Le prince porte un habit de cour noir. Nous voyons dans ce tableau, à l'exécution duquel Velazquez fut évidemment étranger, un des meilleurs ouvrages de Mazo. Quant au portrait de la Dulwich Gallery qui représente Philippe IV vêtu d'un costume rouge clair avec des ornements d'argent, c'est une œuvre d'un bel effet et d'une belle couleur[1], mais nous n'y voyons pas trace du faire de Velazquez. On ne retrouve le dessin impeccable du maître ni dans les lignes générales et le contour de la figure, d'une apparence un peu molle, ni même dans la tête et les mains, d'une exécution lâchée, dépourvue de cette fermeté particulière au maître. Comme le précédent, il nous paraît être l'œuvre de Mazo.

Pour finir, ajoutons à la liste des tableaux apocryphes de Velazquez le portrait de jeune homme en buste du musée du Prado (nº 1104), qui n'est qu'une copie d'après un tableau de la seconde manière du maître.

[1] Thoré-Burger, qui publia un catalogue et des notes additionnelles à la traduction française, par G. Brunet, de l'ouvrage de Stirling sur Velazquez (1865), dit à propos de ce portrait : « C'est clair et tendre comme le plus fin Metzu. »

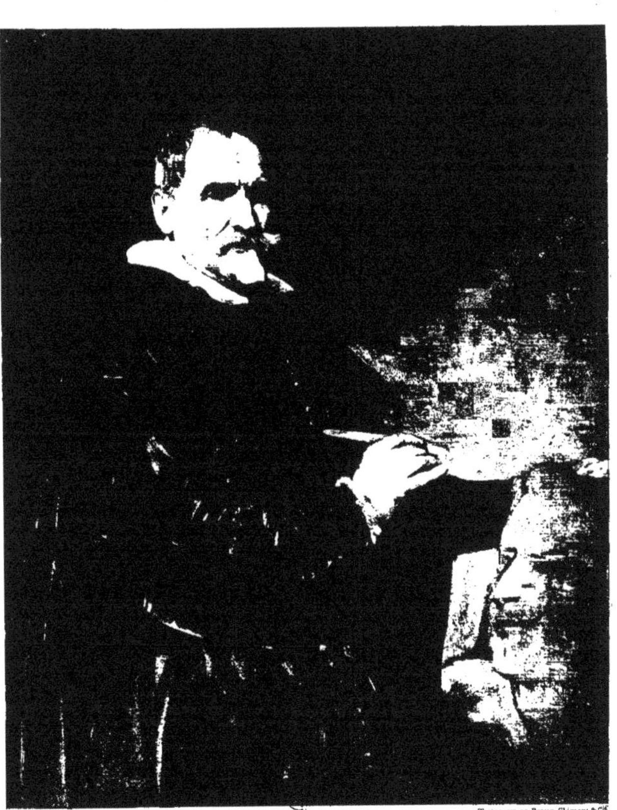

Velazquez pinx^t

Photogravure Braun Clément & Cie

Portrait du sculpteur Martinez Montañes

(MUSÉE DU PRADO)

CHAPITRE VI

Différentes charges et missions remplies par Velazquez à la cour de 1631 à 1649. — De la façon dont lui furent acquittés ses honoraires. — Portraits du comte-duc d'Olivares. — Portrait du sculpteur Martinez Montañes du musée du Prado. — Portrait d'homme en buste de la Galerie royale de Dresde. — Portrait en buste de Velazquez par lui-même du musée de Valence. — Portraits équestres du musée du Prado. — Évolution manifeste du génie de Velazquez pendant la période comprise entre les deux voyages en Italie.

L'intervalle de dix-huit ans qui sépare les deux voyages en Italie de Velazquez — autrement dit la période qui s'étend de 1631 à 1649 — est marqué par une grande fécondité dans la production de l'artiste. C'est alors que furent exécutées les œuvres que nous venons de décrire et bien d'autres que nous examinerons plus tard. Mais quelle était sa vie intime d'alors? Qui fréquentait-il? Quelles étaient ses pensées? La correspondance que Velazquez, suivant Pacheco, entretint avec Rubens, et dont l'importance se passe de commentaires, a disparu et aucun biographe n'en parle. Quels jugements artistiques portait-il? Ni lettres, ni documents d'aucune sorte ne sont là pour nous l'apprendre. Disparues également sa correspondance avec le peintre Villacis à laquelle font allusion Palomino et Ceán Bermudez, et celle qu'il entretint sans doute avec les siens pendant son séjour en Italie. On garde dans les archives d'Espagne[1] plusieurs documents relatifs à ses

[1] La plupart des autographes de Velazquez et des documents qui se rapportaient à sa charge à la cour faisaient partie des archives du palais de Madrid; mais malheureusement les pièces les plus intéressantes en ont disparu il y a assez longtemps. Le contenu néanmoins nous en est connu, grâce à don M.-R. Zarco del Valle qui en publia textuellement la majeure partie dans la *Coleccion de documentos ineditos para la Historia de España*, t. LV, Madrid, 1870. Nous saisissons cette occasion pour exprimer à M. Zarco del Valle la reconnaissance de tous ceux qu'intéresse la vie de Velazquez et auxquels les renseignements précieux que renferment ces documents ont rendu tant de services.

Dans ses *Annales* (1885), M. Cruzada Villaamil publia, entre autres pièces de diverses provenances, la plupart des documents recueillis par M. Zarco del Valle.

charges à la cour, où c'est le serviteur du roi plutôt que l'artiste qui apparaît. Ils ne mentionnent presque jamais ses tableaux, mais, en revanche, ils nous renseignent sur ses tâches serviles : Velazquez y est confondu avec les barbiers, les bouffons et les nains, et on l'y voit touchant sa solde journalière en espèces, et recevant des aunes de drap à l'occasion des deuils de cour.

On sait qu'il collabora pour la partie artistique à la décoration du palais du Buen Retiro, lieu de plaisance imaginé comme tant d'autres par le comte-duc pour consoler son souverain des nombreux échecs politiques et militaires dus en grande partie à sa malencontreuse administration.

En 1632, le prince don Baltasar Carlos fut proclamé héritier du trône dans le monastère de San Jeronimo, événement qu'était tenu de célébrer le peintre de la cour. L'inventaire après décès de l'atelier de Velazquez porte, en effet, une esquisse de l'intérieur de l'église de ce couvent faite probablement en vue du tableau commémoratif, lequel d'ailleurs ne fut jamais exécuté.

Cependant, Velazquez montait en grade à la cour. Entré en 1623 au service du roi, il prête serment en 1627 pour la charge d'huissier de la chambre ; en 1633, il obtient de Philippe IV le *paso de vara* d'*alguacil*[1], et, peu de temps après, en 1634, il est nommé officier de la garde-robe.

Dans un curieux document en date de 1636[2], Velazquez réclame près de 4.000 francs qui lui étaient dus pour ses gages de plusieurs années, en sus du montant des tableaux par lui exécutés ; il invoque la grande gêne où il se trouve, et elle devait être grande en effet si l'on tient compte de l'énorme disproportion qui existe entre cette somme et les faibles émoluments qui lui étaient alloués. En 1640, Velazquez revient à la charge, et le roi décide qu'il sera versé à l'artiste des acomptes annuels de 500 ducats pour prix des travaux exécutés et

[1] Bénéfice qui pouvait être vendu par celui à qui le roi l'accordait.

[2] Il y a dans les archives de Simancas (liasse 37 : *Consultas de la Junta de obras y bosques*) un document reproduit par M. Cruzada Villaamil dans ses *Annales*, d'après lequel la créance de Velazquez atteignait, en 1634, 11.843 réaux, plus 3.960 réaux de vêtements à raison de 90 ducats par an, sans compter le montant des peintures exécutées par lui.

de ceux à exécuter. L'année suivante, partie des arrérages est payée, et l'on se résout à éteindre la dette au moyen de versements mensuels.

Au début de l'année 1643, Velazquez est nommé valet de chambre du roi, et la même année il est attaché, sous les ordres du marquis de Malpica, à la surintendance des travaux de l'Alcazar.

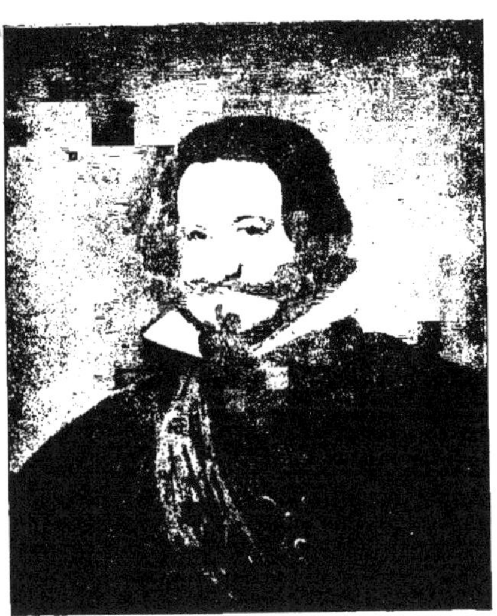

Le comte-duc d'Olivares (Musée de l'Ermitage, Saint-Pétersbourg.)

En 1644, il fut du voyage royal en Aragon et il peignit à Fraga un portrait du roi en tenue de campagne, ainsi que plusieurs autres œuvres, parmi lesquelles il en est une dont nous nous occuperons au moment de passer en revue l'importante série des portraits de bouffons : le portrait d'El Primo, nain et bouffon de la cour. Ce portrait du roi, aujourd'hui disparu, fut sans doute l'original de celui que renferme la Dulwich Gallery ; en tout cas, il devait offrir les mêmes caractères, car le roi, d'après les descriptions de ce tableau, portait un costume analogue à celui dont il est revêtu dans ce tableau, que nous croyons de Mazo.

En 1645, nous trouvons Velazquez en mésintelligence avec le marquis de Malpica, à cause des ennuis que lui donnaient des travaux pour lesquels il ne recevait aucun paiement malgré les ordres du roi. L'année suivante, un dissentiment surgit entre le maître et un de ses collègues relativement à l'ancienneté de leur charge de valet de chambre du roi.

Redoublement de travail en 1647 : Velazquez est nommé inspecteur des bâtiments, fonction qui entraînait l'ennuyeuse et peu artistique corvée de la vérification des matériaux, et cela sans aucun dédommagement, car nous lisons dans un mémoire rédigé par l'artiste en date du 17 mai et conservé dans les archives de Simancas, qu'on lui doit ses honoraires de plusieurs années. C'est au milieu des tristes incertitudes et de la situation précaire occasionnées par ces luttes incessantes que Velazquez passa à la cour ces années pendant lesquelles son génie enfanta, entre autres merveilles, le *Christ en croix*, les *Lances* et les portraits équestres. Enfin, en 1648, tous les ordres antérieurs du roi relatifs aux sommes dues étant restés sans effet — ce qui donne une idée du désordre régnant dans l'administration, — il est procédé à un règlement général des créances impayées, mais on ignore encore aujourd'hui si Velazquez fut effectivement remboursé.

L'homme qui ne le cédait en toute-puissance qu'au roi, le comte-duc d'Olivares, fut toujours pour Velazquez un protecteur zélé, depuis le jour où son intercession le fit admettre au palais jusqu'à celui de sa chute et de sa disgrâce causées par sa désastreuse politique (1643). Velazquez peignit plusieurs portraits du favori et nous a ainsi transmis les traits caractéristiques de sa physionomie. Le premier de ces portraits, celui où le comte-duc a l'air le plus jeune, et qui rappelle, par le style, ceux que Velazquez peignit lors de son arrivée à Madrid, se trouve à Dorchester House, à Londres, et appartient à M. Holford. On dit qu'il provient de la collection du comte d'Altamira, descendant du comte-duc. Je ne connais pas ce portrait et me borne à le tenir pour authentique, conformément à l'opinion de M. Justi, partagée par M. R. de Madrazo. Il en existe une réplique authentique, appartenant à M. Edward Huth, qui a figuré à l'Exposition d'art espagnol à Londres, en 1895-1896. Le portrait de Dorchester House est ainsi conçu : Olivares est debout, tout habillé de noir ; il porte la croix verte d'Alcantara et une grande chaîne d'or. Le front proéminent est caché en partie par la perruque, accessoire indispensable de tous les portraits connus qu'exécuta Velazquez d'après le comte-duc. Le regard

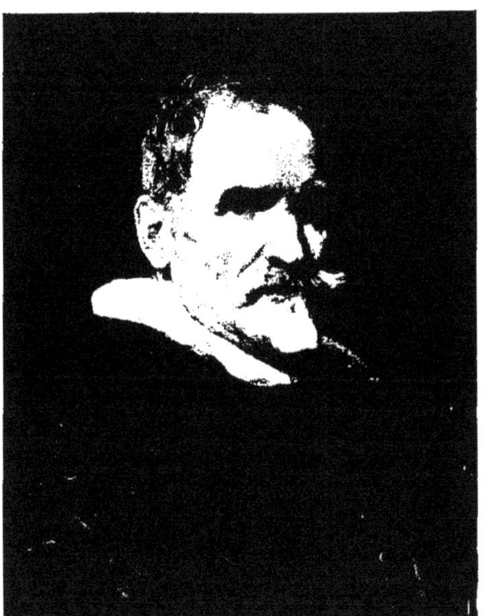

Portrait du sculpteur Martinez Montañes (Détail.)

pénétrant, le nez très prononcé, la moustache retroussée et la lèvre supérieure mince et contractée, frappent tout d'abord dans ce visage. La main droite est posée sur une table recouverte d'un tapis rouge et tient le bâton, insigne de la charge de grand écuyer.

Il y a, disséminées dans des collections publiques ou privées, diverses copies de portraits du comte-duc faites d'après des originaux de Velazquez très probablement perdus, par malheur, et qui, à en juger par l'âge présumé du modèle, furent exécutés après l'effigie de Dorchester House et avant le portrait équestre du musée du Prado. Les portraits en buste de la Galerie royale de Dresde (nº 699) et du musée de l'Ermitage représentent le comte-duc à un âge plus avancé. Le premier de ces portraits, bien qu'il ait l'aspect d'un tableau original et qu'il contienne peut-être des retouches de la main du maître, est moins fortement modelé que les œuvres authentiques, et offre un peu de vulgarité dans l'exécution et de négligence dans le dessin ; l'unique main qui y apparaisse est dure et d'un faire étriqué. On doit plutôt regarder cette toile comme une copie. Pour le portrait de l'Ermitage, encore que je ne le connaisse que par la belle reproduction photographique de la maison Braun, je n'hésite pas à en admettre l'authenticité, et je tendrais même à croire qu'il est l'original du tableau de Dresde, à en juger par le relief, la vie et le modelé que nous en transmet la photographie. M. Justi, néanmoins, le tient pour une copie, presque monochrome, d'un ton terreux triste et d'une expression repoussante.

Si nous laissons de côté les portraits équestres, qui, par leur agencement grandiose et leur coloris brillant, méritent d'être groupés à part, nous ne trouvons pas, parmi les œuvres de la seconde manière de Velazquez, de portrait d'une aussi haute valeur que celui du sculpteur Juan Martinez Montañes (nº 1091 du musée du Prado). M. Paul Lefort fut le premier à soupçonner que le modèle de ce tableau vraiment extraordinaire n'était pas Alonso Cano, comme on l'avait cru jusque-là, et il exposa cette opinion dans un article de la *Gazette des Beaux-Arts* en 1881 [1]. A peu près vers la même époque, don Pedro de Madrazo qui, quelques années auparavant, dans son catalogue du musée du Prado, avait émis des doutes raisonnés relativement à l'identité du modèle présumé, prouva, dans un article des plus intéressants [2], que Cano ne pouvait être le modèle de ce portrait et démontra, dans la mesure du possible, que le personnage représenté était Martinez Mon-

[1] 2e période, t. XXIV, p. 409.

[2] *Paginas para un libro pensado y no escrito* : tel est le titre de cet article de M. P. de Madrazo, publié dans l'almanach de la *Ilustracion española y americana* pour 1883. Madrid, 1882.

tañes. M. Justi affirma à son tour que, dès 1877[1], cette conjecture lui avait semblé probable. Nous croyons inutile de reproduire les arguments invoqués en faveur de cette thèse : contentons-nous d'ajouter que la comparaison du tableau de Velazquez et du portrait de Montañes par Varela suffit à prouver l'identité du modèle, bien que le portrait de Varela soit sensiblement antérieur. Cette dernière œuvre, actuellement conservée à l'hôtel de ville de Séville, appartint d'abord à la bibliothèque de San Acacio, à laquelle elle fut cédée, en 1749, avec d'autres portraits de Nicolas Antonio et de Bartolomé Murillo par le comte del Aguila. Selon toute apparence, le portrait du musée du Prado est donc bien celui du fameux sculpteur auteur des saintes images conservées en grand nombre à Séville, les plus remarquables de celles qui figurent dans les célèbres processions de la Semaine sainte. Montañes se rendit à Madrid en 1636 pour y faire un buste du roi. C'est de ce buste et des ouvrages antérieurs de Velazquez que s'inspira l'Italien Tacca pour exécuter la belle statue de Philippe IV qui orne la place du Palais royal à Madrid.

Le portrait de Montañes est pourtant postérieur de dix ou douze ans à ce voyage, à en juger par l'âge présumé du modèle, une soixantaine d'années. Le sculpteur, vu de trois quarts à droite, est debout et fixe le spectateur. Vêtu de noir, il porte une collerette unie et un manteau de soie qui laisse à découvert l'épaule droite. La main droite tient l'ébauchoir ; la main gauche disparaît derrière les grandes lignes du buste colossal, à peine indiqué, que l'artiste est en train de modeler.

La tête est prodigieuse de vérité, de couleur et de relief ; et quelle leçon de technique ! Les yeux, légèrement frottés de couleur, sont enfoncés dans leurs orbites, que surmontent les protubérances d'un front fortement charpenté. Les parties claires sont d'une pâte plus riche, maniée avec une virtuosité rare ; les tons grisâtres, si délicats et si justes, de la chair se fondent de façon à évoquer avec une prodigieuse vérité, ici la structure molle des joues, là celle des parties dures du visage dans lesquelles on devine sous la peau les os du nez et du

[1] Le livre de M. Justi a paru en 1888.

front. L'ensemble est enveloppé et fondu, mais les parties claires sont renforcées par des touches lumineuses d'un accent énergique, avec des retouches finales délicates et vives dans les cheveux souples et la moustache drue et blanche.

Les autres morceaux de ce portrait à mi-corps, de grandeur naturelle, s'enlevant sur un fond d'un gris chaud, ne sont pas aussi soignés que la tête, bien qu'on y retrouve la vérité et le naturel propres au faire de Velazquez. La main n'est qu'esquissée, mais l'indication en est si ferme et si franche qu'on la croirait moins l'œuvre du pinceau que celle de la pensée.

Tout dans cette œuvre décèle la spontanéité. On voit qu'il s'agit ici d'un gage d'amitié donné par un artiste à un autre artiste : nulle trace de cet arrangement factice qui gâte les portraits de commande même lorsqu'ils sont l'œuvre d'un peintre aussi indépendant que l'était Velazquez. On y sent l'assurance d'un artiste qui sait que son œuvre sera comprise par l'ami en vue duquel il l'exécute. La main, comme nous l'avons dit plus haut, est à l'état d'ébauche, et le buste que modèle le sculpteur, et qui semble reproduire les traits de Philippe IV, est seulement indiqué. Dans ce dernier morceau l'artiste a même négligé de recouvrir l'impression de la toile, qui est d'un gris uniforme, à la différence de ces préparations rouges qu'il employait du temps des *Buveurs* et même des gris-rouges dont il se servit dans la *Forge* et dans des toiles postérieures.

Personne n'a plus excellemment mis en relief l'effet produit par ce portrait que M. Lefort; en le contemplant, entouré de chefs-d'œuvre, au musée de Madrid, il s'écrie : « Eh bien ! ces redoutables voisins, cette toile les fait paraître des fictions, des images conventionnelles et mortes : van Dyck est fade, Rubens huileux, Tintoret jaune ; seul Velazquez nous donne, dans toute sa plénitude, l'illusion de la vie ».

Le portrait de Montañes rappelle le portrait en buste d'un personnage inconnu de la Galerie royale de Dresde (nº 698) que nous croyons authentique, bien que son attribution à Velazquez ait été mise en doute. Le ton général de la chair et des cheveux est gris dans l'une et l'autre toile et il existe maints rapports entre les deux tableaux en ce qui regarde l'exécution de certaines parties de la figure, notamment des yeux ; mais le portrait de Dresde n'est pas aussi bien dessiné que celui de Madrid. Il représente un homme de soixante-cinq ans environ, d'une physionomie grave et d'un maintien majestueux, vu de trois quarts, vêtu de noir et portant une chaîne d'or ; la croix rouge qui

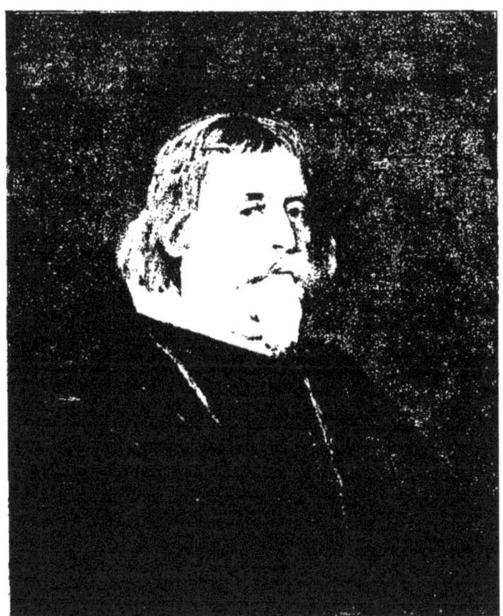

PORTRAIT D'UN INCONNU (Galerie de Dresde.)

orne son habit paraît être, à en juger par le peu qu'on en voit, celle de l'ordre de Santiago.

Les caractères de ce tableau nous poussent à le ranger parmi les originaux du maître, au même titre que le portrait de Velazquez par lui-même du musée de Valence. Dans ce portrait en buste et de trois quarts, le peintre paraît avoir quelques années de plus que dans le portrait supposé du tableau des *Lances*. Il a une moustache noire relevée, et une épaisse chevelure — une perruque, croyons-nous, — lui couvre les tempes. Le regard, fixé sur le spectateur, est énergique ; le nez est droit et un peu retroussé. La toile est coupée presque au ras de la collerette empesée et unie, à la naissance du vêtement noir ; le fond est très sombre. Ce tableau, jauni par le vernis, n'a pas le ton gris argenté de la plupart des portraits de la seconde manière du maître (portraits de Mateos, de Montañes, et celui du musée de Dresde que nous venons de décrire) ; il a malheureusement subi des restaurations dans le front et de nombreux repeints dans les cheveux ; mais il est indubitablement authentique et, outre la robustesse de son accent, il offre l'intéressante particularité d'être un des très rares portraits de Velazquez peints par lui-même. Il y a de ce tableau des copies ou imitations en grand nombre, dont quelques-unes sont poussées à la charge ; leur attribution à Velazquez est la cause de maintes erreurs dans l'appréciation raisonnée des œuvres du maître.

Un des côtés les plus curieux du génie de Velazquez est son talent d'animalier. Nous avons déjà signalé la maîtrise et le naturel avec lesquels il peignit les chiens dont sont escortés les chasseurs du musée du Prado. Il nous reste à examiner la façon dont il interpréta les chevaux dans les portraits équestres du même musée.

Parmi les six portraits équestres de grandeur naturelle attribués à Velazquez par le catalogue du musée de Madrid (nos 1064 à 1069), il faut distinguer ceux qui sont entièrement de sa main de ceux où il se borna à repeindre, dans des portraits exécutés jadis par d'autres artistes, les chevaux, le fond et les accessoires, afin sans doute qu'ils ne fissent pas disparate avec ses propres tableaux ou encore afin de compléter l'ensemble décoratif des salles auxquelles ils étaient destinés.

Pour les portraits de Philippe III et de la reine Marguerite d'Autriche (nos 1064 et 1065), il est facile de constater que les têtes des deux personnages, dues probablement au pinceau de Bartolomé Gonzalez, peintre de la cour, furent respectées par Velazquez, qui n'avait pas eu l'occasion de voir les parents de Philippe IV, puisque l'un et l'autre étaient morts lorsqu'il se rendit pour la première fois à la cour, en 1622.

C'est au portrait de la reine que Velazquez travailla le moins. Les parties repeintes sous la direction du maître par un de ses élèves sont le cheval et le fond ; on ne découvre son propre faire que dans la partie inférieure des jambes de devant du cheval, à partir de l'articulation du genou, et dans des retouches opérées çà et là en vue d'alléger les ornements secs et durs du caparaçon primitif et de rectifier les arbres du paysage.

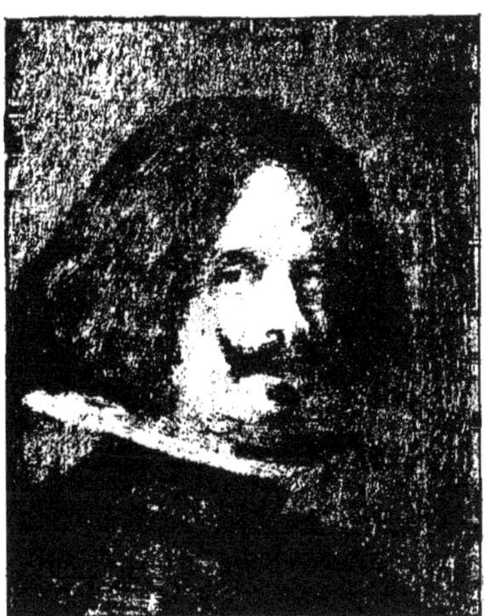

Portrait de Velazquez (Musée de Valence.)[1]

Velazquez travailla davantage au portrait de Philippe III. La majeure partie du cheval, les retouches de l'armure, le bras droit du cavalier, la jambe, le pied, l'étrier, le mors, les ornements qui retombent sur la croupe, la réfection de quelques morceaux de la marine du fond, sont incontestablement de sa main ; on y sent sa légèreté, sa précision et sa vivacité coutumières. En revanche, le front et les naseaux du cheval, ainsi qu'une grande partie du fond, furent exécutés sans doute par l'élève qui retoucha le portrait de la reine Marguerite. Mais, bien qu'il ait visé à la franchise de Velazquez, où sont la virtuosité, la délicatesse, en un mot le génie du maître ? Ce portrait de Philippe III est d'un ensemble superbe. Le cheval gris pommelé s'enlève dans un galop allègre sur un fond gris argenté. Velazquez laissa dans l'état les traits primitifs du monarque, afin de ne pas altérer la ressemblance ; mais il insuffla au reste un *brio*, une vie artistique qui lui firent pendant longtemps attribuer la paternité de l'œuvre en son entier. Et pourtant, la tête, le chapeau, l'armure,

[1] Reproduit d'après la photographie et avec l'autorisation de don A. Garcia, de Valence.

l'écharpe, la fraise, malgré les incomparables retouches dont Velazquez les a enveloppés, gardent encore la trace de la dureté et de la vulgarité propres aux œuvres de Bartolomé Gonzalez.

Un autre de ces portraits équestres n'est pas tout entier de la main

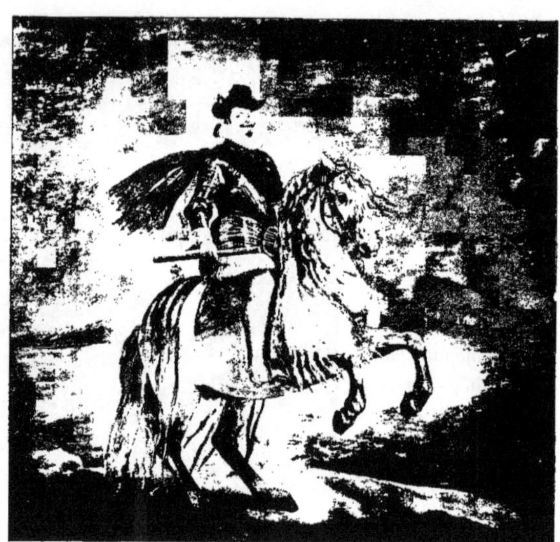

LE ROI PHILIPPE III (Musée du Prado.)

de Velazquez : c'est celui d'Isabelle de Bourbon, première femme de Philippe IV. Le maître ne peignit pas, à ma connaissance, en dehors de ce portrait équestre, d'autre effigie de cette princesse que celle déjà décrite qui appartient au Musée impérial de Vienne. Il y a deux raisons à la rareté de ces portraits : d'abord, dit-on, la reine éprouvait de l'ennui à poser ; puis et surtout, Velazquez, dès son entrée à la cour, avait été protégé par le comte-duc d'Olivares qu'Isabelle et sa coterie voyaient, non sans raison, d'un mauvais œil, et ces préventions de la reine devaient s'étendre sans doute à tous les clients du favori.

Dans le portrait équestre de cette princesse, on voit encore plus clairement que dans les autres les parties repeintes par Velazquez. Il ne toucha ni aux mains, ni au costume, ni à la riche housse qui recouvre le cheval, tous morceaux d'un faire laborieux et d'un ton

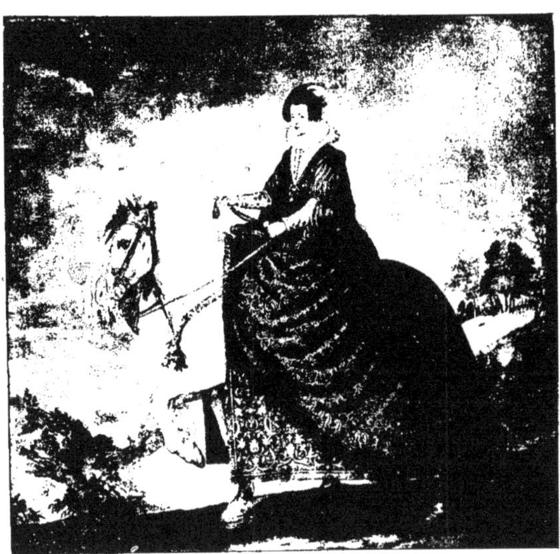

La reine Isabelle de Bourbon (Musée du Prado.)

opaque qui rappellent le style de Bartolomé Gonzalez. La tête de la reine fut repeinte par Velazquez, qui sans doute ne trouva pas à son gré la tête primitive. Il retoucha aussi la coiffure. La reine paraît moins âgée qu'elle ne devait l'être en réalité lorsque le portrait fut exécuté, et cela permet de supposer que notre artiste emprunta la tête à un autre portrait antérieur.

Isabelle enfourche son cheval à la mode du temps. Elle monte une superbe bête blanche tachetée de roux qui s'avance majestueusement à gauche et se présente de profil. Ce cheval, dont les harnais, la bride et le mors sont incrustés d'or, et qui, ressortant sur le clair paysage du fond, s'harmonise, dans sa teinte argentée, avec les tons verts de la végétation, est un des morceaux les plus extraordinaires de Velazquez. La noble simplicité avec laquelle il est dessiné se trouve rehaussée par la diversité des demi-teintes claires qui donnent un grand relief à la tête, au cou et aux jambes. On peut aisément dans ces derniers morceaux se rendre compte des corrections de l'artiste, et l'on aperçoit au-dessous du museau de l'animal la tête d'un cheval noir, sans doute la monture sur laquelle Bartolomé Gonzalez peignit d'abord la reine. Le point de raccord du travail de Velazquez et de celui de son prédécesseur à cet endroit du tableau se trouve dans les rênes, près des mains d'Isabelle.

Si, rien qu'à l'aide de retouches plus ou moins importantes, Velazquez parvint à transformer ces trois portraits en autant de chefs-d'œuvre, que n'est-on pas en droit d'attendre des trois autres portraits équestres du musée du Prado peints entièrement de sa main !

Ils représentent le comte-duc d'Olivares, le prince don Baltasar Carlos, et le roi Philippe IV. Velazquez les peignit durant la période comprise entre ses deux voyages en Italie et on peut même affirmer, en serrant de plus près la chronologie, qu'ils furent exécutés entre 1635 et 1640.

Le comte-duc a la pose et l'élan héroïque d'un général qui mène ses troupes à la victoire, fiction qui, bien que se rapportant à un personnage qui jamais ne vit le feu, a droit à toute notre indulgence, eu égard au chef-d'œuvre qu'elle a inspiré. Olivares porte une cuirasse imbriquée à filets d'or, une écharpe à large nœud qui retombe sur la riche épée, et des bottes ; la tête, qui constitue le point lumineux du tableau, coiffée du chapeau à larges bords garni de plumes, se tourne vers la droite, tandis que le corps du cavalier et le cheval brun — superbe spécimen de sa race, ferme sur ses jarrets, — sont tournés à gauche ; la main droite tient le bâton de commandement. Au fond, les fumées de la bataille, des troupes qui s'enfuient, des chevaux morts, en un mot tous les accessoires d'un combat imaginaire dont la reproduction offre tant de vérité qu'il semble s'être ainsi passé en

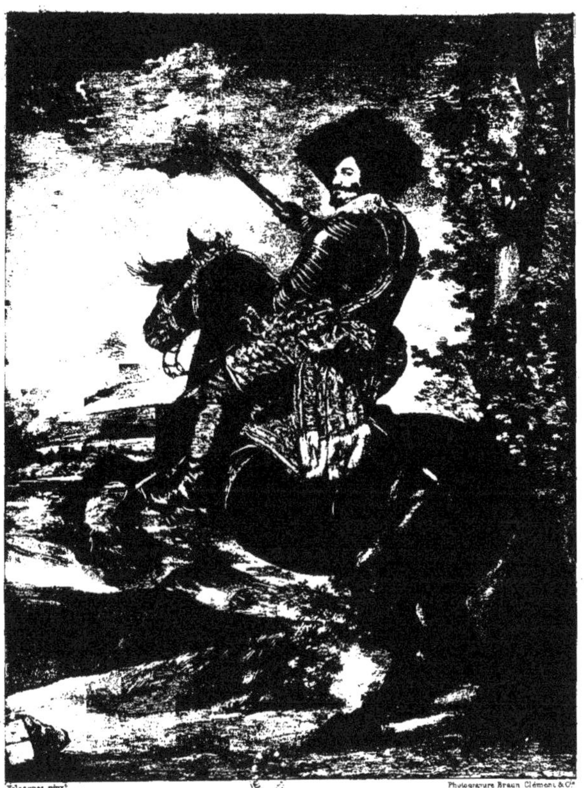

Velasquez pinx^t Photogravure Braun Clément & Cie

Portrait du Comte-Duc d'Olivares
(MUSÉE DU PRADO)

effet. La composition est complétée par un chêne, qui se dresse derrière la robuste croupe du coursier. Le style de cette œuvre est grandiose et en rapport avec les dimensions de la toile; la couleur est sobre et moins brillante que celle des deux autres portraits équestres que nous allons décrire plus loin; tout y respire la fougue, l'impétuosité et la robustesse, qualités tout à fait à leur place dans une toile qui symbolise l'enthousiasme guerrier et le triomphe de la force.

Ainsi, la sympathie que le comte-duc avait témoignée à son protégé Velazquez n'eut d'égale que la reconnaissance de l'artiste : ce sentiment éclate d'une façon péremptoire dans ce portrait, qui dut combler les vœux de son arrogant modèle, ravi d'être ainsi érigé en prototype de la puissance militaire. M. Justi tient pour des répliques originales du maître deux réductions de cette toile dans lesquelles, entre autres variantes, le cheval est blanc; l'une de ces répliques appartient à lord Elgin (Broomhall, Fifeshire); l'autre se trouve dans la galerie du château de Schleissheim (Bavière). Ne connaissant pas la première, il m'est impossible de me prononcer sur son authenticité, mais le tableau de Schleissheim est, à n'en pas douter, une très bonne copie ou un habile pastiche.

Le portrait du prince don Baltasar Carlos fait contraste avec celui du comte-duc. Au lieu de l'apothéose de l'orgueil, c'est le triomphe de la grâce et du charme angélique de l'enfance. A part quelques parties du cheval et du chapeau, il n'y a rien dans cette toile qui ne soit lumineux et gai. La tête du prince, toute modelée en clair, est d'une indicible délicatesse, et l'ensemble de cette tête, coiffée du chapeau à larges ailes, incliné gracieusement sur le côté, est empreint du charme et de l'élégance propres aux œuvres du maître. Le vert du costume, sur lequel se détache le rose délicat de l'écharpe dont les pointes flottent au vent; le bleu exquis de l'arçon de la selle; la fine botte ajustée au pied mignon, bien d'aplomb dans l'étrier; l'or des manches et des ornements; la tête vive et nerveuse et la crinière flottante du robuste poney qui galope; le geste élégant avec lequel le prince brandit le bâton de commandement, ce sont là autant de merveilles rehaussées par la beauté du paysage : une vue du Pardo aux tons bleus, gris et verts, avec çà et là des bouquets de chênes sommairement indiqués, les montagnes du Guadarrama plus franchement bleues et couronnées de neige, enfin de légers et changeants nuages, forment le décor de ce tableau où l'on ne sait ce qu'il faut préférer, de l'heureuse disposition des lignes, de l'éclat du coloris, de l'harmonie des tons, ou de la majestueuse simplicité qui semble avoir présidé à son exécution. Œuvre vraiment inspirée, à laquelle la critique la plus malveillante ne pourrait trouver à reprendre que le ventre exagérément volumineux et les pattes trop allongées du cheval, défauts insignifiants d'ailleurs, et qui proviennent sans doute du mouvement forcé, partant malaisé à étudier, du modèle. Ce portrait dut être peint en 1635 ou 1636 : le prince comptait alors six ou sept ans, et c'est l'âge qu'il paraît avoir sur cette toile.

Il y a deux autres tableaux qui représentent le prince don Baltasar Carlos à l'âge de sept ou huit ans, à cheval et en train de recevoir une leçon d'équitation du comte-duc en présence de plusieurs dignitaires de la cour. L'un de ces tableaux se trouve à Grosvenor House, résidence du duc de Westminster ; l'autre fait partie de la collection Wallace. Ni l'un ni l'autre ne me paraissent offrir les caractères d'une authenticité indiscutable. Contrairement à l'avis de M. Justi, je préfère le portrait de Grosvenor House et je suis tenté de le classer parmi les bons tableaux de Mazo exécutés sous l'inspiration et dans l'atelier de Velazquez. Le cheval a le même mouvement et à peu près la même silhouette que celui du portrait équestre de Philippe III appartenant au musée du Prado, et la facture générale y présente avec celle des tableaux authentiques de Velazquez cette analogie qui a causé tant de confusions et motivé l'attribution au maître de tant d'ouvrages de son élève et gendre Mazo. Il y a dans ce portrait, comme dans celui de Pulido Pareja ou dans la *Famille de Mazo* du musée de Vienne, maints morceaux qui semblent exécutés par Velazquez, mais l'agencement du tableau [1], le dessin, la mise en place des figures, indécise et

[1] Cet arrangement peu artistique rapetisse la figure du prince ; aussi tendons-nous à nous écarter de l'opinion de M. Armstrong, qui prétend voir dans ces tableaux des copies faites par Mazo d'après Velazquez, qui les aurait retouchées.

faible pour peu qu'on la compare à celle des œuvres authentiques, suffisent à dissiper tous les doutes, et l'on ne doit pas hésiter à attribuer à l'élève la paternité de l'œuvre.

Le dernier des portraits équestres de Velazquez, celui de Phi-

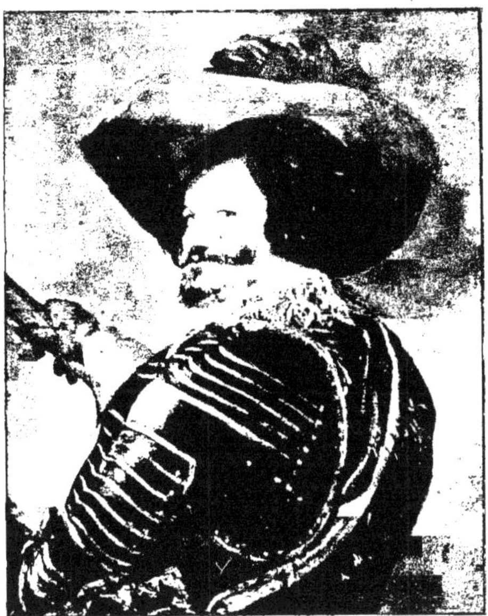

LE COMTE-DUC D'OLIVARES (Détail du portrait équestre.)

lippe IV, l'emporte encore sur les œuvres admirables que nous venons d'examiner. Ce portrait fut exécuté sans doute à l'occasion de la commande au sculpteur Tacca d'une statue équestre du roi destinée aux jardins du Buen Retiro. On envoya à Tacca, afin de lui rendre la tâche plus aisée, plusieurs dessins et probablement le buste modelé par Montañes que l'on voit dans le portrait de ce dernier par Velazquez[1].

[1] Ponz rapporte dans son *Viaje de España* (t. VI, p. 109) qu'on envoya à Tacca un portrait équestre du roi par Velazquez, plus un autre portrait à mi-corps du roi par le même.

Il existe au palais Pitti, à Florence, une réduction du portrait équestre de Philippe IV dont

Le roi, à peu près de profil, s'avance en galopant vers la droite. Il paraît avoir une trentaine d'années. Il porte la demi-armure enrichie d'or ; une écharpe rose, des hauts-de-chausses cramoisis et brodés d'or, de fines bottes claires et un grand chapeau à plumes complètent le costume. Il tient les rênes de la main gauche, et de la droite le bâton de commandement. Le cheval brun, tourné de profil comme son cavalier, se dresse sur ses pattes de derrière ; sa robuste musculature, sa crinière fournie, sa tête petite et moutonnière, ses membres puissamment développés, font de cette bête un type accompli de la race aujourd'hui éteinte des chevaux espagnols. Au fond, une vue des hauteurs du Pardo mi-semées de chênes, mi-dénudées, teintées de gris et de vert ; au dernier plan, le bleuâtre Guadarrama, fond favori des paysages de Velazquez. Un chêne, analogue à celui qui figure dans le portrait d'Olivares, se dresse derrière le cheval, et à l'un des angles du tableau se voit, comme dans ce dernier portrait, et comme dans les *Lances*, une feuille de papier dépliée et blanche absolument semblable à celles qui se trouvent dans divers tableaux de Theotocopuli, où celui-ci inscrivait en caractères grecs son nom et sa nationalité.

Velazquez, poussé sans doute par le désir d'idéaliser les traits du souverain, se surpassa lui-même dans cette œuvre. On ne peut rien rêver de plus gracieux que la silhouette du cavalier, de plus élégant et de plus fin que son maintien sur sa bête.

La ligne du cheval et du cavalier est la plus grandiose et la plus heureuse de toutes celles que dessina Velazquez. L'ordonnance de cette œuvre, la majesté de son aspect, la proportion qui règne entre ses diverses parties, évoquent les productions les plus parfaites de l'antiquité, et l'on y découvre même je ne sais quelle parenté artistique avec les marbres de la frise du Parthénon.

Le ton général du tableau rappelle le frais et brillant coloris du portrait du prince don Baltasar Carlos. On peut répéter ici une constatation déjà faite à propos des *Buveurs* et de plusieurs œuvres

on ne peut admettre l'authenticité. Aux Uffizi, un portrait équestre de ce souverain entouré de figures allégoriques est faussement attribué à Velazquez : c'est une œuvre flamande de quelque élève ou imitateur de Rubens, où l'on ne retrouve en rien le style du maître espagnol.

de la première manière de l'auteur où ce caractère est beaucoup plus sensible : le personnage est éclairé par un puissant foyer lumineux et non par la lumière diffuse du plein air par un temps couvert. Il n'y a, pour s'assurer de ce fait, qu'à étudier les ombres projetées par la moustache sur la joue, par l'écharpe sur l'armure, par la main sur le bâton de commandement, et qu'à rapprocher ces effets de ceux existant dans d'autres tableaux de Velazquez où l'artiste peignit ses modèles éclairés par une lumière moins concentrée et moins directe.

Le faire de ce portrait est d'une sûreté et d'une fermeté admirables, tout en étant, vu les dimensions, plus libre encore que celui du portrait de don Baltasar Carlos. On y relève, comme nous l'avons déjà fait dans force toiles de notre artiste, plusieurs corrections ou « repentirs » ; la ligne de l'épaule et de la poitrine et le chapeau ont été retouchés à trois ou quatre reprises, ce que prouve la superposition de plusieurs couches colorées. Le pied a été rectifié également, et il n'est certes pas surprenant que Velazquez ait dû tâtonner plusieurs fois avant de tomber sur cette merveilleuse ligne de la jambe et du pied qui est une des plus étonnantes trouvailles du portrait. Il en est de même pour les pattes du cheval, plusieurs fois repeintes jusqu'à ce que l'artiste en fût pleinement satisfait.

Velazquez, dans cette toile encore plus qu'ailleurs, semble avoir voulu racheter, au moyen de l'épuration des formes plastiques, l'indignité et la ruine morale de son modèle. C'est ainsi que ce monarque, dont le trésor était à sec et le pouvoir battu en brèche, et qui, menacé d'un soulèvement en Catalogne et d'une révolte en Andalousie, à la veille de perdre le Portugal et d'abandonner définitivement les Pays-Bas, devait être plongé dans l'amertume et le découragement et vivre dans l'appréhension d'un avenir plus sombre encore, c'est ainsi, disons-nous, que, grâce à la magie de l'art, Philippe IV est représenté dans la plénitude de la toute-puissance et de la grandeur, dans l'éclat d'un triomphe que ne connurent jamais les héros les plus fortunés des temps anciens et modernes. Sublime privilège d'un génie tel que Velazquez, qui, dans l'absolue indépendance de son idéal, planait au-dessus des réalités terrestres et des misères auxquelles les mortels sont sujets !

Rien n'est plus intéressant que d'étudier l'évolution si manifeste subie par le talent de Velazquez pendant la période qui s'écoule entre son premier voyage en Italie et le second, effectué en 1649. Nous avons vu les *Buveurs* être le suprême et le plus caractéristique effort de sa première manière. Le maître se rend alors en Italie et, impressionné par les classiques et les maîtres de la Renaissance, exécute en 1630 les toiles célèbres de *la Forge de Vulcain* et de *la Tunique de Joseph*. Non seulement il y a progrès dans le style, mais le coloris a gagné en clarté et en éclat, l'exécution en simplicité. Velazquez est de retour en Espagne l'année suivante, et dans ses tableaux religieux du *Christ à la colonne* et du *Christ en croix* ainsi que dans les portraits qu'il exécute alors, on voit s'accentuer les qualités acquises à Rome. L'étude des œuvres du Greco lui apprend à employer les gris fins dans le coloris des chairs et enrichit sa palette de plusieurs couleurs nouvelles. Il adopte également alors les fonds de paysage, qu'il traite, dans ses portraits, d'une façon toute particulière. Outillé de la sorte, il entreprend les scènes de chasse au Pardo, les portraits de chasseurs, la série encore plus importante des portraits équestres, et enfin le tableau des *Lances* qui synthétise tous les caractères de la seconde manière de Velazquez. Que de chemin parcouru depuis les *Buveurs!* Les tons gris argenté ont succédé aux teintes brûlées. Disparues, la sécheresse et la dureté. Les personnages et les groupes des *Lances* se meuvent, baignés d'air, et l'on circule entre les différents plans. La couleur est plus chantante, grâce à des harmonies heureuses et à des effets brillants; enfin, l'exécution dans son ensemble est grandiose, savoureuse, simple, sans que le dessin en soit pour cela moins serré ou moins correct.

C'est ainsi qu'au cours de ces deux périodes de sa carrière artistique, Velazquez taillait lentement le diamant de son génie, faisant rayonner comme autant de facettes éclatantes les qualités innées qui lui étaient propres. Ce travail de perfectionnement incessant devait le pousser encore plus loin et lui permettre, dans les dernières années de sa vie, d'exécuter les œuvres à l'examen desquelles nous consacrerons les chapitres suivants.

CHAPITRE VII

Motifs du second voyage de Velazquez en Italie. — Il s'embarque à Malaga le 2 janvier 1649. — Ses acquisitions à Venise ; son séjour à Rome et à Naples. — Retour à Rome. — Portrait du peintre Juan de Pareja, à Longford Castle. — Portrait d'Innocent X, au palais Doria. — Portrait en buste du même pape au musée de l'Ermitage. — Fin de la mission de Velazquez en Italie ; son retour en Espagne en 1651 sur les instances réitérées de Philippe IV.

Il avait été déjà question sous Philippe III de créer à Madrid une Académie royale des Beaux-Arts ; la reprise de ce projet et la nécessité où l'on se trouvait d'acquérir des œuvres d'art pour orner les nouveaux bâtiments de l'Alcazar, dont Velazquez, nous l'avons dit plus haut, avait l'inspection, portèrent ce dernier à solliciter du roi l'autorisation et les moyens de retourner en Italie, afin de s'y mettre en quête des éléments nécessaires à la réalisation de ces desseins[1]. Une fois l'autorisation accordée, force fut à notre artiste, à court d'argent, de réclamer la revision générale de ses comptes. Philippe IV, en date du 18 mai 1648, donna l'ordre au *Burco* (administration supérieure des services de la cour) de servir à Velazquez les sommes qui lui étaient dues, afin, ajoutait le roi, qu'il pût pourvoir à ses besoins. Malgré cette injonction catégorique, le *Burco* retarda l'exécution de l'ordre royal jusqu'au 6 octobre. Velazquez se mit en route le mois suivant, d'autant plus enchanté que ce voyage lui rappelait celui qu'il avait fait vingt ans auparavant. Il s'embarqua à Malaga, le 2 janvier 1649, en compagnie des membres de l'ambassade qui se rendait à Trente afin d'y recevoir et d'escorter jusqu'en Espagne la fiancée du roi, sa

[1] Voir à ce sujet quelques détails dans les *Discursos practicables del nobilisimo arte de la pintura*, etc., *por Jusepe Martinez pintor de S. M. D. Felipe IV*, publiés par l'Académie royale de San Fernando avec des notes de don Valentin Carderera. Madrid, 1866.

nièce Marianne d'Autriche, fille de l'empereur Ferdinand III et de cette infante Marie dont Velazquez avait peint le portrait à Naples en 1630. Philippe IV, qui avait perdu en 1644 sa première femme, Isabelle de Bourbon, épousa, après cinq ans de veuvage, cette nièce, qui avait failli être sa bru : trois ans auparavant, en effet, cette princesse avait été fiancée à l'infant don Baltasar Carlos, mort depuis, en 1646.

Velazquez débarqua à Gênes le 11 février et ne parvint à Venise que le 21 avril[1], après s'être arrêté à Milan et à Padoue. Ce n'était guère le moment d'acheter des œuvres d'art à Venise ; pourtant, Velazquez put y acquérir plusieurs tableaux, parmi lesquels la célèbre toile de *Vénus et Adonis* de Véronèse, la *Purification des Vierges madianites* du Tintoret et une esquisse du fameux *Paradis* de ce dernier peintre, toutes toiles qui figurent aujourd'hui au musée du Prado. Il se rendit ensuite à Rome, qu'il fut obligé de quitter presque aussitôt pour aller à Naples remettre ses lettres de créance au vice-roi, comte d'Oñate, et toucher les fonds nécessaires à ses achats. Il fit à Naples un choix de marbres et de bronzes antiques et une commande de moulages destinés à être expédiés en Espagne.

Nous revoyons notre artiste à Rome à l'occasion du jubilé universel qui allait être célébré dans cette ville et qui attirait une foule de visiteurs illustres, notamment d'éminents artistes italiens et étrangers, en plus grand nombre encore qu'à l'ordinaire. Pour ne citer que les principaux d'entre ces artistes, nous mentionnerons le célèbre peintre fresquiste Pietro Berrettini da Cortona, à qui Velazquez proposa de se rendre en Espagne pour y décorer les palais royaux, projet qui ne se réalisa d'ailleurs pas ; Nicolas Poussin, le premier peintre français de son siècle ; le peintre napolitain si populaire, Salvator Rosa ; le sculpteur bolonais Alessandro Algardi, et le si fameux Lorenzo Bernini, le roi des décorateurs de cette époque. Velazquez se lia sans doute d'amitié avec ces artistes et avec bien d'autres ; un contemporain, Marco Boschini, en dit quelques mots dans sa *Carte de la navigation pittoresque*, publiée à Venise en 1660.

[1] Le marquis de la Fuente, ambassadeur d'Espagne à Venise, en fait part au roi le 24 avril 1649, dans une lettre qui fait partie des archives de Simancas.

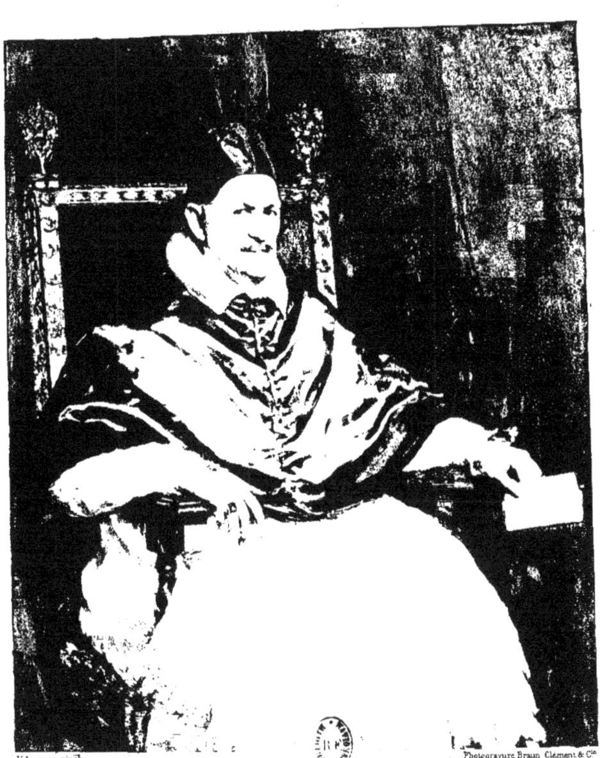

Velasquez pinx^t

Photogravure Braun Clément & Cie

Portrait du Pape Innocent X

(PALAIS DORIA)

Tout le temps de Velazquez était pris par ses recherches et ses achats, et il est bien évident que, du jour où il quitta Madrid à celui où le pape, ayant eu vent de son mérite, lui commanda son portrait, il délaissa ses pinceaux. C'est alors, pour se refaire la main et se préparer à l'exécution de l'effigie du Souverain Pontife, qu'il peignit le portrait en buste de son domestique Juan de Pareja, mulâtre d'origine mauresque. Celui-ci, qui était entré en qualité d'esclave au service de Velazquez, s'était acquitté avec tant de zèle de la tâche à lui confiée de broyer les couleurs et d'apprêter les toiles, qu'il était parvenu, selon l'expression de Palomino, « à l'insu de son maître et en se privant du sommeil nécessaire », à faire des peintures très estimables.

Le portrait que Velazquez exécuta d'après son esclave et élève Pareja est, à n'en pas douter, celui qui appartient au comte de Radnor, à Longford Castle[1]. Le mulâtre y est représenté de trois quarts à droite, la tête relevée et le regard fixant le spectateur. C'est la pose que le maître adopta pour la plupart de ses portraits à mi-corps. Pareja porte un pourpoint vert sombre et un rabat festonné ; sur l'épaule gauche est jetée la cape, que retient la main droite vue en raccourci, le tout d'une couleur olivâtre, excepté la tête, d'un ton cuivré, qui se détache, pleine de relief et d'expression, sur le blanc du rabat et dont le caractère est encore accentué par l'abondance de la chevelure crépue. Le fond est gris verdâtre.

On voit bien, au *brio* et à la spontanéité du portrait de Pareja, que Velazquez, dégagé d'entraves, de conventions et de préoccupations de tout genre et sûr de son modèle, fit cette œuvre de verve et s'y mit tout entier.

Il y a de ce portrait une copie appartenant au comte de Carlisle et qui contient probablement des retouches de la main même de Velazquez ; un peu plus rougeâtre de ton et d'une exécution moins franche, notamment dans les cheveux qui sont d'une facture plus lâche, elle

[1] Ce portrait fut acquis par le second comte de Radnor en mai 1811 et figura à l'Exposition des *Old Masters* tenue à Londres en 1873 à la Royal Academy. Je suis redevable à l'amabilité de lord Radnor de l'autorisation de publier la reproduction de ce portrait, dont il a bien voulu m'envoyer une photographie.

n'a pas la vivacité de touche du tableau original. L'opinion d'après laquelle ce portrait serait celui de l'ancien esclave de Velazquez est confirmée par la présence dans la *Vocation de saint Mathieu*, de Pareja (musée du Prado), d'un personnage qui n'est autre que le peintre lui-même, tenant à la main un papier sur lequel on lit : « *Juan de Pareja, en 1661* », figure identique au modèle du portrait de Longford Castle.

Ce portrait fut exposé avec d'autres peintures de valeur au Panthéon de Rome, à l'occasion de la fête de saint Joseph, et elle obtint un si franc succès que Velazquez fut nommé d'emblée membre de l'Académie romaine.

S'étant ainsi refait la main, Velazquez entreprit le portrait de Jean-Baptiste Pamphili, pape sous le nom d'Innocent X. C'est une des œuvres les plus prodigieuses du maître, une de celles qui ont été le plus souvent commentées, à cause de son mérite, d'abord, et, ensuite, de la place d'honneur qu'elle occupe au palais Doria à Rome.

Le visage du Souverain Pontife; bien qu'expressif, est franchement laid. Le teint rougeâtre, violacé plutôt, trahit le tempérament sanguin du modèle. Le camail est rouge, comme la calotte, le fauteuil et le rideau du fond. Cette riche harmonie de rouges fait contraste avec les blancs du cou, des manches et de l'aube. Le galbe et le ton des mains — de la droite en particulier — ne semblent guère en rapport avec la physionomie et le teint du personnage. La main gauche tient un papier où Velazquez a tracé de sa main une inscription ainsi conçue :

Alla Sant^{ta} di N^{ro} Sig^{re}
Innocencio X^{o}
Per
Diego de Silva
Velazquez de la Ca-
mera de S. M^{ta} Catt^{ca}

Sous ces mots, on en voit d'autres à moitié effacés et illisibles.

Ce regard investigateur, d'une fascination irrésistible ; ce visage, un des plus vivants entre ceux que modela Velazquez et où la sueur même est visible ; la robuste ampleur, la plénitude du corps ; la savoureuse symphonie des rouges et des blancs ; la magie, en un mot, qui se dégage de l'ensemble, impressionnent le spectateur, qui, captivé, reste muet d'admiration.

En sa présence, on comprend la portée de la géniale et pénétrante remarque de Schopenhauer : « Il faut regarder un tableau comme on aborde un souverain : attendre le moment où il lui plaira de vous parler et le sujet d'entretien qu'il lui conviendra de choisir ; on ne doit adresser la parole, en premier, ni à l'un ni à l'autre, car on s'expose à n'entendre que sa propre voix[1]. »

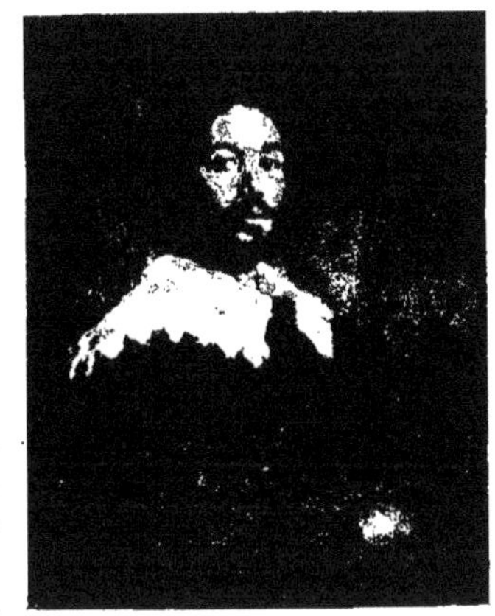

LE PEINTRE JUAN DE PAREJA
(Collection du comte de Radnor, Longford Castle.)

Les artistes ont prodigué à cette œuvre les éloges les plus enthousiastes ; il nous suffira à ce propos de rappeler que le grand peintre anglais sir Joshua Reynolds la proclama la plus belle toile qu'il eût vue à Rome.

Pour l'exécution, elle appartient à la meilleure époque de l'artiste : celle où, ayant atteint la maturité du talent et de l'âge, il est en pleine possession de son métier. Cette œuvre inaugure la troisième et dernière manière de Velazquez. La sécheresse et la dureté que nous avons constatées dans les premières œuvres du maître et dont nous avons signalé la décroissance progressive au cours de sa seconde manière, ont complètement disparu. Au contraire, les contours déjà si enveloppés dans le tableau des *Lances* et dans les portraits antérieurs au second voyage en Italie sont encore plus fondus dans le portrait du

[1] *Le Monde comme volonté et comme représentation*, par Arthur Schopenhauer, traduction française par J.-A. Cantacuzène, t. II, p. 613.

pape ; le coloris y est aussi plus puissant. Il y a dans cette œuvre une synthèse si harmonieuse et une interprétation de la nature si grandiose et si simple à la fois qu'il semble que l'on voie le modèle lui-même en chair et en os.

Ce portrait, comme bien d'autres œuvres de Velazquez, porte la trace de nombreuses retouches, qui permettent de se rendre compte des transformations subies par l'œuvre durant son exécution et qui prouvent une fois de plus que le maître, malgré sa grande spontanéité, revoyait constamment son travail pour le rectifier et le corriger.

M. Justi croit à l'authenticité du portrait en buste d'Innocent X appartenant au musée de l'Ermitage ; mais, selon lui, c'est une réplique du portrait original exécutée par l'artiste lui-même, et non une étude préliminaire faite en vue du tableau définitif. Cette assertion s'appuie sur des arguments dont on trouvera le développement dans le texte original allemand du travail de M. Justi ; la traduction anglaise, revisée par l'auteur, résume ces considérations et ajoute que « quiconque ne verrait dans ce portrait qu'une esquisse mettrait la charrue avant les bœufs ». Au risque de passer aux yeux de l'éminent critique pour un esprit capable d'une pareille absurdité, et sur la foi de la photographie de la maison Braun, à défaut de l'examen direct du tableau, j'estime que le portrait du musée de l'Ermitage est une étude préparatoire faite en vue de l'effigie définitive de la galerie Doria. Il y a là une spontanéité, un relief, un caractère auxquels on ne peut guère atteindre qu'en présence du modèle vivant. De plus, il est constant que Velazquez ne goûtait que médiocrement les répliques, et le petit nombre de celles que nous conservons de sa main est très inférieur artistiquement aux originaux. D'autre part, ce ne serait pas la première fois que Velazquez aurait peint une étude d'après nature en vue d'un portrait ultérieur : ce procédé a d'ailleurs été maintes fois employé par les peintres anciens et modernes. Le portrait en buste de Philippe IV jeune du musée de Madrid — auquel l'armure fut ajoutée plus tard — est évidemment une étude pour le portrait en pied du même musée. Le portrait en buste de la reine Marie de Hongrie, bien qu'il soit un tableau achevé et non une esquisse, fut exécuté dans les mêmes conditions, ainsi peut-être que les portraits du prince de Galles et du duc de Modène. Dans le cas qui nous occupe, le rang et les devoirs du Souverain Pontife ne lui permettant de poser qu'un nombre insuffisant de fois, pourquoi Velazquez n'aurait-il pas brossé en quelques séances la tête du pape, et copié plus tard ce morceau dans

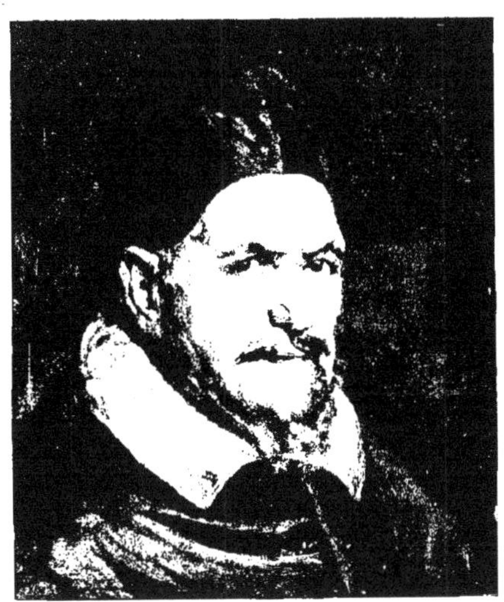

LE PAPE INNOCENT X (Musée de l'Ermitage.)

le portrait définitif ? Comme le temps lui faisait défaut, c'est à l'impression qu'il visa, et l'esquisse du musée de l'Ermitage est une merveilleuse impression.

Il y a, du portrait d'Innocent X ainsi que de la plupart des œuvres importantes de Velazquez, de nombreuses copies et des pastiches. Un de ces derniers, qui se trouve à Apsley House, est tenu pour authentique par de nombreux critiques. Cependant l'exécution en est moins franche que celle des Velazquez de la troisième manière, et la physionomie n'a pas l'accent et le caractère de celle du portrait original;

aussi son authenticité me paraît-elle des plus sujettes à caution. C'est là cependant un tableau intéressant en soi, pourvu qu'on l'examine en dehors de tout esprit de comparaison.

Une fois l'œuvre terminée, Innocent X, qui ne devait pas se payer de flatteries, et qui trouva son portrait « *troppo vero* », satisfait de la vérité avec laquelle sa physionomie avait été interprétée, voulut rémunérer l'artiste. Celui-ci se refusa à accepter tout salaire, alléguant que son maître le rétribuait suffisamment de sa royale main : le pape lui remit alors une chaîne d'or et une médaille à son effigie.

Jusepe Martinez, peintre et écrivain contemporain de Velazquez, rapporte que, outre ces œuvres, notre peintre exécuta alors à Rome le portrait de la belle-sœur d'Innocent X, Olympia Maldachini, et Palomino, moins succinct, ajoute à la liste des modèles de Velazquez les noms du cardinal Pamphili, frère du Souverain Pontife, de l'abbé Hippolyte et de Camillo Massimi, camériers du pape, et d'autres encore. On ignore le sort de ces tableaux et, par conséquent, toute dissertation à leur endroit est inutile. Le même Palomino est plus digne de foi lorsqu'il énumère les sculptures et moulages achetés par Velazquez à Rome et dans d'autres villes d'Italie[1].

Mais le but principal du voyage de Velazquez était de ramener des peintres fresquistes chargés de décorer l'Alcazar et le Buen Retiro. Il se lia donc avec Metelli et Colonna, peintres bolonais, qui passaient pour innovateurs dans le genre de la fresque. Ceux-ci, après avoir terminé les travaux qui les retenaient en Italie, se rendirent à Madrid et décorèrent les salons de l'Alcazar, tâche qui leur prit quatre ans. Par malheur, ces peintures furent, comme tant d'autres œuvres d'art, la proie des flammes en 1734.

Les sollicitations pressantes du roi transmises à Velazquez par l'entremise de son secrétaire don Fernando Ruiz de Contreras obligèrent l'artiste à quitter l'Italie. Il s'embarqua à Gênes et atterrit à Barcelone en juin 1651. Il avait voulu traverser la France et visiter Paris — il fit même viser son passeport dans cette intention, —

[1] Palomino, *ouvrage cité*, t. II, p. 337 et suivantes.

mais l'impatience de Philippe IV ne laissait place à aucun retard. Nous en trouvons la preuve dans les lettres qu'adressait le roi au duc del Infantado, son ambassadeur à Rome, documents dont les minutes font partie des archives de Simancas[1]. Voici comment Philippe IV apprécie le caractère de Velazquez ; dans la première, en date du 17 février 1650 : « Puisque son flegme vous est connu, mettez ordre à ce qu'il n'en tire pas avantage pour prolonger son séjour là-bas ; » et plus loin : « Je fais dire à Velazquez qu'il ne prenne pas la voie de terre, ce qui retarderait son arrivée, étant donné son caractère .» Dans la seconde lettre, en date du 22 juin de la même année, il insiste de nouveau pour que Velazquez revienne et il ajoute : « S'il ne l'a déjà fait, ce dont je doute, il sera bon que vous le pressiez afin qu'il ne diffère pas son départ d'une minute. » Il faut avouer que cette fois Velazquez ne démentit pas sa réputation d'apathie, car, malgré le désir manifeste du souverain, il retarda d'une année son départ pour Madrid ; mais on peut lui passer ce délai en considération du portrait d'Innocent X et de la gloire immortelle qui s'attacha ainsi à son nom à Rome.

[1] Bien que les minutes se trouvent à Simancas, les originaux sont conservés dans les archives familiales des Osuna y del Infantado. Ce sont six lettres de Philippe IV, dont la première fut écrite le 17 février 1650 et la dernière le 27 juin 1651, et qui toutes ont trait à la mission de Velazquez en Italie.

CHAPITRE VIII

Velazquez, à la cour, est rangé parmi les barbiers du palais, les nains et les bouffons. — Portraits de ces derniers : Pablillos de Valladolid ; El Primo ; don Sebastian de Morra ; don Antonio el Ingles ; l'Enfant de Vallecas ; l'Idiot de Coria ; don Juan d'Autriche. — Le portrait du bouffon Pernia, surnommé Barberousse, n'est pas de Velazquez. — *Ésope* et *Ménippe ;* traits caractéristiques des œuvres de la dernière manière de Velazquez.

Nulle part ne sévit avec plus d'intensité qu'à Madrid l'extravagante et inexplicable mode, alors en honneur dans presque toutes les cours d'Europe, qui consistait à entourer les princes d'êtres difformes pour la plupart, et souvent même de fous ou de monstres repoussants, tels que crétins, cagneux, hydrocéphales. On est frappé, en compulsant les documents officiels, du nombre considérable de ces individus, ainsi que des sobriquets pittoresques dont on les affublait. Soplillo (Petit Souffle), Calabazas (Calebasse), El Primo (le Cousin), Christophe l'Aveugle, Pablillos de Valladolid, Baptiste de l'Échiquier, Panela, Morra, Velasquillo, Mari Barbola, Pertusato : voilà les noms de quelques-uns des membres de cette glorieuse phalange. Ne croirait-on pas plutôt lire la liste des personnages d'un vaudeville dont l'action se passerait au bagne, que les comptes de dépenses de Sa Majesté Catholique? C'est pourtant entre ces noms-là et ceux des barbiers du Palais que figurait le nom de Diego Velazquez, et non certes à la place d'honneur[1]. Malgré tout, on doit à l'importance relative de

[1] Dans le livre déjà cité de M. Cruzada Villaamil (p. 102), il y a une longue liste d'après le document original, daté du 15 septembre 1637, sur laquelle figurent tous les nains, bouffons, musiciens, barbiers, etc., à qui l'on accordait des « habits de merci ». Il y est dit, entre autres choses curieuses, que « les habits des barbiers et de Diego Velazquez peuvent être réduits à 80 ducats et ceux des employés de la garde-robe à 70 ducats ». Dans son intéressant ouvrage *La Corte y Monarquia de España en los años de 1636 y 37* (Madrid, 1886), don A. Rodriguez Villa a publié un document original où sont notées les places assignées aux invités à une course

ces bouffons l'exécution d'une série de portraits dont la diversité révéla une nouvelle face du talent de Velazquez. Une fois de plus éclata le pouvoir magique de l'art, qui peut émouvoir aussi puissamment à l'aide du laid et même du répugnant qu'au moyen de l'agréable et du beau.

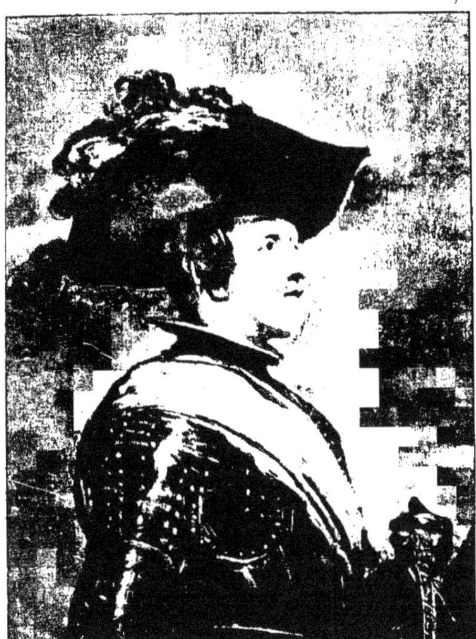

PHILIPPE IV (Détail du portrait équestre.)

Comme l'a dit Gœthe : « L'Art est noble en soi ; aussi l'artiste ne redoute-t-il pas le vulgaire et le trivial. Admettre de tels éléments, c'est les ennoblir ; aussi voyons-nous les plus grands artistes exercer hardiment leur prérogative souveraine ». En effet, dans le cas qui nous occupe,

de taureaux qui eut lieu sur la *Plaza Mayor* en 1648, Velazquez est relégué au quatrième étage, parmi les domestiques des grands de la cour, les barbiers de la chambre royale et autres employés de basse catégorie.

au lieu de nous amener, par suite d'une association d'idées, à considérer par delà ces types de dégénérescence physique et morale, les maux et les misères de l'espèce entière, et à en éprouver, par suite, du malaise et du dégoût, la vue de ces portraits nous ravit dans une admiration pure, indépendante de toute autre pensée. Localiser ainsi notre activité cérébrale, la faire s'abîmer toute dans la jouissance esthétique, c'est un privilège qui n'appartient qu'aux œuvres de génie.

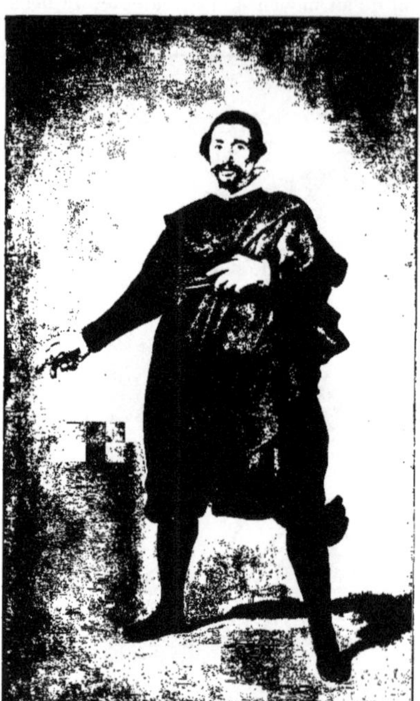

Portrait du bouffon Pablillos de Valladolid
(Musée du Prado.)

Velazquez consacra une grande partie de sa carrière artistique à chanter un hymne à la laideur. On peut déjà constater ce fait dans plusieurs de ses œuvres de jeunesse exécutées à Séville et dans les *Buveurs;* mais nulle part il n'apparaît avec autant d'éclat que dans la fameuse série des portraits qu'il exécuta à diverses époques de sa vie d'après ces êtres burlesques que l'on appelait à la cour des « hommes de plaisir ».

Le premier de ces tableaux, par ordre chronologique, est, à n'en pas douter, le *Géographe* du musée de Rouen, que nous avons décrit au chapitre II. Ce portrait fut peint pendant les premières années du séjour de Velazquez à Madrid et offre tous les caractères des œuvres de cette époque ; la tête, également de Velazquez, fut refaite postérieurement. Geste, maintien, expression, tout dans cette peinture rappelle le type des bouffons de la cour, et l'hypothèse d'après laquelle le *Géographe* serait l'un d'entre eux est confirmée par sa ressemblance

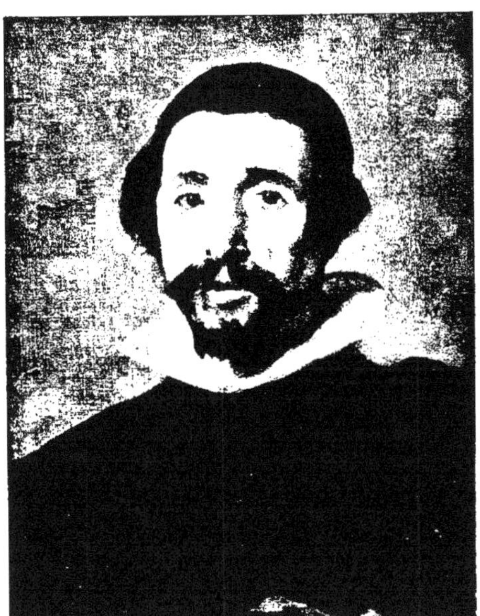

Portrait du bouffon Pablillos de Valladolid (Détail.)

avec celui que l'on surnommait Pablillos de Valladolid. A part le portrait de Rouen, tous les autres tableaux de la série appartiennent au musée du Prado. Le bouffon connu sous le nom de Pablillos de Valladolid (n° 1092 du musée de Madrid) est représenté debout de grandeur naturelle. Cette silhouette admirable se détache sur un fond gris absolument uni où n'est même pas indiquée la ligne de démarcation du sol et du mur. Pablillos relève gracieusement sa cape de la main gauche ;

il étend la main et le bras droits dans un geste déclamatoire. Il porte un habit noir et une collerette unie, et paraît avoir une quarantaine d'années.

C'est le plus mouvementé de tous les portraits de Velazquez, qui, généralement, peignait ses modèles à l'état de repos. Aussi l'attitude emphatique et l'expression de Pablillos ont-elles fait donner à ce portrait le surnom du *Comédien*. Il est étonnant de vie et de verve. Il rappelle assez, par le ton, par l'exécution et aussi par le rapport des valeurs de la chair avec le blanc des manchettes et de la collerette, le portrait de don Diego del Corral y Arellano dont nous nous sommes occupé au chapitre IV, et il est probable que les deux peintures furent exécutées à la même époque, c'est-à-dire après le retour d'Italie, en 1631. En tout cas, le portrait de Pablillos fut certainement peint pendant la période comprise entre les deux voyages du maître, car il porte l'empreinte visible de son second style[1].

Le portrait du musée du Prado qui porte le n° 1095 est celui de don Luis de Aedo ou Hacedo, surnommé El Primo, un des nains de la cour. C'est une des figures les plus typiques de la bizarre escorte de Philippe IV. Il fut du voyage en Aragon, en 1644, et Velazquez, ainsi qu'il résulte des documents officiels, fit alors son portrait à Fraga, en même temps qu'il exécutait celui du roi dont nous avons déjà déploré la perte.

Velazquez ne donna jamais mieux la mesure de son génie qu'en exécutant d'après un modèle aussi déplorable un de ses plus étonnants chefs-d'œuvre. L'homuncule, assis, est occupé à feuilleter un in-folio presque plus grand que sa chétive personne : devant lui se trouve un livre ouvert sur lequel est posé un encrier de corne et une plume, — morceau du réalisme le plus saisissant. Deux autres livres complètent la bibliothèque de ce nain studieux. Il porte un large chapeau très

[1] M. Stevenson (*ouvr. cité*, p. 14) range ce portrait parmi les tableaux de la troisième manière, c'est-à-dire parmi les œuvres exécutées après 1650, tandis que M. Armstrong suppose qu'il fut exécuté avant l'année 1624, et, par suite, qu'il appartient à la première manière. Bien que cette dernière assertion soit la plus rapprochée de la réalité, d'après ce que l'on peut inférer de l'aspect du tableau, je crois qu'il est intéressant de signaler les divergences de ces appréciations, qui diffèrent à leur tour de celle que j'expose.

incliné sur le côté, qui constitue ainsi un fond sombre sur lequel la tête se détache en vigueur. L'expression de la physionomie est sérieuse et réfléchie, comme il sied à un personnage entouré de livres, de paperasses et d'écritoires. L'in-folio et l'ombre qu'il porte masquent la

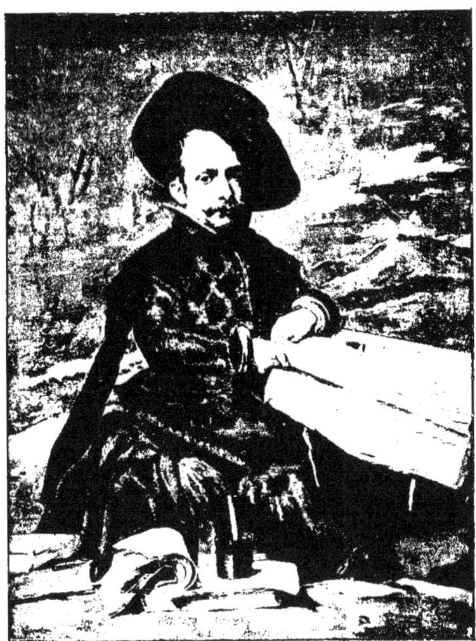

PORTRAIT DU NAIN EL PRIMO (Musée du Prado.)

jambe gauche, mais la jambe et le pied droits sont dessinés superbement et traduisent avec fidélité la disproportion manifeste qui existe entre le buste et les jambes de l'avorton. El Primo est vêtu de noir. Le fond, qui recouvre sans doute un autre fond antérieur, a poussé au noir : il représente un de ces paysages de la sierra du Guadarrama chers à l'artiste.

Au cas même où l'on ignorerait la date exacte de l'exécution de cette œuvre, le style dans lequel elle est conçue la ferait comprendre parmi celles de la seconde manière du maître.

Les critiques assurent que le tableau n° 1096 du musée de Madrid

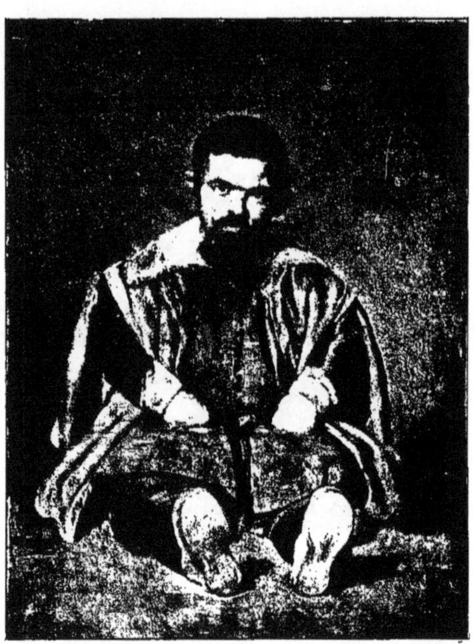

Portrait du nain don Sebastian de Morra (Musée du Prado.)

est le portrait d'un autre nain de la cour, don Sebastian de Morra. Ce monstrueux personnage, d'une physionomie sinistre, a le nez épaté et la peau brune. Rien de plus original que la façon dont il pose, assis par terre vis-à-vis du spectateur à qui il montre effrontément la plante de ses pieds, les poings sur les cuisses. Il est vêtu d'un pourpoint et d'un haut-de-chausses verts et d'un manteau rougeâtre avec un rabat.

Par son exécution libre, ample et vigoureuse, ce tableau mérite d'être rangé parmi ceux de la troisième manière de Velazquez : il est probablement postérieur à 1651. Il est regrettable que le portrait de Morra ne soit pas aussi bien conservé que ceux des autres bouffons : l'in-

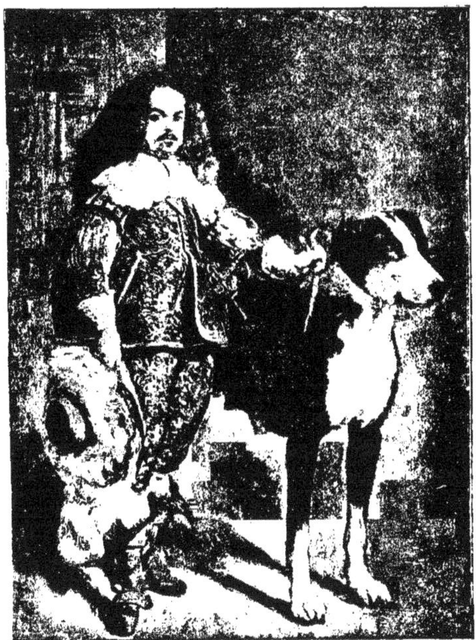

PORTRAIT DU NAIN DON ANTONIO EL INGLES (Musée du Prado.)

cendie du palais et d'anciennes restaurations en ont assombri et alourdi quelques morceaux.

On suppose que le modèle du n° 1097 du même musée fut don Antonio l'Anglais. L'épaisse chevelure du nain lui pend sur le dos ; il mène de la main gauche un superbe mâtin mi-partie blanc et noir qui fait contraste avec la mesquine silhouette du bouffon, lequel porte un riche et élégant costume marron brodé d'or et tient dans la main droite un grand chapeau garni de plumes. Il est représenté dans un intérieur au fond duquel se voit une porte.

Don Antonio l'Anglais était un des bouffons les mieux lotis ; on en voit la preuve dans l'élégance de son costume, le plus somptueux de ceux de la série, et on sait en outre qu'un certain Tomas Pinto était attaché à sa personne en qualité de gouverneur !

Ce portrait, qui a l'apparence d'une esquisse plutôt que d'un tableau achevé, dut être exécuté pendant les dix dernières années de la vie de Velazquez. Il y en a une copie ancienne au musée de Berlin (n° 413 ᴰ) qu'on attribue au maître, mais qui est d'un ton rouge sale et n'a avec l'original que des rapports purement extérieurs.

Les numéros 1098 et 1099 du musée de Madrid représentent deux jeunes nains idiots : El Niño de Vallecas et El Bobo de Coria. L'Enfant de Vallecas est assis par terre au pied d'un rocher faisant partie d'un fond accidenté ; il porte un habit vert et des bas de drap vert également. L'un des bas retombe et laisse voir la jambe nue. L'Idiot de Coria est assis entre deux gourdes ; il est tout habillé de vert et porte un rabat et des manchettes festonnées. Ces deux tableaux durent être peints pendant les dix dernières années de la vie de Velazquez, c'est-à-dire après le second retour d'Italie ; ils appartiennent, comme le portrait de don Antonio l'Anglais, mais en plus poussé, à la troisième manière du maître, et le portrait de l'Idiot de Coria offre quelque analogie avec celui de Juan de Pareja de Longford Castle : le ton général et le rapport des valeurs sont à peu près identiques dans les deux tableaux. Les deux figures du Niño et du Bobo, qui se font pendant, ont les mêmes dimensions que celles du Primo et de Morra.

On ignore les motifs qui ont fait donner ces sobriquets aux portraits des deux crétins. En tout cas, c'est une désignation ancienne, bien que ne rappelant aucun des surnoms qui figurent sur la liste des bouffons et nains de la cour de Philippe IV. Cruzada Villaamil, qui fait une observation analogue à la nôtre, ajoute que le prétendu Bobo de Coria pourrait bien être le bouffon Calabazas (calebasse) : le nain est en effet assis entre deux de ces fruits.

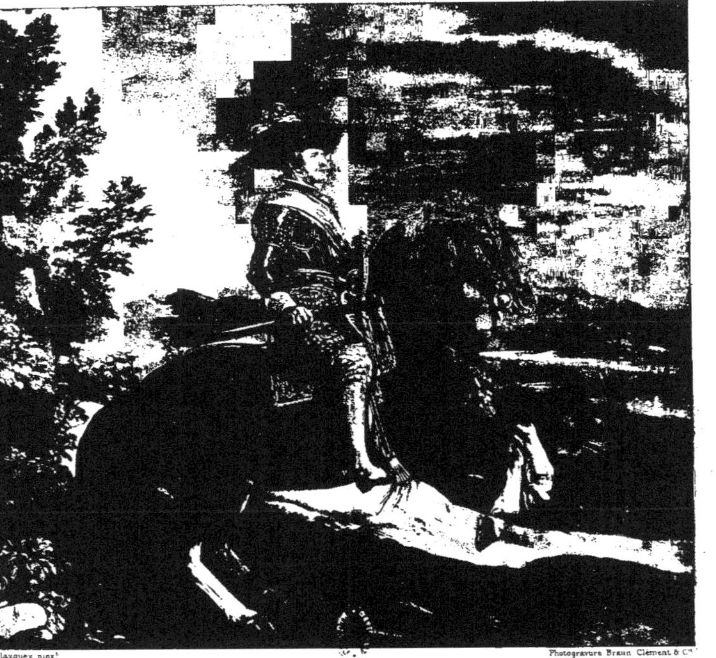

Velazquez pinx^t — Photogravure Braun Clément & Cie

Portrait du Roi Philippe IV

(MUSÉE DU PRADO)

M. P. de Madrazo a été le premier à débrouiller l'identité de ces personnages, tout en exprimant des doutes relativement au bien fondé de telle ou telle désignation, eu égard au manque de clarté et de précision des inventaires du palais. Néanmoins, l'identité de Pablillos de Valladolid est évidente, puisque son portrait fut inventorié sous ce sobriquet en 1701 après la mort de Charles II. Même certitude en ce qui regarde le portrait de don Juan d'Autriche (n° 1094 du musée de Madrid). On ignore le nom véritable de ce bouffon qu'on désignait toujours sous celui du glorieux fils de Charles-Quint[1], ce qui donne une idée du respect et des égards avec lesquels était gardée la mémoire du héros de Lépante par Philippe IV, le descendant de cette même souche illustre. Et ce n'est pas la première fois que ces bouffons étaient associés à des souvenirs historiques : en 1638 déjà, à l'occasion d'une course de taureaux — complément obligé de toutes les grandes réjouissances — donnée en l'honneur du duc de Modène, les *Sabandijas* (Reptiles) du Palais étaient assis au pied du trône, revêtus des costumes des anciens rois de Castille ! Peut-être est-ce en commémoration de cet événement qu'Alonso Cano peignit les deux tableaux du musée du Prado (n°s 673 et 674) qui représentent l'un deux personnages et l'autre un seul, assis sur des trônes et portant la couronne, le manteau et autres insignes royaux. Le caractère comique de ces figures et leur aspect anormal, presque monstrueux, porte à croire que ce sont des effigies de bouffons déguisés de cette façon singulière.

Le portrait de don Juan d'Autriche est la consécration du surnom dont la cour n'eut pas honte d'affubler le bouffon. Il est entouré d'armes et de boulets et au fond, par l'ouverture d'une porte, on voit un navire en flammes, souvenir de l'action de Lépante. Le bouffon paraît avoir un peu plus de cinquante ans : il est debout et, pour se soutenir sur ses jambes flageolantes, s'aide d'un gros et long bâton. Il porte un petit chapeau de velours à plumes, un pourpoint et une cape égale-

[1] Don Juan d'Autriche, fils naturel de l'empereur Charles-Quint, fut, comme on sait, l'illustre homme de guerre qui commandait les forces navales réunies d'Espagne, du Saint-Siège et de la République de Venise en 1571 dans la journée de Lépante, fatale aux Turcs. Ce même nom de don Juan d'Autriche fut porté par un fils bâtard de Philippe IV et de la fameuse actrice madrilène la Calderona.

ment de velours noir ; la doublure du manteau, le haut-de-chausses et les bas sont d'un rose de nuance plus ou moins vive, et l'ensemble de la figure offre ainsi une délicate harmonie de roses et de noirs. Le visage est laid, blême et d'une expression déplaisante. Ce portrait fut

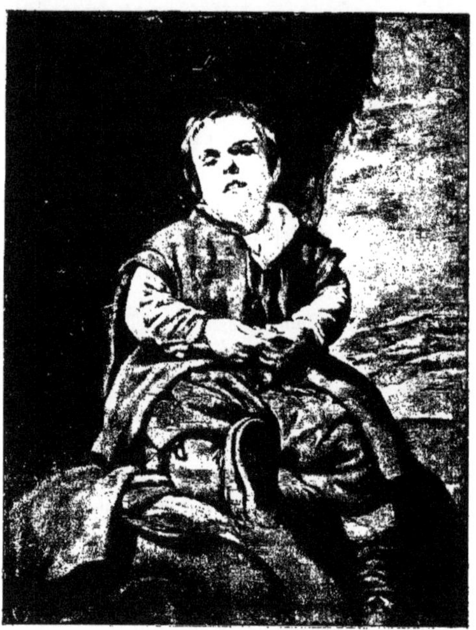

L'ENFANT DE VALLECAS (Musée du Prado.)

peint sans doute à la fin de la carrière artistique de Velazquez, tant il décèle de savoir et de métier. Il n'y a pas dans l'œuvre entier du maître une seule toile où la technique soit plus simple : après avoir dessiné avec précision la silhouette de cette figure pittoresque, il la frotta légèrement de couleur, n'empâtant que la tête et les mains. Il y a tant de facilité et de souplesse dans l'exécution, tant de délicatesse dans les tons, qu'on croirait voir une aquarelle plutôt qu'une peinture à l'huile. Il est vrai que Velazquez se servit, pour peindre ce tableau, de couleurs très fluides, ainsi qu'il fit dans la plupart de ses dernières œuvres.

Il existe au musée du Prado un dernier portrait de cette série

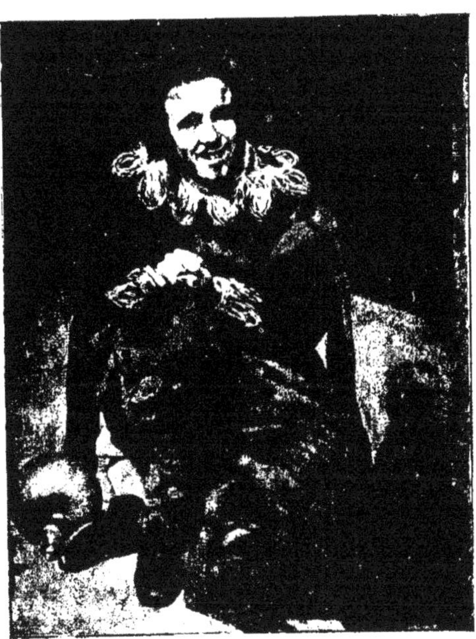

L'idiot de Coria (Musée du Prado.)

(n° 1093) attribué à Velazquez. C'est celui qui représente le bouffon Pernia, connu sous le nom de Barberousse. Il ne semble pas qu'il soit authentique. Peut-être fut-il exécuté dans l'atelier même de Velazquez par un imitateur du maître qui voulut en faire un pendant au portrait de don Juan d'Autriche ; ces deux peintures ont en effet les mêmes dimensions. Et ce jugement n'est pas exclusivement fondé sur l'état du portrait, dont la majeure partie est simplement esquissée ; d'autres œuvres de Velazquez aussi peu poussées que celle-ci portent néanmoins le cachet de son génie.

Les anciens inventaires des palais des rois d'Espagne mentionnaient encore trois portraits de bouffons peints par Velazquez. Ces trois toiles, qui ont disparu depuis, représentaient Juan Cárdenas, le bouffon toréador, tableau conçu dans le style des premières œuvres du maître, Calabacillas et Velasquillo.

A côté des portraits de ces « hommes de plaisir », vrais types de dégénérescence physique et morale, on doit classer deux tableaux (n°s 1100 et 1101 du musée du Prado) auxquels Velazquez donna les noms de deux philosophes grecs, *Ésope* et *Ménippe*, et qui personnifient très fidèlement la truanderie et la bohème du temps.

Ésope, debout, drapé, à défaut de chemise, dans une sorte de vieille souquenille dont la forme primitive a cédé aux injures du temps, est le type du mendiant professionnel. Expression cynique, tignasse grisâtre embroussaillée, visage au teint cadavérique troué de deux petits yeux plus distants l'un de l'autre que de raison, nez défiguré par l'âge et les aventures, bouche insolente ou dédaigneuse, pommettes saillantes, joues décharnées : tels sont les traits caractéristiques de cette indescriptible physionomie. Le corps branlant porte sur la jambe et le pied droits. Ce dernier, tordu de longue date, révèle la façon de ramper particulière au personnage. La main gauche est cachée sous le manteau, et la droite tient un in-folio, unique indice des goûts de cet invraisemblable Ésope. Le tableau est complété, d'un côté, par un baquet au bord duquel se trouve un chiffon, et, de l'autre, par un objet qui semble être une partie de harnais ou de bride.

Le pendant de ce tableau est *Ménippe*. Ce nom, comme l'est celui d'Ésope, est inscrit en gros caractères dans la partie supérieure de la toile. Ménippe est debout, vu de trois quarts et tournant d'un air ironique sa tête mal peignée du côté du spectateur. Embossé qu'il est dans sa cape, il dissimule mieux qu'Ésope l'indubitable absence de la chemise. Il est coiffé d'un *chambergo* dont le délabrement ne jure pas avec le reste du costume, bas de drap et rudes souliers. Sa main gauche sort de l'entrebâillement de la cape sur laquelle retombent les mèches en désordre de sa barbe grisâtre et inculte. A ses pieds, une cruche sur une planche que soutiennent deux pierres, des livres et des rouleaux de parchemin. Le visage de Ménippe est plus expressif et plus coloré que le visage cadavérique d'Ésope, mais la qualité des vêtements et les fonds des deux toiles décèlent l'étroite parenté qui unit les deux modèles. Ils appartiennent l'un et l'autre à la même famille et ils auraient fort bien pu faire partie de cette chaîne de galériens que le paladin des opprimés et des déshérités, don Quichotte de la Manche, animé des meilleures intentions et mal récompensé de son zèle, mit jadis en liberté.

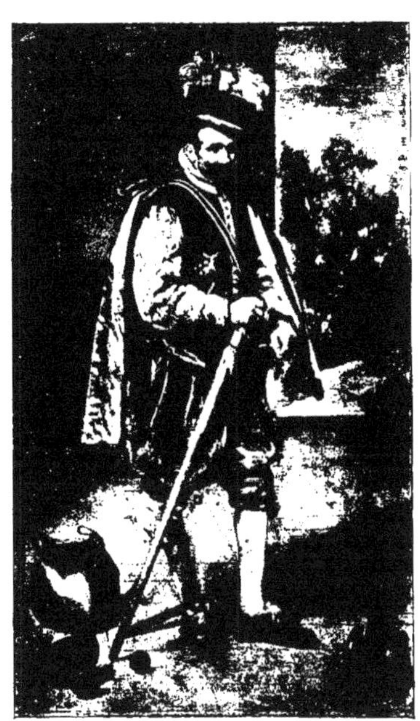

Portrait du bouffon don Juan d'Autriche
(Musée du Prado.)

On pourrait, en fait d'éloges, se borner à dire que ces deux tableaux figurent parmi les meilleures peintures de la troisième manière de Velazquez; ajoutons néanmoins la considération suivante. Comme Velazquez n'était pas tenu de ménager les susceptibilités, au point de vue de la ressemblance, de modèles aussi peu favorisés du sort, il put interpréter ceux-ci de la façon la plus franche et la plus exacte. C'est ce qui explique la spontanéité et la fermeté de la facture et l'art avec lequel certains morceaux semblent n'être qu'indiqués : il en résulte pour l'ensemble une fraîcheur et un accent qu'on chercherait vainement dans des toiles plus poussées.

Exception faite du *Géographe*, de Pablillos de Valladolid et d'El Primo, qui furent portraiturés avant le second voyage de Velazquez en Italie, les autres bouffons et les deux philosophes furent peints au cours des dix dernières années de la vie de l'artiste.

C'est alors que Velazquez, maître en son art, instruit par toute une existence de travail sérieux et médité, exécuta ses œuvres les plus surprenantes. La simplicité des moyens artistiques, l'harmonieuse synthèse de la conception et de l'interprétation, tels sont les éléments de ce qu'on a appelé sa manière abrégée ; elle serait due, d'après Palomino, aux fameuses brosses longues dont se servait l'artiste, mais ce fut là — supposé qu'il ait existé — un moyen matériel auquel ce critique et d'autres auteurs ont accordé plus d'importance qu'il n'en eut réellement.

Le passage de la seconde manière à la troisième fut, pour Velazquez, aussi insensible que l'avait été le passage de la première à la seconde. Il n'y eut point de sauts dans cette évolution, pas plus qu'il n'y en a dans celles de la nature. Chacune des toiles qui sortaient de son atelier contenait la somme de qualités qui brillait dans ses œuvres antérieures avec, en plus, les progrès faits depuis. Il est rare que les toiles de Velazquez sentent l'improvisation, et il faut sans doute attribuer la rapidité avec laquelle le maître peignit ses derniers tableaux à l'aisance technique qu'il avait acquise à la longue et dont sont garants les moyens dont il se servit à la fin de sa carrière. En outre, une fois la cinquantaine sonnée, Velazquez devint, sans doute, presbyte ; par conséquent, il fut tenu de s'éloigner de plus en plus de la toile pour peindre, et la largeur de la touche fait paraître l'exécution plus sommaire. C'est ainsi que plusieurs des œuvres de cette période sont considérées par les critiques comme de simples esquisses, à cause de leur spontanéité et de leur franchise ; et pourtant, à les examiner de près, on constate que ce sont des œuvres mûrement conçues et lentement élaborées, que l'inspiration en est soutenue, que le style y est toujours égal à lui-même, que c'est là en un mot le véritable épanouissement du génie de Velazquez.

En même temps que le maître, dans ses derniers ouvrages, interprêtait de cette façon synthétique et concise la figure et les objets, il simplifiait les moyens purement matériels de l'exécution. Il use à peine de ces empâtements qui lui étaient coutumiers au début. Dans le portrait de don Juan d'Autriche, par exemple, il n'y a qu'un léger frottis de couleur très fluide. La préparation des toiles est différente, elle aussi. La teinte rougeâtre qu'il employait tout d'abord subit des transformations successives pour aboutir enfin au ton gris uniforme des derniers tableaux. La pâte de cette préparation devient de plus en plus légère ; bientôt elle se borne à couvrir la toile, dont le grain est généralement fin, même dans les tableaux de grandes dimensions. Toutes ces circonstances ont favorisé la conservation des tableaux de la dernière manière de Velazquez. Il n'en est pas de même pour les œuvres exécutées antérieurement : l'impression rouge et les empâtements ont contribué à la longue à assombrir et à décomposer les tons primitifs.

Un autre caractère des derniers tableaux du maître est l'étonnante vérité avec laquelle ils donnent l'illusion de l'atmosphère, de cette transparente enveloppe des êtres et des choses qu'on appelait du temps du peintre « l'air ambiant ». Cette qualité, qui fait presque complètement défaut aux œuvres de jeunesse de notre peintre, prend forme au cours du premier voyage en Italie, suit les phases de la deuxième manière, et s'épanouit pendant la troisième à un tel point qu'on peut affirmer que, sous ce rapport, Velazquez n'a pas de rival.

CHAPITRE IX

Velazquez est nommé *aposentador* (grand maréchal) du palais en 1652. — Ce nouvel emploi augmente les occupations de Velazquez à la cour. — Difficultés avec lesquelles il se trouve aux prises pour venir à bout de ses travaux artistiques. — Portraits de Marianne d'Autriche du Louvre, de Vienne et de Madrid. — Portraits de l'infante Marguerite de Vienne, de Paris, de Francfort et de Madrid. — Portrait du prince Philippe-Prosper de Vienne. — Portraits en buste de Philippe IV de Madrid et de Londres. — Tableaux mythologiques de cette période. — Il n'en subsiste que le *Mercure et Argus* et le *Mars* du musée du Prado et la *Vénus au miroir* de Rokeby Park.

Peu après le retour en Espagne de Velazquez, au début de l'année 1652, l'importante fonction de grand maréchal du palais vint à vaquer. Entre les six postulants à cet emploi inscrits au *Bureo*, le roi, après rapport de ce tribunal, choisit Velazquez, bien que la majorité des voix ne se fût pas portée sur lui. Cette distinction confirma une fois de plus l'estime où le roi tenait son peintre, mais elle fut pour ce dernier une nouvelle entrave mise à l'exercice de son art. De combien d'œuvres admirables qu'aurait pu exécuter Velazquez s'il n'avait pas été assujetti à ses fonctions prosaïques l'éclosion fut-elle ainsi entravée? Palomino déjà, au siècle dernier, déplore en ces termes la singulière façon dont le monarque honorait son peintre favori : « La charge de grand maréchal du palais, d'ailleurs si honorable, est si absorbante qu'elle occupe un homme tout entier. Et, bien que l'élévation de Velazquez à des postes aussi élevés flatte l'amour-propre de nous autres peintres, elle les chagrine parce qu'elle a restreint la production de ce merveilleux artiste ». De nos jours, on a censuré plus durement et avec des arguments plus convaincants l'inexplicable manie de Philippe IV qui, lorsqu'il s'agissait de glorifier et de récompenser Velazquez, ne trouvait à lui accorder que des charges et des fonctions qui venaient compliquer ses occupations habituelles et lui créer cent tracas et soucis journaliers. Le repos et le loisir nécessaires aux travaux artistiques faisaient ainsi presque complètement défaut au maître, et, en revanche, non seulement on lui faisait attendre constamment le paiement des maigres gages qui lui étaient alloués, mais encore tout le monde, à commencer par le roi, le traitait de paresseux et de négligent, si grand était l'inconcevable mépris où l'on tenait les extraordinaires facultés de cet homme de génie destiné, comme tant d'autres, à soutenir une lutte héroïque contre les préjugés, les petitesses et l'ignorance de cette cour !

Dans un discours prononcé à la Royal Academy de Londres[1], le regretté président de cette compagnie, sir Frédéric Leighton, après avoir vanté la prodigieuse originalité et la simplicité grandiose de Velazquez, ajoutait ces mots : « Un travers espagnol, néanmoins, qui ne ternit pas son génie, borna sa production ; je veux parler de la tendance à tout subordonner au pouvoir royal ». Rien de plus vrai. Velazquez se laissa séduire par les idées répandues au XVIIe siècle chez les esprits même les plus élevés, pour lesquels l'aspiration suprême était d'entrer au service du roi. Mais qu'il paya chèrement ce manque d'indépendance ! Déjà, au temps de son entrée à la cour, nous avons vu qu'il y prit du service en qualité de domestique du roi et non comme peintre ; plus tard, ses succès artistiques lui valurent de l'avancement au palais. Ses protecteurs ne crurent pas insulter à la dignité de l'art en lui octroyant, en 1628, un salaire de 3 francs par jour, égal à celui que recevaient les barbiers du palais. C'est ainsi que Philippe *le Grand*, selon l'heureuse expression de don Pedro de Madrazo[2], rétribuait le peintre qui avait exécuté déjà l'*Adoration des Mages*, le premier portrait équestre et toutes les autres toiles de cette période ; c'est ainsi qu'il rémunérait sa production future. Velazquez, assimilé aux barbiers et aux nains du roi, recevait des « habits de

[1] Séance du 10 décembre 1889.

[2] *Discurso inaugural leido en la Academia de nobles artes de San Fernando el 20 de Noviembre de 1870.* Nous empruntons à ce discours une grande partie des observations et éclaircissements relatifs au point traité ici.

merci », et si, plus tard, on lui accorda de nouvelles pensions et autres redevances, c'était parce qu'on manquait d'argent pour lui payer les arrérages des anciennes. On continua de le rémunérer de la sorte pendant le reste de ses jours. C'est ce que le beau-père de Velazquez, Pacheco, appelle la libéralité de Philippe IV ! Voici ce qu'on lit en effet dans l'*Art de la Peinture :* « La munificence et la bonté d'un si grand roi à son égard sont inimaginables. Il (Velazquez) a son atelier dans la galerie et Sa Majesté en a une clef et y prend place presque tous les jours sur une chaise d'où Elle le regarde peindre tout à son aise. Mais ce qui passe toute croyance, c'est que le roi, au moment de l'exécution du portrait équestre, resta assis trois heures de suite, suspendant ainsi l'exercice de sa puissance et de sa grandeur. » Que la réalité était différente de ces plats récits de courtisan! Tout ce que Velazquez tint à titre gracieux du souverain fut la pension ci-dessus mentionnée de 300 ducats, en 1625, et quelques menus emplois à Séville au profit de son père Juan Rodriguez de Silva. En revanche, dans le différend qui surgit entre l'artiste et le marquis de Malpica à propos des travaux du palais, le roi donna raison au grand seigneur : à quoi bon faire attention à un humble employé faisant œuvre de ses dix doigts? Il est vrai que cet employé était immortel.

M. P. de Madrazo se fonde sur ces considérations et sur d'autres analogues pour soutenir que, parmi les ruines de la nationalité espagnole et du pouvoir royal, au sein de l'abâtardissement général, « Velazquez remplit de sa gloire tout ce règne et résume en lui la virile protestation de l'intelligente et chevaleresque Espagne contre la dégénérescence de la race en ce siècle ; c'est ainsi que ce peintre, loin d'être un protégé du roi, est le protecteur de ce même roi, de sa cour et de la société contemporaine tout entière ».

Cette nouvelle charge de grand maréchal, que Velazquez allait remplir pendant les huit dernières années de sa vie, était assez grassement rétribuée. Les appointements s'élevaient à plus de 8.000 francs par an et l'*aposentador*, de plus, avait droit au logement dans la maison du trésor, annexe de l'aile sud de l'Alcazar. Ce fut là désormais la résidence de Velazquez, qui, jusque-là, avait habité rue de la

Concepcion-Geronima, dans le pâté de maisons de Hita. En retour des appointements et de l'avancement obtenus, voici quelles étaient les obligations de Velazquez : il avait à s'occuper de tout ce qui était relatif à l'aménagement intérieur des résidences royales, à organiser les nombreux déplacements de la cour, à pourvoir au logement de la

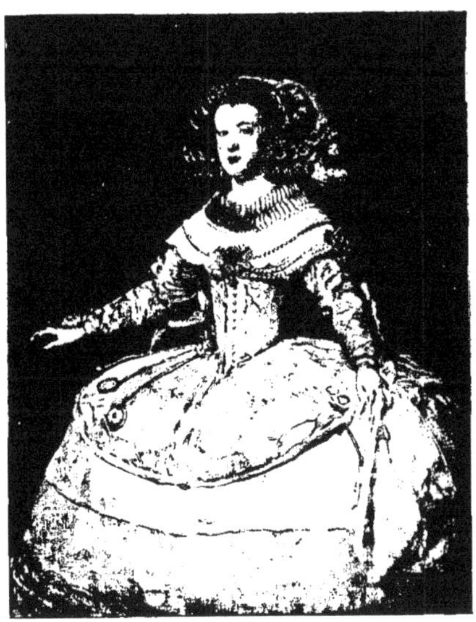

La reine Marianne d'Autriche (Musée de Vienne.)

suite du roi, à prendre soin de la décoration et de l'ameublement des palais ainsi que de tout ce qui s'ensuivait, à ordonner toutes les réjouissances, sans compter l'accompagnement obligé d'impertinences et d'ennuis qu'entraînaient ces multiples occupations.

Velazquez ne put exécuter qu'à son retour d'Italie, en 1651, le portrait de la reine Marianne d'Autriche. Cette princesse avait épousé Philippe IV à Navalcarnero en 1649, pendant l'absence du peintre. Philippe, désireux, comme il était naturel, de posséder une effigie de sa jeune femme et voyant que le retour de son peintre favori était retardé outre mesure, commanda au gendre du maître, Mazo, le premier portrait de la reine. Après ce portrait vint celui de Velazquez ; c'est, à n'en pas douter, l'image à mi-corps du musée de Vienne (n° 617), dont l'étude préliminaire existe au Louvre. Les catalogues de ces deux musées supposent que ces effigies sont celles de la belle-fille de la reine Marianne, l'infante Marie-Thérèse qu'épousa plus tard Louis XIV. Il est incroyable qu'une telle erreur subsiste relativement à une princesse si connue et si souvent portraiturée par Mazo, Velazquez et Carreño, depuis son arrivée à la cour, en 1649, jusqu'à sa mort, survenue en 1696.

Le portrait en buste du Louvre (n° 1735) fut sans doute, comme nous l'avons dit, et selon le procédé maintes fois employé par Velazquez, l'étude préliminaire dont il se servit pour le portrait de Vienne, de dimensions plus importantes. La reine, qui avait alors seize ans, est représentée de face ; elle porte l'extravagante coiffure qui figure dans tous les portraits que fit d'elle Velazquez et qui témoigne du degré d'aberration auquel peut atteindre la mode. C'est, de chaque côté de la figure, une vraie cascade de faux cheveux, de nœuds, de bijoux et de plumes. Dans le portrait de Vienne, où l'on voit une grande partie du corps, ce n'est pas seulement la coiffure qui est bizarre ; la robe ne l'est pas moins, avec son volumineux vertugadin sous lequel disparaissent les lignes naturelles du corps déformé, en outre, par un corsage ajusté et raide comme une cuirasse. La main droite est posée sur une table et la gauche tient un de ces énormes mouchoirs qu'on appelait alors *lienzos* (linges). De la ceinture pendent deux chaînes avec des montres, selon la mode du jour qui voulait que les dames, mettant à profit l'ampleur de leurs jupes, y étalassent des colifichets de toute sorte. Le blanc grisâtre de la robe rappelle certains tons de Titien, notamment celui de la robe de Lavinia, fille de ce peintre, dans le charmant portrait du musée de Dresde. Ce blanc si fin et le ton délicat de la chair, ressortant sur le vert sombre de la table et du rideau du fond, forment une de ces harmonies aux tons dégradés chères à Velazquez. Il est regrettable que l'insignifiante physionomie de la reine n'ait pas fourni à Velazquez l'occasion de modeler un masque plus expressif et plus intéressant. Ajoutons aussi qu'un restaurateur maladroit, trouvant sans doute que les traits étaient flous, retoucha les yeux, le nez et la bouche, ce qui n'a pas peu contribué à détériorer la toile.

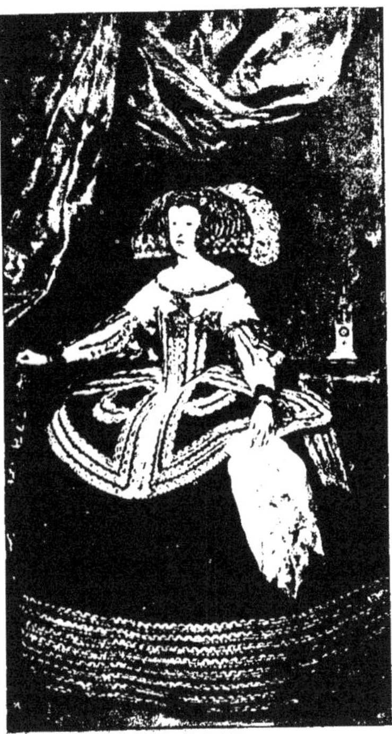
La reine Marianne d'Autriche
(Musée du Prado.)

Le même musée renferme deux autres portraits de Marianne d'Autriche attribués à Velazquez. L'un d'eux (n° 618) est une copie presque identique, en plus clair, du portrait décrit ci-dessus. Peut-être a-t-il été retouché par le maître lui-même, mais on ne peut aucunement le comprendre parmi les peintures originales. Le second (n° 605) est une médiocre imitation, peinte peut-être par un contemporain de Velazquez dont nous avons déjà parlé, le P. Juan Rizi.

Le portrait en buste du Louvre a également des repeints dans le front, ce qui donne une certaine dureté à cette partie du tableau, mais le reste est intact, et il n'y a aucun doute à élever sur l'authenticité de ce portrait, qui présente tous les caractères propres aux œuvres de Velazquez.

Quelques années plus tard, Velazquez peignit les deux portraits en pied de Marianne d'Autriche du musée du Prado (n°s 1078 et 1079), qui sont, à peu de chose près, identiques; toutefois, il y a beaucoup moins de fougue et de spontanéité dans le numéro 1078, qui n'est qu'une réplique exécutée, d'ailleurs, par Velazquez. M. Justi préfère ce numéro 1078; c'est sans doute qu'il n'a pas eu l'occasion d'examiner ces portraits côte à côte et de les comparer l'un à l'autre.

Ces portraits diffèrent de celui de Vienne par le coloris, mais la pose du personnage y est identique. Identiques aussi sont les extravagants atours imposés par le goût régnant alors en Espagne. Dans l'effigie portant le numéro 1709, la couleur délicate de la tête et des mains, l'argent des ornements appliqués sur la robe très foncée, les rouges des nœuds des manches, le ton délicat de la chaise où s'appuie la main droite, le blanc si fin du mouchoir, le carmin du rideau, tels sont les éléments d'une des harmonies les plus heureuses qui soient sorties de la palette de Velazquez. Malgré l'impression désagréable produite par la bizarre robe de la reine, c'est là certainement le meilleur portrait de femme du maître (observons ici que le nombre des portraits de femmes exécutés par notre artiste est insignifiant en comparaison de celui de ses portraits d'hommes); c'est aussi le dernier connu des portraits de la reine par Velazquez, car la *Reine Marianne en prières*, du musée du Prado (n° 1082) est, comme son pendant, le *Roi en prières*, une copie ancienne ou plutôt un pastiche.

En 1651, naquit l'infante Marguerite, premier fruit de l'union de Philippe IV avec Marianne d'Autriche. Velazquez peignit d'après la petite infante de délicieux portraits, et c'est elle qui occupe la place d'honneur dans le fameux tableau des *Menines*.

Le portrait le plus ancien que nous conservions de la charmante princesse est celui du musée de Vienne (n° 615). L'infante y paraît avoir trois ans; elle est debout et porte une robe rouge et argent. La main droite est posée sur une table où se trouve un vase de cristal avec des fleurs et que recouvre un tapis d'un bleu plus clair que celui du rideau du fond; la gauche tient un éventail fermé. Le délicieux ton blond de lin de la chevelure se marie brillamment avec le rouge délicat de la robe et le bleu du fond. Ce portrait est une des plus belles inspirations de Velazquez, et peut-être celui qui révèle le mieux ses facultés de coloriste ; c'est une fleur toute parfumée de grâce enfantine. En revanche, il n'est pas aussi ferme de dessin que d'autres œuvres de notre artiste.

Vient ensuite, d'après l'ordre chronologique, le portrait à mi-corps

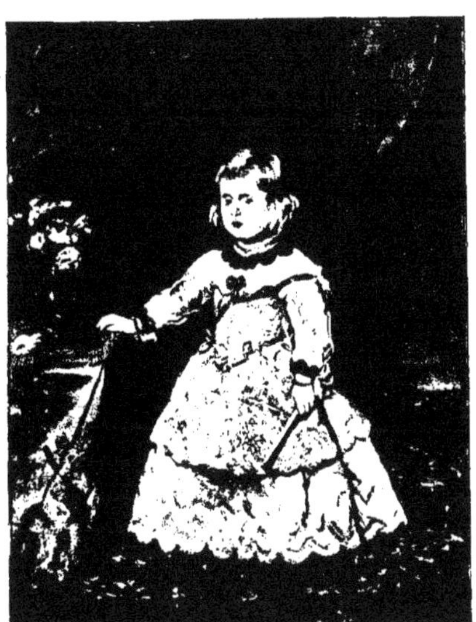

L'INFANTE MARGUERITE (Musée de Vienne.)

du Louvre (n° 1731), qui orne actuellement le Salon carré, place d'honneur de ce musée.

Dans la partie supérieure du tableau, on lit :

L'INFANTE MARGVERITE

L'infante, qui paraît avoir quatre ans, porte une robe blanche garnie de noir. La main droite est appuyée sur une chaise ; les doigts de la main gauche ont été repeints à la suite de l'addition d'une bande de toile à la partie inférieure du tableau. Le tout est dans la gamme grise propre à Velazquez. Il est difficile de donner une idée de la délicatesse de ce visage, de la douceur candide du regard et de la qualité des reflets de la ravissante chevelure. Les phrases suivantes de M. de Wyzewa résument les pensées que suggère cette œuvre admirable : « Les parfaits chefs-d'œuvre réunis dans ce glorieux Salon ont pâli devant ce portrait d'enfant : aucun n'a pu soutenir la comparaison avec cette peinture d'un art simple et puissant, qui semble ne chercher que la ressemblance extérieure et qui atteint sans autre effort à une mystérieuse beauté de formes et de couleur [1] ».

Le portrait de Vienne (n° 619), dont l'Institut Staedel de Francfort possède une réplique sans variantes appréciables qui a appartenu successivement aux collections Urzaiz, de Séville, et Péreire, de Paris, fut exécuté un peu plus tard. L'infante, âgée de six ou sept ans, est debout et porte une robe blanc grisâtre avec garnitures noires au col et aux manches, pareille à celle qu'elle a dans le tableau des *Menines*, et probablement la même. Les cheveux, au lieu d'être plats comme dans les *Menines*, sont bouclés, et la raie est faite du côté opposé. Le fond est gris rougeâtre. Un rideau cramoisi, qui retombe sur un siège en forme d'X, à droite du tableau, complète la sévère ordonnance de l'ensemble.

La tête du portrait de Vienne est un peu endommagée, et l'on y constate un assez grand nombre de repeints ; en revanche, il y a plus de *brio* et de spontanéité dans le reste du tableau que dans les parties analogues de celui de Francfort ; et l'on peut en déduire que ce dernier est une réplique, d'ailleurs non moins authentique que l'original de Vienne.

Le tableau du musée du Prado catalogué sous le numéro 1084 est, d'après la notice, le portrait de Marie-Thérèse d'Autriche, plus tard reine de France. C'est une des œuvres les plus remarquables de Velazquez. Elle représente une fillette vêtue avec un luxe excessif pour son âge : volumineux vertugadin rouge et argent, manches avec bouf-

[1] *Les Grands Peintres de l'Espagne et de l'Angleterre*. Paris, 1891, p. 60.

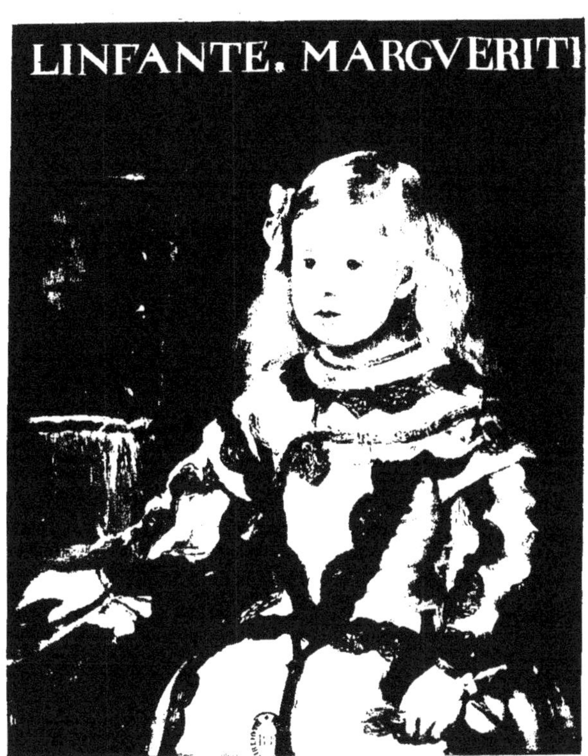

Velasquez pinx^t Photogravure Braun Clément & Cie

Portrait de l'Infante Marguerite
(MUSÉE DU LOUVRE)

fants en gaze, berthe en dentelles, bijoux et nœuds de rubans dans les cheveux et sur la poitrine.

D'après M. P. de Madrazo, auteur du catalogue, cette superbe toile aurait été commencée vers 1649 à la veille du départ de Velazquez pour l'Italie. De cette époque daterait la tête, laquelle, dit-il, porte l'empreinte du second style de l'artiste. Le reste aurait été exécuté peu de temps avant le mariage de Marie-Thérèse avec Louis XIV ; en effet, à part la tête, l'ensemble de la figure et le fond, constitué par un ample rideau rouge et un paravent également rouge, appartiennent bien à la troisième manière de Velazquez. Le professeur Justi soutient, avec arguments solides à l'appui, que ce portrait n'est pas celui de l'infante Marie-Thérèse, mais bien celui de l'infante Marguerite. Convaincu que le portrait tout entier, à part la tête, est l'œuvre de Velazquez, il suppose que la tête a fort bien pu être repeinte par un autre artiste en 1664, après la mort du maître, lorsque fut concertée l'union de Marguerite avec l'empereur Léopold.

Il faut avouer, en effet, que la tête, bien que d'un ton délicat et fin, n'a pas autant de fermeté et ne révèle pas autant de maîtrise que les autres parties du tableau. De plus, les traits ne rappellent pas ceux de la reine de France, de laquelle subsistent maintes effigies ; en revanche, ce sont bien ceux de l'infante Marguerite. La proportion qu'il y a entre la figure et la chaise qui est à côté atteste que le corps fut primitivement surmonté d'une tête plus enfantine. Tout ceci nous pousse donc à admettre l'interprétation de M. Justi, et nous devons ajouter que les parties repeintes de la tête et des cheveux trahissent le faire de Mazo : il est probable que cet artiste, plutôt que tel autre, se chargea, quatre ans après la mort de Velazquez, de rectifier les traits de l'infante et de faire au tableau les modifications que l'on y constate aujourd'hui.

C'est une œuvre d'un effet puissant, où la gamme des rouges, du rose pâle au carmin, domine et se marie au gris argenté des garnitures et au blanc si fin du mouchoir que tient l'infante de la main droite. La figure s'enlève sur le carmin riche et chaud du fond comme un exquis bijou d'émail sur le velours d'un écrin. Admirons le merveilleux génie de Velazquez qui sut, grâce à cette riche harmonie, contre-balancer l'effet désagréable produit par le plus gigantesque dès vertugadins peints par lui. Les ornements d'argent de la robe, les tulles fins des manches garnies de rubans lilas, les nœuds écarlates et le bijou du corsage sont des morceaux d'une exécution incomparable.

Il y a à Vienne une bonne copie à mi-corps de ce portrait (nº 621) attribuée à Velazquez, mais qui ne peut être considérée comme une réplique du maître. Le musée de cette ville renferme encore un autre portrait de la même infante (nº 609) debout, en robe verte à ornements d'argent, qui est également attribué à Velazquez, mais indûment, selon moi ; ce pourrait bien être une imitation du maître par Carreño.

Le premier enfant mâle issu de l'union de Philippe IV avec sa seconde femme Marianne d'Autriche fut le prince Philippe Prosper, né en 1657. Il n'était âgé que de deux ans, lorsque Velazquez fit son portrait, mais cette précipitation à peindre l'héritier présomptif n'avait rien d'étonnant : la naissance du prince avait provoqué un grand enthousiasme à la cour, où tout espoir d'un héritier mâle s'était évanoui avec la mort de don Baltasar Carlos, survenue onze ans auparavant.

Philippe IV envoya ce portrait à Vienne, en même temps que celui de l'infante Marguerite. Le prince Philippe Prosper (nº 611 du musée de Vienne) est debout, vêtu d'un costume vermillon clair et argent avec un tablier blanc. Trois hochets lui pendent de la ceinture, parmi lesquels une sonnette, comme l'habitude voulait que les enfants en portassent alors. A ses côtés, dans un petit fauteuil rouge sombre, est accroupi un chien blanc, qui, à en croire Palomino, appartenait à Velazquez. L'expression pleine de vivacité de la bête fait contraste avec la physionomie mélancolique du maladif infant, voué à un trépas prématuré et qui ne survécut que deux ans à l'exécution de son portrait. Le contraste n'est pas moins grand entre les rouges variés du coussin et de l'ample rideau qui occupe une grande partie du fond et l'exsangue visage de ce prince débile.

Ce portrait est un des meilleurs en même temps qu'un des mieux conservés de Velazquez. La misère physique du modèle est relevée par les rouges du fond et les blancs de valeur différente, mais toujours si fins, de l'ample tablier et du petit chien, qui est la note la plus brillante du tableau.

Il ne nous reste plus, pour en avoir fini avec tous les portraits connus des dix dernières années de Velazquez, qu'à passer en revue les deux portraits en buste de Philippe IV, l'un au musée du Prado

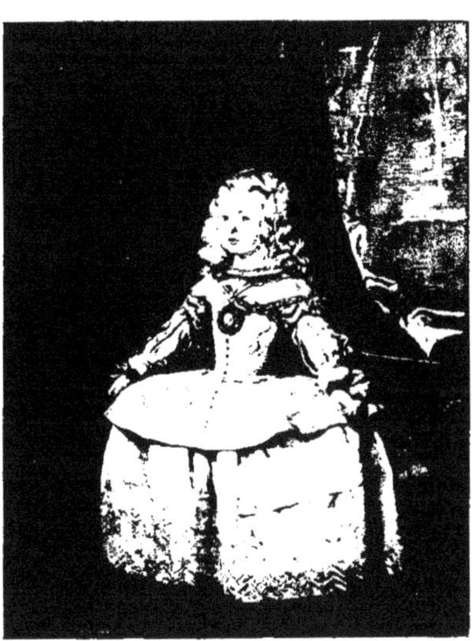

L'INFANTE MARGUERITE (Institut Stædel, Francfort.)

(nº 1080), l'autre à la National Gallery (nº 745). Le premier représente le roi âgé de près de cinquante ans, vêtu d'un pourpoint de soie noire avec une collerette unie. Philippe IV porte les cheveux longs; cette mode, qui allait bientôt prendre des proportions exagérées, commençait à s'imposer alors. Jamais peut-être Velazquez n'a aussi attentivement creusé la physionomie du roi; depuis le premier portrait exécuté en 1623, les traits sont restés les mêmes, mais ils se sont empâtés, et la mâchoire, notamment, est plus proéminente. Les cheveux et la moustache retroussée sont aussi blonds qu'autrefois ; il ne s'y mêle point de fils d'argent ; en revanche, les yeux sont plus ternes et plus tristes. On retrouve partout dans ce portrait la facture franche et ferme des derniers ouvrages de Velazquez. Malgré ces caractères, qui viennent à l'appui de son authenticité, celle-ci a été récemment mise en doute[1]. L'exécution libre et verveuse de cette superbe tête est rehaussée par des retouches aussi délicates qu'habiles distribuées à la naissance des cheveux, à la commissure des paupières et dans quelques autres parties du visage.

Il y a une infinité de copies de ce portrait. Les plus connues, d'ailleurs médiocres, sont celles du Louvre, de l'Ermitage et du Musée impérial de Vienne. Il y a aussi au musée du Prado (n° 1077) un portrait de Philippe IV en pied, revêtu de l'armure, dont la tête a été sans doute empruntée au portrait en buste. C'est un pastiche assez facile, d'un dessin hésitant et d'une exécution plus que faible, et qui, par conséquent, doit être exclu du nombre des œuvres authentiques.

Dans le portrait de Londres, le roi paraît avoir quelques années de plus que dans celui de Madrid. Le costume est noir aussi, mais plus riche et brodé d'or ; au cou, l'insigne de la Toison d'or. C'est une peinture d'un aspect admirable et d'un ton extrêmement délicat, mais, à l'étudier minutieusement, on y constate un certain essoufflement qu'il est rare de rencontrer dans les derniers tableaux de Velazquez et qu'il faut imputer peut-être à des restaurations qui auraient terni l'éclat du faire primitif.

On sait que Velazquez peignit à la fin de sa carrière cinq tableaux mythologiques destinés à la Torre de la Parada du mont du Pardo, déjà mentionnée, et au salon des Glaces du palais de Madrid. Ils représentaient *Mercure et Argus*, *Mars*, *Vénus et Cupidon* (appelée aussi *Vénus au miroir*), *Apollon et Marsyas* et *Vénus et Adonis*. De ces cinq tableaux, les deux derniers, qui ornaient le salon des Glaces

[1] M. Walter Armstrong (*ouv. cité*, II, p. 88) dit : « I confess that to me it seems a copy painted no doubt in the masters studio ». Ce critique suppose aussi que c'est une copie avec quelques variantes du portrait en buste de Londres. Nous ne pouvons que signaler cette assertion, tout en rappelant que le roi paraît plus âgé dans son portrait de Londres, ce qui démontre la priorité de celui de Madrid.

en compagnie de *Mercure et Argus* et de *Vénus et Cupidon*, ont été détruits dans l'incendie de 1734; il ne subsiste donc que les trois premiers[1].

Le *Mercure et Argus* du musée du Prado (n° 1063) décorait, comme son pendant, *Apollon et Marsyas*, un trumeau du salon des Glaces. Argus s'est endormi, la tête sur sa poitrine, et Mercure épie le moment d'asséner le coup mortel. Derrière le groupe de ces deux personnages on voit de profil la vache Io, dont la tête se détache sur un ciel dont l'éclat contraste avec l'obscurité de la grotte occupée par les acteurs principaux de cette scène.

Cette toile a une forme oblongue exagérément allongée, motivée par l'emplacement auquel on la destinait, ce qui obligea Velazquez à disposer ses figures presque horizontalement et la tête basse. Les nus, notamment les jambes d'Argus, plus en lumière que le reste, sont des morceaux d'un faire admirable, et le tableau se maintient dans une note grise délicieuse renforcée par de délicates teintes carminées.

Le *Mars* du musée du Prado (n° 1102) fut peint pour la Torre de la Parada, où il se trouvait placé entre l'*Ésope* et le *Ménippe*, philosophes équivoques dont sa mine rébarbative le rend le digne compagnon, malgré le nom mythologique dont il est affublé. Velazquez ne dément jamais son instinct de peintre réaliste, pas même dans les scènes mythologiques de la fin de sa vie; il l'y affirme avec autant de fougue que plus de vingt ans auparavant dans ses fameux *Buveurs*.

Mars — si nous en exceptons le visage — est la plus classique, par la forme et le geste, de toutes les représentations mythologiques de Velazquez. Assis de face, à demi nu, le dieu a la tête couverte d'un casque dont l'ombre accentue encore ce qu'a de suspect sa physionomie. Il soulève sa jambe gauche, qui s'arc-boute contre le bord de la couche sur laquelle est assise la figure. Une draperie bleue est jetée sur le ventre, et la main droite est cachée sous un manteau rougeâtre. Aux pieds de Mars, un bouclier, une épée et d'autres attributs guer-

[1] M. Cruzada Villaamil suppose que Velazquez peignit, outre ces toiles, un autre tableau représentant *Psyché et l'Amour* que, d'après lui, on a confondu indûment avec *Vénus et Cupidon* (*Vénus au miroir*).

riers. La disposition générale de la figure, notamment le geste du bras gauche posé sur le genou, le menton dans la main, rappelle à MM. Justi et Michel l'attitude de la fameuse statue du *Pensieroso* exécutée par Michel-Ange pour le monument funéraire de Laurent de Médicis. C'est un superbe morceau de nu, d'une grande robustesse, peint de la façon la plus large.

Il subsiste encore un troisième tableau mythologique de cette période ; c'est *Vénus et Cupidon*, connu en Espagne, nous l'avons dit, sous le nom de *Vénus au miroir*. Il offre la particularité d'être le seul nu féminin que nous présente l'œuvre entier de Velazquez, et encore est-il étonnant qu'un tel spécimen existe, étant donné la réprobation qu'excita ce genre en Espagne, où moralistes et même critiques d'art le condamnaient à l'envi. A la cour, sous l'influence peut-être des bacchantes, des Vénus et des Grâces de Titien et de Rubens, il régna sans doute une certaine tolérance à l'égard de tels sujets ; c'est ce qui explique que Velazquez en ait traité un certain nombre, à tout le moins une *Vénus et Adonis*, qui a disparu, et cette *Vénus au miroir.*

Nous avons déjà dit que ce tableau faisait partie de la décoration du salon des Glaces à l'Alcazar, avant l'incendie de 1734. Il échappa au sinistre, et Ponz le vit chez le duc d'Albe[1] ; de là, il passa au favori de Charles IV, le prince de la Paix, dont les biens furent confisqués. La *Vénus au miroir* fut alors vendue à Londres, en 1813, et acquise sur le conseil de sir Thomas Lawrence[2], — ainsi l'affirme Stirling — par M. Morritt, dont les descendants l'ont conservée à la place d'honneur dans la grande salle de leur domaine de Rokeby Park, près de Barnard Castle.

L'authenticité de cette œuvre a trouvé de nombreux incrédules en Espagne, tant à cause du sujet que parce qu'un très petit nombre de personnes en soupçonnaient l'existence ; mais, après qu'elle eut été exposée à Manchester en 1857 et à Londres en 1890 (à l'Exposition des *Old Masters*), le bien fondé de l'attribution a été reconnu. A l'aspect

[1] *Viaje de España*, t. V, p. 333.

[2] Curtis, dans son catalogue, prétend que cet achat fut fait sur la recommandation de Reynolds ; mais, celui-ci étant mort en 1792, l'assertion tombe d'elle-même.

de la toile, tout doute s'évanouit : c'est bien là le style, le faire inimitable de Velazquez.

Vénus, complètement nue et étendue sur un lit de repos, tourne le dos au spectateur. Elle se contemple dans un miroir à monture

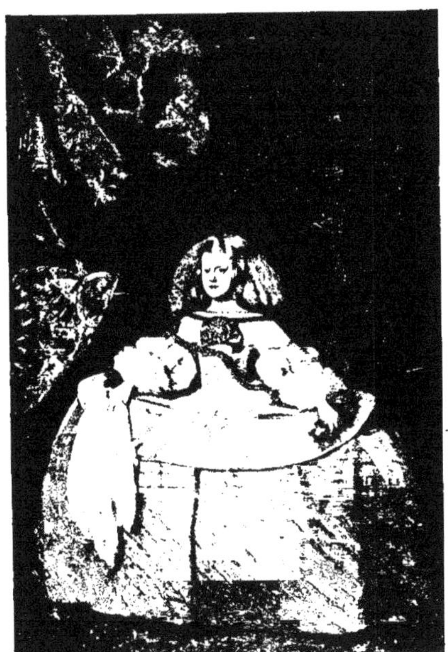

L'INFANTE MARGUERITE (Musée du Prado.)

d'ébène que lui tend Cupidon agenouillé sur le lit. La gracieuse courbe de ce corps féminin s'enlève sur une draperie grise contrastant avec d'autres draperies blanches et un bout de voile verdâtre; au fond, un rideau rouge sombre sur lequel ressortent les tons clairs de la chair. Le morceau capital de l'œuvre est le corps de Vénus, que Velazquez a interprété avec la conscience et le souci de vérité qu'il mettait dans toutes ses représentations; si grande est cette fidélité qu'on peut constater la déformation de la taille causée sans doute sur le corps du modèle par l'emploi du corsage ajusté. En revanche, les jambes, d'une forme et d'une couleur charmantes, sont le morceau le plus réussi de l'œuvre. Le Cupidon, au second plan, penchant gracieusement la tête, rappelle par son ton rougeâtre la figure du dieu Mars ; il se trouve dans l'ombre, et cette nouvelle harmonie, plus discrète que celle du premier plan, contribue à l'effet général. On a prétendu que le visage de Vénus, vaguement reflété d'ailleurs par le miroir, est le même que celui d'un des personnages des célèbres *Fileuses*. Tout dans cette toile décèle qu'elle fut exécutée en même temps que *Mercure et Argus* et le *Mars*. Les trois tableaux sont peints dans une gamme identique et, en outre, par une certaine prédominance des tons violacés, se rapprochent du *Couronnement de la Vierge* dont nous allons parler. Le faire n'est pas moins large ici que dans les deux autres scènes mythologiques, mais il est plus poussé et plus attentif. Bref, c'est une des œuvres capitales du maître, et, exception faite de quelques portraits que nous avons décrits, c'est la peinture la plus importante qu'il y ait de Velazquez en dehors du musée du Prado.

CHAPITRE X

Caractères particuliers des *Fileuses* et des *Menines ;* importance exceptionnelle de ces tableaux dans l'œuvre de l'artiste. — Dossier de l'admission de Velazquez dans l'ordre de Santiago. — Dernier portrait du peintre. — Tableaux religieux de cette période : *Le Couronnement de la Vierge* et *Saint Antoine abbé visitant saint Paul premier ermite*, ou *les saints Ermites*.

Parmi les œuvres les plus caractéristiques et les plus personnelles de Velazquez, il n'en est pas qui soient aussi célèbres que les *Fileuses* et les *Menines*. Ces toiles furent peintes pendant les dix dernières années de sa vie, et probablement à la fin de cette période. L'une et l'autre sont des représentations de la vie réelle interprétées de la façon la plus véridique. De plus, les sujets qui frappèrent l'attention du peintre ne furent pas transposés, comme c'était et comme c'est encore l'habitude courante. Au lieu de reproduire les scènes dans son atelier, avec un éclairage *ad hoc*, à l'aide de modèles de profession, Velazquez les copia sur place, comme on procède pour une photographie instantanée. Il installa son atelier dans l'endroit même qu'il voulait reproduire, et peignit ce qu'il voyait. L'éclairage du tableau fut la vraie lumière qui baignait la scène et les modèles se trouvèrent être les acteurs de cette scène. Cette innovation dans l'art de la peinture, à laquelle pendant longtemps la critique ne prêta pas attention, est un des motifs qui nous poussent aujourd'hui à considérer Velazquez comme le plus grand des initiateurs. Et c'est pourquoi tous ceux d'entre les artistes qui cherchent dans l'étude directe de la nature la source première de leur inspiration ont leurs regards tournés vers lui[1].

[1] M. Stevenson (*ouvr. cité*, p. 18) dit que les *Menines* sont « an absolutely unique thing in the history of Art ». D'après cet auteur, les *Menines*, les *Fileuses* et quelques autres œuvres de la dernière manière du maître sont des « impressionistic compositions ».

Le tableau des *Fileuses* (nº 1061 du musée du Prado) représente l'intérieur d'un de ces ateliers pour la fabrication des tapisseries qui existaient alors à Madrid, dans la calle de Santa Isabel. Velazquez devait y fréquenter, tant à cause de sa charge à la cour que de l'importance artistique de la manufacture. L'atelier communique au moyen d'une arcade avec une autre salle, assez petite, dont le plancher est surélevé comme celui des scènes de théâtre.

Dans la première pièce sont cinq figures qui forment divers groupes ; ce sont des ouvrières vaquant à leurs travaux. L'intérêt se porte principalement sur deux d'entre elles placées au premier plan : une vieille, qui file au rouet, et une jeune, en train de dévider un écheveau et tournant le dos au spectateur. Cette dernière figure est la plus belle et la plus captivante de l'œuvre. La jeune ouvrière porte une chemise et une jupe verte, mais une partie de ses belles et blanches épaules, de son cou, de son bras et de sa jambe gauches sont à découvert. Cette charmante fileuse est la note claire du tableau, plongé presque tout entier dans la pénombre.

Dans la petite salle du fond se déroule une scène qui n'a aucun rapport avec celle du premier plan. Vivement éclairées par des rayons de soleil qui pénètrent par une croisée latérale invisible, trois dames élégamment vêtues examinent une tapisserie à sujet mythologique suspendue au fond de la pièce, où se trouve en outre un violoncelle appuyé contre un escabeau. L'une des visiteuses se détourne d'un geste plein de grâce et a l'air de regarder quelque chose ou quelqu'un placé devant elle.

Le contraste entre l'éclairage et le sujet de ces deux scènes, la disposition des groupes équilibrés avec tant de naturel, la diversité des harmonies, les admirables jeux de lumière et d'ombre, et surtout la vérité et la vie avec lesquelles sont rendus les mouvements des fileuses, font de ce tableau l'œuvre la plus colorée et la plus vivante de Velazquez. Mengs en a dit que c'est la volonté seule qui l'a peint ; Charles Blanc, que « jamais la vie n'a été exprimée avec autant de prestige qu'elle l'est ici dans la figure d'une jeune ouvrière vue de dos, qui est penchée haletante sur sa besogne » ; M. P. de Madrazo, dans un article publié par l'*Art*[1], résume ainsi les observations qu'il consacre à l'atmosphère dont cette toile est enveloppée : « En vertu de je ne sais quelle loi d'optique inconnue aux autres peintres, l'air ambiant interposé entre le spectateur et la toile se combine avec l'œuvre de l'artiste et termine si prodigieusement les coups de brosse laissés par celui-ci à l'état embryonnaire, que le chaos qui règne dans cette surface vue de près se dissipe et s'éclaircit à mesure que l'on s'en éloigne. Alors, l'espace s'ouvre devant vos yeux, la toile se creuse ; là où il n'y avait qu'un seul plan barbouillé et confus vous apercevez les plans divers de toute une vaste scène ; la couleur indécise et opaque du premier brouillard se change en atmosphère ; la vie commence, etc. »

La toile sur laquelle Velazquez commença son tableau était moins grande qu'elle ne l'est maintenant ; en effet, à la toile primitive ont été ajoutées deux bandes latérales et une autre bande plus considérable dans la partie supérieure du tableau. Il ne faut pas attribuer ce fait à l'insuffisance des dimensions de la toile, comme c'est le cas dans presque tous les grands tableaux de l'auteur : si l'on compare la préparation de la toile primitive à celle des bandes ajoutées plus tard, on s'aperçoit que la première est plus épaisse que celle qu'employait d'ordinaire Velazquez ; donc, la toile en son entier ne fut pas apprêtée d'un seul coup. Malheureusement, le tableau est très restauré, surtout dans ses parties inférieure et latérales ; il est probable qu'il fut endommagé au moment du fameux incendie de 1734. L'excès de chaleur dut le craqueler, et force fut de le réparer : les traces de cette restauration sont visibles dans tout le menu réseau produit par ces craquelures, dont les sillons se trouvent embus de nouvelles couleurs qui ont changé avec le temps. Ces repeints, particulièrement apparents aux environs des coutures qui relient entre eux les différents fragments de la toile, ont défiguré à tel point la facture primitive que d'aucuns ont supposé que les bandes supérieure et latérales ont été ajoutées après coup. Le tableau original de Velazquez n'aurait donc compris que la partie

[1] *Quelques Velazquez du Musée de Madrid* : « *Les Fileuses* ». (*L'Art*, 1878, t. IV.)

centrale de la composition. Je ne partage pas cette façon de voir, car, si vous supprimez la tache claire de l'arcade du fond, vous enlevez au tableau le puissant effet de sa perspective. De plus, sans cette adjonction, il y aurait moins d'espace au-dessus des figures, et l'on sait que Velazquez, dans quelques-uns des tableaux de sa dernière époque, affectionna ce procédé, qui lui permettait de donner plus aisément l'illusion de l'atmosphère[1].

Le tableau des *Fileuses* est une œuvre singulièrement belle et qui remporterait la palme parmi les dernières productions de Velazquez si une œuvre encore plus prodigieuse ne venait la lui ravir : nous voulons parler du tableau (n° 1062 du musée du Prado) universellement connu sous le nom des *Menines*.

Cette toile représente une scène de la cour, et le principal personnage en est l'infante Marguerite à l'âge de cinq ou six ans, ce qui permet d'assigner comme date d'exécution du tableau l'année 1656 ou 1657. L'infante occupe le centre de la composition : elle est vêtue de cette même robe blanche que nous avons déjà décrite lorsque nous avons étudié les portraits de Vienne et de Francfort, et ses deux menines l'entourent. L'une d'elles, doña Agustina Sarmiento, à genoux devant l'infante, lui présente un flacon en *bucaro*, tandis que la seconde, doña Isabel de Velasco, se tient debout à sa gauche. A droite du tableau, au premier plan, se trouve un groupe composé de deux des nains de la cour, Mari Barbola, vrai monstre, un des types les plus repoussants de cette corporation, et Nicolasico Pertusato, hydrocéphale au corps rabougri, qui agace du pied un énorme mâtin accroupi devant les nains et sommeillant à demi. L'extrémité opposée du tableau est occupée par l'envers d'une grande toile posée sur un chevalet devant lequel se trouve Velazquez lui-même avec palette, pinceaux et appui-main ; l'artiste est en train de fixer ses modèles, dont un miroir placé au fond de la salle réfléchit les traits et qui ne sont autres que le roi Philippe IV et la reine Marianne d'Autriche. Au second plan, dans la pénombre, doña Marcela de Ulloa, dame d'hon-

[1] On constate un arrangement analogue dans les *Menines* et dans les *Ermites*.

neur, vêtue d'une mante, s'entretient avec un *guardadamas;* enfin, tout au fond de la pièce, sur le seuil d'une porte grande ouverte, vivement éclairé par un foyer lumineux qui contraste avec le jour apaisé du reste de la scène, apparaît l'*aposentador* de la reine, don

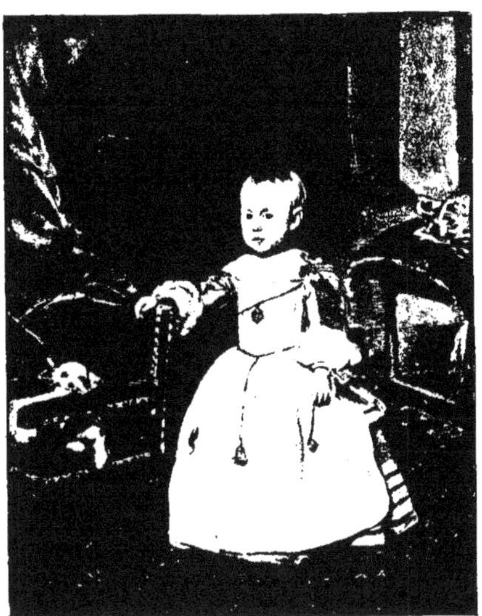

L'infant don Philippe Prosper (Musée de Vienne.)

José Nieto. L'endroit où se tiennent ces personnages est la chambre du Prince, où Velazquez avait installé son atelier.

Il serait oiseux d'énumérer toutes les appréciations inspirées par ce tableau, que Luca Giordano a appelé la théologie de la peinture. A l'aspect de cette scène purement familière et intime, où rien de transcendant ne se passe, l'observateur rendu perplexe par la simplicité même qui l'enchante, se demande tout d'abord : Quel a été le but de l'auteur? A-t-il voulu tout simplement peindre le portrait de l'infante Marguerite, qui est le centre et la figure la plus éclairée du tableau, avec, comme accessoires, les autres parties de la composition? Cette toile singulière fut-elle suggérée à Velazquez par l'entrée de l'infante escortée des menines et de sa suite, dans le moment qu'il peignait le roi et la reine, comme en fait foi la glace du fond? Ou l'idée lui en fut-elle donnée par le roi et la reine, qui, placés relativement à la scène réelle comme l'est le spectateur à l'égard du tableau actuel, avaient pu trouver ce sujet à leur goût? Quelle que soit la genèse de cette toile, il est hors de doute que Velazquez ne pouvait trouver de sujet qui convînt mieux à ses aptitudes et qui lui permît de les manifester d'une façon plus magistrale. Il n'y a point d'œuvre de lui où la matière ait aussi bien porté l'artiste. Velazquez, peintre réaliste par tempérament et par éducation, se surpassa lui-même dans cette œuvre, à tel point que celui qui considère avec attention ce tableau dans des conditions favorables d'éclairage et d'éloignement, croit assister à la scène qui y est représentée.

Quel démenti éclatant inflige cette peinture aux nombreuses personnes qui mesurent l'importance des œuvres d'art à la transcendance de leurs sujets! De combien de toiles historiques ou religieuses, de combien de tableaux à thèse avons-nous perdu le souvenir, tandis que se maintient immarcescible la fraîcheur de cette scène intime de famille! Cela provient de ce que le tableau des *Menines* nous émeut d'une façon absolue indépendamment du sujet qu'il représente. Et, comme les divers éléments de cette peinture : lignes, couleur, lumière, proportions, clair-obscur, etc., n'ont d'autre finalité que l'art en soi, il s'ensuit que leur attraction sur nous ne peut rien perdre de son intensité.

Il ne faudrait pourtant pas déduire de ces considérations que la première scène venue suffise à inspirer un chef-d'œuvre. Si tel est le cas ici, c'est que Velazquez a su coordonner de la façon la plus harmonieuse les diverses parties de la composition, disposant sa couleur le plus ingénieusement du monde, variant son éclairage de façon à faire converger l'intérêt sur la figure de l'infante surgissant des demi-teintes qui enveloppent la pièce, et à raviver la pénombre dans laquelle l'atelier est plongé au moyen des deux points lumineux du fond : le

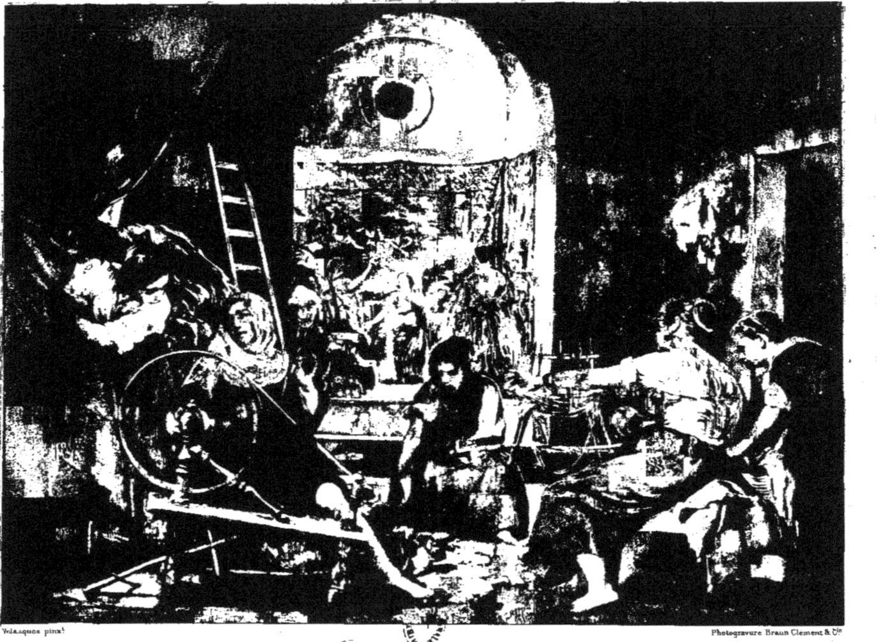

Velazquez pinx[t]	Photogravure Braun Clement & Cie

Les Fileuses

(MUSÉE DU PRADO)

miroir et la lumière éclatante qui pénètre par la porte. Ce qui achève de donner un grand air de vérité au tableau, c'est la disproportion anormale existant entre les figures et la hauteur de la toile. L'espace vide au-dessus des têtes est assez considérable pour que l'on puisse découvrir le plafond, dont les lignes et l'étonnant modelé contribuent à donner l'illusion de la profondeur et de l'atmosphère. Ajoutons à cela que la facture est des plus habiles, brouillée si l'on s'approche du tableau, mais d'un effet extraordinaire dès qu'on s'en éloigne, que les rapports des valeurs sont sagement mesurés, et l'on n'aura exprimé qu'une faible partie de tout ce qu'il y a à dire pour expliquer l'attirante énigme de ce tableau. Le résultat atteint par Velazquez est si merveilleux qu'il n'est pas étonnant qu'on ait estimé cette œuvre « la plus parfaite étude de couleur et de valeurs qui existe [1] ».

Si l'on avait suivi au musée de Madrid l'exemple donné par les musées de Dresde et d'Amsterdam, si l'on avait isolé et placé dans des conditions spéciales d'éclairage et d'éloignement le tableau des *Menines*, l'œuvre aurait atteint son maximum d'intensité. Dans les conditions actuelles, pour en jouir complètement, il faut faire un effort d'attention et suppléer ainsi à la défectuosité de la mise en place.

Une légende s'attache aux *Menines*. Lorsque Velazquez eut achevé ce tableau, Philippe IV lui aurait fait observer qu'il y manquait quelque chose, et, prenant au maître ses pinceaux et sa palette, il aurait peint la croix de l'ordre de Santiago sur le pourpoint de la figure où Velazquez s'est représenté lui-même. On savait déjà du temps de Palomino que cette croix fut ajoutée au tableau par ordre du roi après la mort de l'artiste. Nous sommes en mesure aujourd'hui de tirer au clair tout ce qui se rapporte à cet épisode, grâce à certains documents des Archives historiques nationales connus de vieille date et publiés par M. Cruzada Villaamil [2], et surtout à d'autres documents encore inédits des archives secrètes des ordres militaires espagnols [3].

[1] *The Museum of the Prado*, par Royal Cortissoz (*Harper's Monthly Magazine*, mai 1895).

[2] Dans ses *Annales* que nous avons souvent citées.

[3] Je dois d'avoir pu compulser ces documents à l'amabilité de don Francisco de Uhagon, le distingué bibliophile, ministre du tribunal des ordres militaires, lequel m'a accordé en outre l'autorisation de publier le fac-similé de la généalogie de Velazquez.

En puisant à ces deux sources, il m'a été possible de reconstituer le véritable historique de cette affaire. Le voici :

Philippe IV signa, le 12 juin 1658, une cédule royale octroyant l'habit de Santiago à Diego Velazquez et chargeant le conseil des ordres de Santiago, Calatrava et Alcantara d'ouvrir une enquête relative à la noblesse de l'impétrant, conformément à la règle de l'ordre. Le 15 juillet, Velazquez produisit sa généalogie écrite de sa main. Ce jour même, le conseil décida qu'une double enquête serait ouverte, à Monterey et Tuy, sur les confins de la Galice, pour ce qui avait trait aux ascendants natifs de Porto, et à Séville, lieu d'origine de l'artiste lui-même et de ses ascendants maternels. Environ trois mois plus tard, le 3 octobre, don Gaspar de Fuensalida, greffier du roi, ami intime de Velazquez et son collègue à la cour, déposa un cautionnement de trois cents ducats d'argent (825 francs de notre monnaie) en garantie des débours indispensables pour l'enquête et les preuves. Il y a tout lieu de croire que le grand artiste ne possédait pas cette somme puisqu'il fut obligé d'avoir ainsi recours à la bourse de son ami. L'examen des preuves dura plusieurs mois et l'on remplit un grand nombre de feuilles des déclarations faites par plus de cent témoins des différentes régions galiciennes où se transportèrent les commissaires du conseil. Ceux-ci complétèrent leur enquête à Madrid et à Séville. A Madrid témoignèrent, entre autres, les peintres Alonso Cano, Carreño et Zurbaran, et un autre artiste moins connu, Angelo Nardi.

Dans ce fatras de déclarations, à peu près toutes semblables, il n'y a à relever que certaines dépositions dans ce goût : « Le témoin n'a jamais ouï dire que Velazquez ait exercé le métier de peintre ni qu'il ait vendu aucun tableau ; il n'a pratiqué son art que pour son plaisir et afin d'obéir au roi, dont il a décoré le palais et à la cour duquel il remplit des charges honorables ». Ces phrases, extraites de la déposition d'Alonso Cano, se retrouvent dans les témoignages d'autres peintres et en général dans presque toutes les déclarations, notamment dans celles du marquis de Malpica, de don Félix Machado de Silva, marquis de Montebello, noble Portugais d'une rare intelligence, du marquis de Montalban, etc. Et pourtant, il existait alors dans les archives du palais, où ils étaient encore il y a peu de temps, des documents relatifs aux sommes versées à Velazquez à diverses reprises pour prix de ses tableaux. Il est vrai que la modicité de ces sommes est aussi dérisoire que nous paraissent méprisables les préjugés de

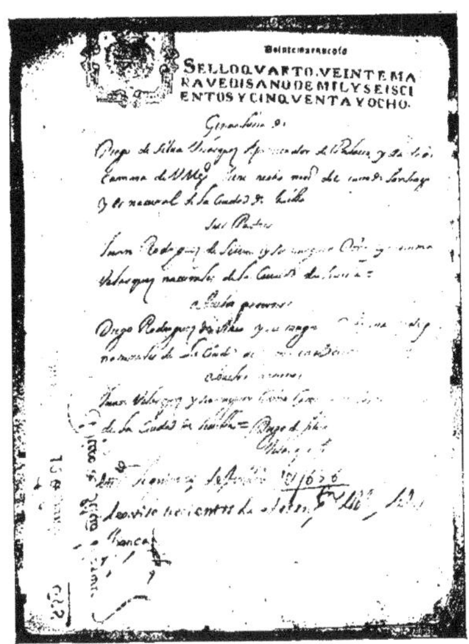
SELLO QVARTO. VEINTE MARAVEDIS AÑO DE MIL Y SEISCIENTOS Y CINQVENTA Y OCHO.

AUTOGRAPHE DE LA GÉNÉALOGIE DE VELAZQUEZ.

cette société qui mésestimait tout labeur, fût-ce un travail aussi artistique que l'exercice de la peinture.

Malgré l'hypocrisie avec laquelle on s'ingéniait à prouver la noblesse de Velazquez, malgré l'unanimité des dépositions, les membres du conseil ne durent pas s'estimer satisfaits, puisque, une fois l'enquête terminée, ils déposèrent, le 26 février 1659, un rapport aux termes duquel « ils approuvaient l'âge, la *limpieza* (pureté de sang) et le lignage, mais réprouvaient la noblesse des ascendants paternels et maternels ainsi que la noblesse dē la *varonia* (lignée mâle) ».

Velazquez, en réponse, produisit un document établissant que ses parents à Séville avaient été exemptés de la *blanca de la carne*, tribut que ne payaient point les nobles ; mais le conseil n'en fut pas ébranlé : il rendit, le 2 avril, un décret défavorable à notre artiste, à la suite de quoi le roi sollicita du pape Alexandre VII une dispense pour défaut de noblesse.

Le dossier relatif à cette affaire, qui est conservé dans les Archives historiques nationales et provient du château d'Uclès, propriété de l'ordre de Santiago, contient sur la couverture une note ainsi rédigée : « Le bref de Sa Sainteté arriva le 29 juillet 1659 et, en conséquence, l'habit fut octroyé le jour même à Velazquez ». Cruzada Villaamil, qui ignorait l'existence d'autres documents dans les archives secrètes des ordres, s'en tint à cette note, ajoutée sans doute au dossier par quelqu'un qui n'était pas au courant des faits. Ce critique s'inscrit donc en faux contre l'assertion de Palomino, qui affirme que Velazquez reçut l'habit le 28 novembre 1658.

Les deux biographes sont dans leur tort. Le bref, dont on conserve l'original, fut expédié d'Albano par le pape le 7 octobre 1659. Cet acte accordait au roi, qui l'avait humblement sollicitée, la dispense réclamée, afin que Velazquez pût recevoir l'habit, malgré le défaut de noblesse de ses aïeux. Au reçu du bref, le conseil des ordres exposa au roi que la remise de l'habit à Velazquez devait être précédée de la promulgation d'une cédule lui conférant la *hidalguia* (noblesse). Cette résolution fut signée le 28 novembre 1659, et le jour même, détail à signaler, le roi parapha la cédule suivante : « En tant que Roi et seigneur naturel qui ne reconnais point de supérieur dans le temporel, de par ma propre initiative, ma sagesse infaillible et mon pouvoir royal et absolu, je crée *hijo dalgo* le dit Diego de Silva, mais seulement aux fins de l'instance ». Un jour avant l'expédition de ces deux documents, c'est-à-dire le 27 novembre 1659, les membres du conseil donnèrent l'ordre de faire remise de l'habit de Santiago à Velazquez. Ainsi se termina cette affaire, qui fut l'objet de tant de démarches pendant près d'un an et demi et qui aurait été bâclée en un clin d'œil s'il fallait attacher de l'importance à la légende que nous rapportions tout à l'heure et d'après laquelle Philippe IV aurait ajouté de sa main la croix de Santiago au portrait de Velazquez dans les *Menines*.

Ce portrait en lui-même est d'un grand intérêt et personne ne peut

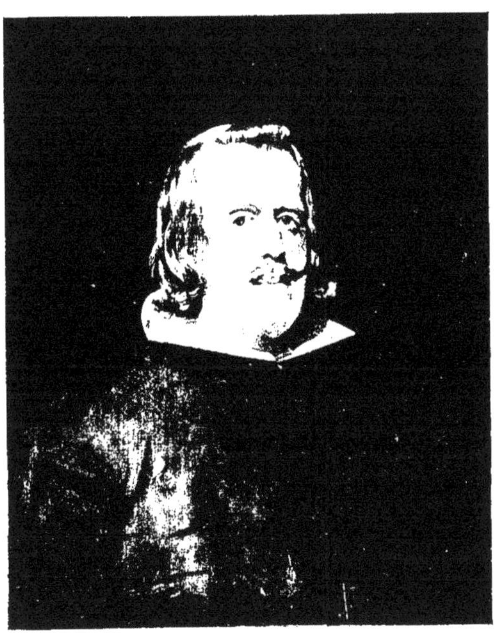

Portrait du roi Philippe IV (Musée du Prado.)

douter qu'il ne reproduise les traits de Velazquez : nous avons vu que tel n'était pas le cas pour l'effigie du tableau des *Lances*, sur laquelle il y a divergence d'opinions, quoique nous croyions que c'est bien là le portrait du maître. Le Velazquez qui nous est présenté dans les *Menines* est un homme d'une allure élégante sans afféterie, occupé à peindre ; il se tient debout et porte l'habit noir de cour. Nous soupconnons qu'ici, comme dans le portrait en buste de Valence, il faut voir dans la chevelure touffue du maître une perruque. Il n'y a pas trace de ces fameuses brosses longues avec lesquelles, à en croire Palomino, Velazquez fit merveille; les pinceaux sont fins, et d'une dimension ordinaire. La palette, à laquelle on a voulu arracher le secret de la technique du maître, est petite, et on n'y distingue que quelques couleurs, à savoir le vermillon, le blanc, la terre de Séville et le carmin; il y a l'indication de trois ou quatre tons sombres qui pourraient être le noir et des bruns, mais le bleu et le jaune, dont se servait certainement Velazquez, font défaut; ainsi la palette figurée dans les *Menines* ne contient pas la gamme complète des couleurs employées par le maître; toutefois, on peut affirmer, vu la simplicité de ses procédés et la facilité de sa technique, que les éléments de son art étaient peu compliqués.

Pendant les dix dernières années de sa vie, Velazquez cultiva également le genre religieux. Le musée du Prado en renferme deux spécimens : *Le Couronnement de la Vierge* (n° 1056) et *Saint Antoine visitant saint Paul* (n° 1057) ou *les saints Ermites*.

Le premier de ces tableaux était destiné à l'oratoire de la reine Marianne. La Vierge, figure d'une grande beauté et d'une dignité parfaite, est assise sur des nuages entre le Père et le Fils qui vont lui poser sur la tête une couronne de fleurs. Au-dessus, sous la forme de la colombe symbolique, le Saint-Esprit apparaît dans une gloire. Deux anges soutiennent le manteau de la Vierge, dont les yeux baissés voilent les paupières. Les doigts de la charmante main droite que Marie porte à son sein se fondent délicatement avec les tons environnants, effet que l'on retrouve dans certaines mains du Greco, comme le remarque fort à propos M. Justi. La Vierge porte un manteau bleu et une tunique rouge. Il y a moins de noblesse dans les figures du Père et du Fils, qui portent, l'un et l'autre, des manteaux rouges comme la tunique de la Vierge et des robes violettes. Rarement Velazquez a été mieux inspiré que dans les quatre têtes blondes de séraphins à ailes sombres qui volent dans la partie inférieure de la toile.

M. Justi se prononce contre la dissonance produite, selon lui, par le contraste entre les tons violets, bleus et pourpres qui prédominent dans ce tableau, tandis que M. Lefort, au contraire, vante l'art consommé avec lequel Velazquez a parcouru toute la gamme des rouges et des bleus, se bornant presque exclusivement à l'emploi de ces couleurs combinées avec des gris argentés, d'une finesse et d'un éclat admirables. Il en résulte, à son avis, une harmonie d'un charme

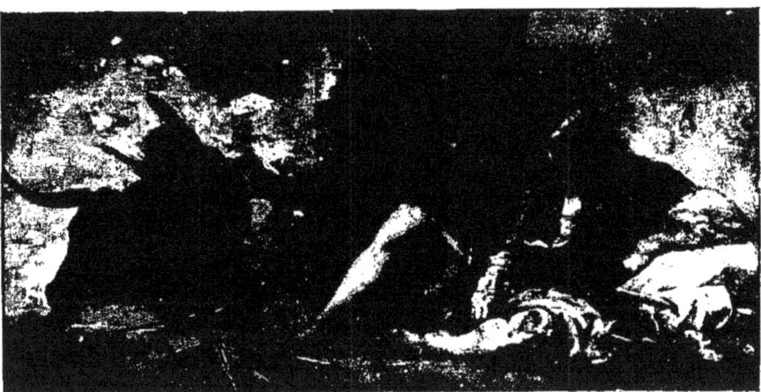

MERCURE ET ARGUS (Musée du Prado.)

singulier. Et, en vérité, c'est là une des rares toiles de Velazquez où le maître ait voulu faire œuvre de coloriste, employant des oppositions violentes de tons brillants, au lieu des tons éteints, riches en harmonies grises, qui lui étaient coutumiers.

Si nous ne savions pas que ce tableau était destiné à l'oratoire de la reine Marianne et qu'il doit, en conséquence, être rangé parmi les dernières productions de l'artiste, la date approximative de son exécution nous serait fournie par l'aspect même de la toile, contemporaine, sous le rapport du coloris et de la facture, du *Mars* et du *Mercure et Argus*.

Velazquez peignit à la fin de l'année 1659 le second des tableaux religieux de cette période : *Saint Antoine et saint Paul*, destiné à l'ermitage de Saint-Antoine du Buen Retiro. Tout fait croire que ce fut là sa dernière œuvre, car il est peu probable qu'au cours des derniers mois de sa vie, qui prit fin en 1660, il ait rien pu peindre, telles et si diverses furent les tâches qui lui incombèrent alors.

Les saints sont assis dans un paysage dont le premier plan est occupé par un énorme rocher rappelant par sa forme bizarre les escarpements caractéristiques du Montserrat, où Velazquez alla peut-être s'inspirer, et dont le fond est constitué par un panorama montagneux où serpente un ruisseau. Saint Paul, le premier anachorète, âgé de cent treize ans, à peine couvert d'une tunique blanchâtre, lève au ciel sa tête vénérable, d'une admirable expression. Les yeux et le reste des traits de l'ermite sont d'un fini extraordinaire, rare dans les dernières productions du maître. Les parties nues de cette figure si inspirée sont dignes de la tête, bien qu'on n'y trouve pas le même fini. Le nonagénaire saint Antoine porte une tunique brune et un manteau noir ; comme son compagnon, il dresse la tête et contemple le corbeau miraculeux qui leur apporte un pain dans son bec. Au fond, à l'instar des compositions des Primitifs, sont représentées plusieurs scènes de la vie des deux saints. Un bouleau, au tronc en partie couvert de lierre et au pied duquel croissent diverses plantes dont on pourrait très bien établir la classification botanique, tant il y a de précision dans leur large facture, complète les accessoires de ce chef-d'œuvre.

Le pinceau de Velazquez, bien qu'habitué à interpréter des personnages de grandeur naturelle, s'accommoda avec un rare bonheur des dimensions bien moindres de ces figures, et par la perfection du dessin et la sublimité de l'exécution sut leur donner de l'ampleur. Ici, comme dans les *Fileuses* et les *Menines*, la proportion qu'il y a entre les figures et le reste du tableau aide puissamment à l'effet de l'ensemble.

Tout séduit dans cette œuvre : les visages des ermites, leurs mains, les draperies. Ces parties sont empâtées, tandis que le reste de la toile n'est couvert que d'un léger frottis de couleur masquant à peine la préparation, notamment dans le paysage et dans le ciel varié et brillant. Ces bleus d'une délicatesse si exquise, qui font le charme des fonds de Velazquez, prédominent également ici, mais combien plus légers et plus diaphanes! Wilkie, fervent admirateur du maître, s'écrie à propos de ce paysage que Velazquez « possédait le vrai soleil qui nous éclaire, l'air que nous respirons, l'âme et l'esprit même de la nature ».

Ce vénérable couple de pauvres vieillards à l'expression mystique, l'un à moitié nu, l'autre si austèrement vêtu, se détachant sur un grandiose fond de rochers, est l'expression la plus heureuse du renoncement humain. A la différence de tous les morceaux de sa dernière manière, d'une exécution si franche, Velazquez peignit les têtes des saints avec un soin et un fini particuliers, preuve de l'intérêt que l'artiste prit à son œuvre. En s'attachant à son tableau, en y insufflant plus que dans tout autre la quintessence de son génie, Velazquez obéissait sans doute à des raisons spéciales. Il avait passé près de quarante ans dans la compagnie des rois et des grands de la terre, ses modèles coutumiers; en sa qualité de peintre du roi et de grand maréchal de la cour, il avait présidé à la luxueuse décoration des résidences royales et organisé des fêtes splendides au Buen Retiro, et dans le moment même qu'il travaillait à ce tableau, il s'occupait de son voyage à Irun où il devait préparer le logement du souverain, et à l'île des Faisans où il lui fallait décorer le pavillon destiné aux noces royales et à l'entrevue de Philippe IV et de Louis XIV, dont la cour était la plus fastueuse de l'Europe. Au milieu de tant d'apparat et de grandeurs, il végétait au jour le jour et dans la gêne, obligé de mendier à chaque instant le paiement de ses honoraires et de soutenir des luttes perpétuelles contre les fonctionnaires petits et grands du palais. Peut-on s'étonner que, sous le coup de semblables impressions ressenties et jugées avec la maturité d'esprit d'un homme arrivé au déclin de ses jours, Velazquez ait trouvé, dans l'épisode de la vie du premier anachorète rapporté par saint Jérôme dans une de ses *Épîtres*, un sujet en rapport avec son état d'âme et auquel par conséquent il s'attacha? Et sans doute il prit plus de plaisir à représenter la pauvre tunique de saint Paul qu'il n'en éprouva jamais à peindre la pourpre éclatante des rois.

CHAPITRE XI

Rareté des dessins de Velazquez ; collections où ils se trouvent. — On ne connaît que deux gravures de Velazquez, l'une à l'eau-forte, l'autre au burin. — Caractère de Velazquez d'après les documents officiels, à défaut de documents plus intimes. — Ses rapports avec les artistes ses camarades. — Mémoire des peintures transportées au monastère de l'Escurial par les soins de Diego Velazquez. — Historique de ce mémoire ; différents jugements portés sur lui ; il doit être tenu pour apocryphe. — Voyage de Velazquez aux Pyrénées à l'occasion des noces de l'infante Marie-Thérèse d'Autriche avec Louis XIV. — Son retour à Madrid. — Maladie de Velazquez. — Il meurt le 6 août 1660, à l'âge de soixante et un ans. — Mort de sa femme Juana Pacheco. — Saisie des biens de Velazquez et sa réhabilitation complète six ans après. — Élèves les plus connus de Velazquez ; son influence sur les contemporains.

Tout biographe de Velazquez se trouve, à l'heure actuelle, en présence de deux lacunes inexplicables qui sont autant d'obstacles à la connaissance parfaite de l'homme et de l'artiste : d'abord, la disparition presque complète de sa correspondance, comme nous l'avons constaté au chapitre VI ; en second lieu, l'incompréhensible rareté de dessins et croquis de sa main. Comment expliquer ce fait? Velazquez aurait-il donc exécuté ses tableaux sans s'aider d'études préliminaires, voire d'un croquis de la composition? Je suis tenté de le croire, car, en admettant même l'incurie la plus grande de la part de ceux qui possédaient ces dessins, il n'est guère probable qu'on les ait à peu près tous égarés. En Espagne, on ne peut considérer comme authentiques que deux croquis de médiocre importance conservés à Madrid (l'un à la Bibliothèque nationale[1], l'autre, le plus beau, à l'Académie des Beaux-Arts de San Fernando) et les dessins plus connus de l'Ins-

[1] Ce dessin représente une figure vue de dos, qui rappelle le page qui tient le cheval de Spinola dans les *Lances;* au revers, il y a une indication de la figure de Spinola et quelques traits presque complètement effacés où l'on devine un croquis de la tête de ce personnage.

titut de Jovellanos, à Gijon. Un de ces dessins, fait à la plume, représente un carrosse attelé de deux chevaux, vu par derrière ; un autre, une sanguine, est sans doute la première pensée du *Mars*, bien que la figure ait une autre pose que dans le tableau. Au musée du Louvre, on attribue à Velazquez un léger croquis d'un fragment des *Lances*. M. Lefort qualifie ce crayon de douteux, malgré les témoignages qui militent en faveur de son authenticité, et il suppose, avec raison selon nous, que c'est un dessin d'après le tableau terminé, et non une première pensée.

Au British Museum, des sept dessins[1] qui sont attribués à Velazquez, il n'y en a que deux que j'estime authentiques. Le premier, sur papier bleu, représente des cavaliers vus de dos : c'est un dessin à grands traits, rehaussé de crayon blanc ; l'autre, reproduit dans l'ouvrage déjà cité de M. Armstrong, représente un cavalier et, au-dessus, un cheval.

La collection de l'Albertine, à Vienne, possède aussi plusieurs dessins attribués à Velazquez, mais on ne peut en admettre l'authenticité. L'un d'eux, un ravissant croquis à l'aquarelle qui représente un jeune homme d'allure élégante, prince ou grand seigneur, trahit plutôt le faire caractéristique de van Dyck que celui de Velazquez.

Les mêmes doutes surgissent au sujet des dessins attribués à Velazquez qui figurent à la galerie de Dresde, aux Uffizi de Florence et au musée Wicar de Lille. Il faut attacher plus d'importance au dessin de la collection Malcolm qui représente un enfant en chemise vu de dos, en train de peindre. Mais, en somme, l'attribution se fonde moins sur les qualités du dessin que sur une note, non de la main de Velazquez, mais écrite du temps de l'artiste, ainsi conçue : *De mano de Diego Velazquez*.

En résumé, l'on peut dire que, pour l'instant, on ne connaît qu'une dizaine de dessins authentiques de Velazquez, et qu'aucun d'eux n'est vraiment important. Il est évident, et Pacheco nous l'assure, que Velazquez dessina beaucoup au début de sa carrière ; mais, une fois

[1] J'ai examiné ces dessins en 1890 ; j'ignore si depuis cette époque leur nombre s'est accru.

qu'il posséda à fond les éléments du dessin, il en abandonna probablement la pratique, préférant tracer dès l'abord sur la toile les lignes de sa composition et faire ensuite au pinceau les corrections et les retouches dont on constate aujourd'hui l'existence dans la plupart de ses toiles.

Plus rares encore que les dessins de Velazquez sont ses gravures. M. Lefort, qui a étudié spécialement cette partie de son œuvre, ne mentionne que deux essais de ce genre : une eau-forte retouchée au burin, et une gravure au burin. L'une et l'autre représentent le comte-duc d'Olivares : la première provient de la collection de Ceán Bermudez et appartient au Cabinet des estampes de Berlin[1]; la seconde se trouve à Madrid, à la Bibliothèque nationale.

Si la rareté des dessins du maître nous laisse dans l'indécision quant à la genèse de ses œuvres et aux véritables procédés qu'il employait, la disparition presque complète de sa correspondance refoule dans l'ombre tout ce qui a trait à son caractère et à son intelligence, et, pour l'instant, faute de données plus précises, force nous est d'interroger les tableaux et les documents officiels déjà mentionnés, froides sources d'informations qui ne fournissent que de rares renseignements.

On peut inférer de la lecture de ces documents que Velazquez fut d'un naturel doux, affable et très patient. Autrement, comment s'expliquer sa longanimité à attendre après mainte et mainte réclamation le paiement de ses honoraires? On rapporte aussi de lui des traits de générosité dans ses relations avec ses camarades Ribera, Alonso Cano, Zurbaran, Carreño et autres, qu'il recommanda à diverses reprises au roi, soit pour qu'il achetât de leurs œuvres, soit pour qu'il leur confiât la décoration de palais et d'églises. En 1643, lorsque Murillo vint à Madrid, Velazquez se montra très affectueux à

[1] Il y a au Palais royal de Madrid un petit portrait à l'huile du comte-duc d'Olivares, œuvre probable de Velazquez, qui s'en inspira sans doute pour l'eau-forte. Sa gravure dut être faite directement d'après ce portrait, à en juger par la position de la tête qui est tournée du côté opposé. Cette effigie, où d'aucuns ont cru voir une miniature, à cause de l'exiguïté de ses dimensions, a beaucoup d'accent; la touche en est précise et le coloris brillant. Elle semble peinte sur bois, ce qui constituerait une exception dans l'œuvre de Velazquez.

son égard, lui prodigua les conseils, et lui facilita l'accès des palais de l'Alcazar et du Buen Retiro où, en l'absence du roi occupé à guerroyer en Aragon et en Catalogne, Murillo eut l'occasion de faire toutes sortes de copies et d'études pendant les deux ans qu'il passa à la cour. L'enseignement d'un aussi grand maître porta bientôt ses fruits : c'est de cette époque que datent les premières grandes œuvres de Murillo.

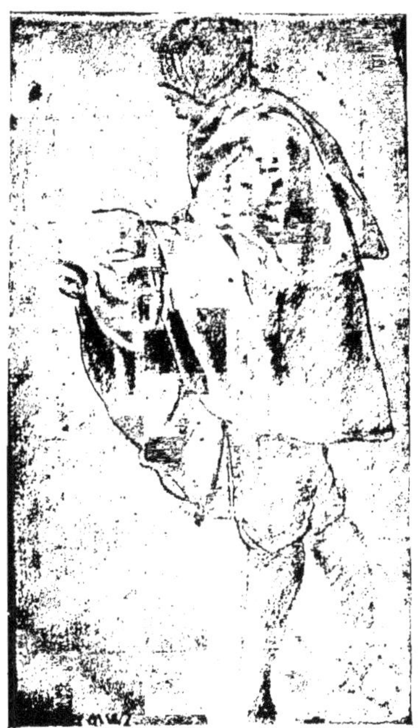

Dessin au crayon (Académie de San Fernando.)

Ce manque de lettres et d'écrits de notre peintre contribua à donner de l'importance à la découverte de la description ou mémoire que, d'après le biographe Palomino, rédigea Velazquez des quarante et un tableaux transportés à l'Escurial par ordre du roi. Ce fameux mémoire énumère les qualités de chacune des toiles, rappelle leur histoire et indique la place qu'elles devaient occuper au monastère, le tout, selon Palomino, « avec une élégance et un sens critique » qui manifestaient l'érudition de l'auteur et sa connaissance de l'art. On ignorait ce qu'était devenu ce rapport et qu'il eût été imprimé, lorsque l'érudit écrivain don Adolfo de Castro, de Cadix, déclara en 1871 en avoir retrouvé un exemplaire, imprimé à Rome, en 1658, par les soins de l'élève de Velazquez, Juan de Alfaro. M. de Castro vantait à ce propos les mérites littéraires de Velazquez, mérites dont l'artiste était inconscient à tel point « qu'il ne se départit jamais de son mutisme que sur l'ordre du roi[1] ».

Cet exemplaire fut présenté à l'Académie par M. de Castro, et l'illustre compagnie décida, dans sa séance du 23 mars 1871, que Diego Velazquez serait compté au nombre des écrivains reconnus par elle comme faisant autorité, et qu'elle publierait dans ses Mémoires la notice de M. de Castro, l'exemplaire trouvé par lui et les remarques supplémentaires qu'il avait cru utile d'y ajouter. En 1874, le baron Davillier publia une réimpression de ce mémoire avec traduction française, notes et, en guise de frontispice, une eau-forte de Fortuny d'après le portrait de Velazquez par lui-même du musée de Valence.

Plusieurs biographes de Velazquez ont fait une étude approfondie de ce mémoire. Cruzada Villaamil, dans ses *Annales* souvent citées, allègue des raisons très convaincantes qui le poussent à mettre en doute l'authenticité de ce document. En voici quelques-unes. La couverture contient une erreur grossière : Alfaro y donne à Velazquez le titre de chevalier de Santiago ; or, ce n'est qu'en 1659, c'est-à-dire un an après la soi-disant impression du livre, que le maître fut admis dans l'ordre. Tout ce qui se rapporte aux vingt-quatre premières peintures est une reproduction moins judicieuse comme méthode, moins châtiée comme style et moins sûre comme érudition, de passages d'un livre intitulé : *Description du monastère royal de Saint-Laurent de l'Escurial*, par le P. Francisco de los Santos. Les jugements portés par l'auteur du mémoire sur chacun des tableaux qu'il y décrit sont parfois étranges. Comment Velazquez aurait-il pu placer au-dessus des autres toiles cataloguées la *Perle*, faussement attribuée à Raphaël, selon Cruzada Villaamil ? Comment aurait-il pu déclarer que ce tableau « défiait toute raison et méritait la place d'honneur »,

[1] *Memorias de la Academia Española*, Madrid, 1871, t. III, p. 479 et suivantes. Voici l'intitulé de l'exemplaire présenté par M. de Castro à l'Académie : *Memoria de las pinturas que la Majestad Catholica del Rey Nuestro Señor Don Philippe IV embia al Monasterio de San Laurencio el Real del Escorial, este año de MDCLVI, descriptas y colocadas por Diego de Sylva Velazquez, cavallero del Orden de Santiago, Ayuda de Camara de Su Majestad, Aposentador mayor de Su Imperial Palacio, Ayuda de la Guarda Ropa, Ugier de Camara, Superintendente extraordinario de las obras reales y pintor de Camara, Apeles de este siglo. La ofrece, dedica y consagra a la posteridad D. Ivan de Alfaro. Impresa en Roma, en la officina de Ludovico Grignano año de MDCLVIII.*

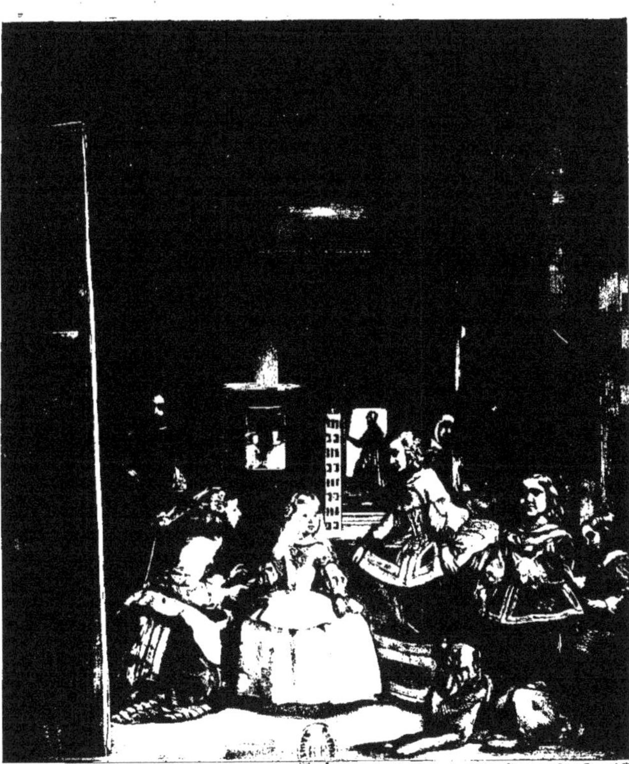

Velazquez pinxt

Photogravure Braun Clément & Cie

Les Menines
(MUSÉE DU PRADO)

alors que se trouvait à côté une toile authentique et très importante de Raphaël : *La Vierge au poisson?* Bref, Cruzada Villaamil prétend que, fût-il réellement authentique, le mémoire ne projetterait pas une bien vive lueur sur les nombreux points restés obscurs pour nous de l'esprit de Velazquez.

M. Justi consacre à l'examen du mémoire litigieux un long et important chapitre de son ouvrage. Il y révèle la sagacité de son sens critique en analysant les caractères et les particularités de la découverte de M. de Castro. Il constate d'abord, avec Cruzada Villaamil, que le contenu du livre ne présentait aucun élément nouveau puisqu'en 1657 le P. Francisco de los Santos avait publié sa description du monastère de l'Escurial. Serait-ce, dit-il non sans ironie, que le jeune Alfarò — il avait dix-huit ans lors de l'impression du mémoire, — irrité contre le P. de los Santos et plus jaloux du renom de l'auteur que l'auteur même, aurait voulu revendiquer pour son maître la gloire de l'ouvrage? Mais, si le but de la publication d'Alfaro fut, comme on le prétend, d'assurer à Velazquez la paternité du mémoire plagié par le P. de los Santos, il ne l'atteignit que deux cents ans plus tard. M. Justi ajoute que le livre disparut bientôt, qu'il n'en est fait mention nulle part et que Palomino, qui s'aida pour ses recherches des papiers légués par Alfaro, n'en souffle mot. Une série de raisonnements fort ingénieux amène le critique allemand à douter d'un plagiat aussi éhonté de la part du P. de los Santos. Pourquoi celui-ci, après la prétendue publication du mémoire par Alfaro, n'aurait-il pas, dans les éditions ultérieures de son œuvre, tâché d'expliquer le silence gardé tout d'abord? Et l'occasion lui en était fournie dans l'édition de 1681 par la description de la *Tunique de Joseph*, de Velazquez, sur le compte de laquelle il ne tarit pas d'éloges.

M. Justi passe ensuite au crible d'une analyse serrée le texte même du mémoire; il y relève des erreurs et remarque à bon droit que le ton des notices explicatives est hyperbolique, laudatif à l'excès et guindé. En outre, la terminologie en est plus esthétique qu'artistique : bref, c'est plutôt le langage d'une personne dévote impressionnée par ces tableaux que celui d'un artiste qui en analyse les mérites. Vu les bizarreries du texte et le mystère qui a présidé à la publication de ce mémoire, il admet comme possible que l'ouvrage ait été fabriqué postérieurement à la prétendue date de son impression ; car, après tout, dit-il, ce n'est pas une affaire, dans l'art spécial de la fabrication d'antiquités artificielles, que de confectionner un opuscule avec quelques feuilles de papier de l'époque et les restes d'une vieille machine à imprimer. M. Justi explique ainsi les nombreuses singularités de ce mémoire. L'une d'elles, et non la moindre, relevée déjà par Cruzada Villaamil, est l'attribution à Velazquez, sur la couverture du livre, d'un ordre que le maître ne fut admis à porter qu'en 1659 ; une autre est l'énumération des emplois inférieurs que Velazquez avait tenus autrefois à la cour, mais dont alors il n'exerçait plus aucun. Ces considérations et d'autres similaires justifient les doutes que l'éminent biographe de Velazquez émet relativement à l'authenticité du mémoire.

L'illustre écrivain M. Menéndez y Pelayo admit pourtant cette authenticité et il commenta et décrivit l'opuscule dans son *Histoire des idées esthétiques en Espagne*[1]. Je dois ajouter pourtant qu'il a changé d'avis depuis et que, grâce à sa perspicacité et à son érudition en matière de bibliographie, il a trouvé de nouveaux et lumineux arguments à l'appui de la thèse de Cruzada Villaamil et de M. Justi. Il estime que l'ouvrage présenté par M. de Castro à l'Académie espagnole a été publié postérieurement à la date qu'il porte et il est tenté de croire, d'après l'examen des caractères d'imprimerie, que le mémoire fut édité vers le milieu du siècle dernier, époque où on se livra à des falsifications analogues. De plus, le volume n'est précédé ni de licences ni de préliminaires, contrairement à la règle en honneur du temps de Philippe IV. Il se pourrait donc, d'après M. Menéndez y Pelayo, qu'un amateur du XVIIIe siècle (peut-être le comte de Saceda, porté à ce genre de mystifications) eût extrait du livre de Los Santos les descriptions des tableaux en question, et, après les avoir écourtées considérablement, en eût fabriqué l'opuscule attribué à Velazquez, opuscule dont on ne connaît qu'un exemplaire — le seul

[1] T. II, vol. II, p. 638.

probablement qu'on en ait tiré — et dont personne n'avait parlé jusque là.

M. Menéndez y Pelayo soupçonne néanmoins que le P. de los Santos aurait fort bien pu s'inspirer d'un manuscrit aujourd'hui égaré de Velazquez. De plus, la falsification n'aurait-elle pu être suggérée à son auteur par le passage de Palomino relatif à ce manuscrit? En tout cas, comme nous savons que l'ouvrage de Palomino, dédié à Louis Ier, fut publié en 1724, cette date servirait à trouver la date véritable de la publication du mémoire falsifié.

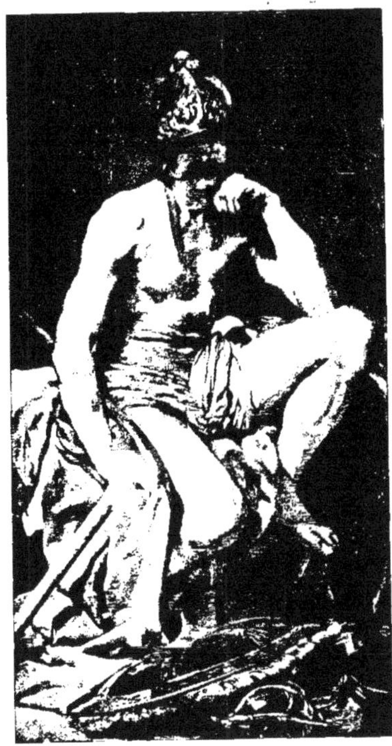

Mars (Musée du Prado.)

On peut dire que ces raisonnements solides et variés épuisent la question. Je dois pourtant ajouter pour ma part qu'avant même que fussent publiés les ouvrages dont nous avons résumé les jugements relatifs au mémoire, l'authenticité de cet opuscule me paraissait des plus douteuses. Et cette opinion ne se fondait que sur l'examen du texte, dont les descriptions et les appréciations sont, à quelques exceptions près, peu dignes d'un artiste et surtout d'un artiste comme Velazquez. Ou bien l'auteur du mémoire n'était pas suffisamment familier avec la peinture, ou bien il porte des jugements à l'aveuglette, sans conviction et en se servant de phrases toutes faites. En dernière analyse, notre sentiment est donc que, au cas même où l'on ferait abstraction des appréciations formulées sur le mémoire, il suffit de l'étudier en présence des tableaux qu'il décrit, et dont la plupart sont au musée du Prado ou à l'Escurial, pour acquérir la certitude que, quelle qu'en ait été l'origine, il ne fut ni écrit ni même inspiré par Velazquez.

La précipitation avec laquelle furent expédiés les derniers documents relatifs à la remise de l'habit de Santiago à Velazquez (v. le chapitre précédent) est un indice de la hâte qu'avait Philippe IV de voir s'aplanir toutes les difficultés s'opposant à cette formalité. Il y a évidemment connexion entre l'impatience du souverain et la signature du traité des Pyrénées suivie du mariage de l'infante Marie-Thérèse avec Louis XIV. Dans la pensée de Philippe IV, Velazquez, qui, en sa qualité de grand maréchal de la cour, était chargé d'ordonner les cérémonies auxquelles allaient donner lieu les négociations, devait être investi de quelque honneur extraordinaire; car, pour sa gloire de peintre, nous avons vu le cas qu'on en faisait à la cour. Le grand maréchal quitta donc Madrid le 8 avril 1660 à destination d'Irun[1]. Il devait s'occuper du voyage du roi et de sa suite et approprier l'île des Faisans aux fêtes qui allaient signaler l'entrevue des cours espagnole et française.

Au cours de ce voyage aux Pyrénées, la vie du peintre disparaît dans les incidents et les épisodes des noces royales, que décrivent d'intéressants et curieux mémoires du temps. Palomino dit de Velazquez à cette occasion « qu'il ne fut pas le moins empressé à soigner et à attifer magnifiquement sa personne ».

Au retour, Velazquez s'arrêta à Valladolid, comme en fait foi, entre autres documents, une lettre qu'il adressa de Madrid au peintre Diego Valentin Diaz, et que nous reproduisons parce que c'est une des rares lettres que nous conservions du maître[2] :

[1] Et non en mars, comme l'affirment Palomino et Ceán Bermudez. La date exacte est fournie par une pièce des archives du palais publiée par M. Zarco del Valle dans le tome LV des *Documentos ineditos para la Historia de España*.

[2] Voici le texte espagnol : « Señor mio holgaré mucho halle esta a V. M. con la buena salud que le deseo y asimismo a mi Sra Doña Maria. Yo Sr llegué a esta Corte sabado a el ama-

Monsieur, il me sera très agréable que la présente trouve Votre Merci en bonne santé, ainsi que doña Maria. Pour moi, Monsieur, j'arrivai à Madrid le samedi 26 juin au point du jour, harassé de voyager la nuit et de travailler le jour, mais en bonne santé, et, grâce à Dieu, tout le monde était chez moi de même. S. M. le roi arriva ce même jour et la reine alla le recevoir à la Casa de Campo d'où ils s'en furent à Notre-Dame d'Atocha. La reine est très belle, le prince notre seigneur est aussi très beau. Il y eut mercredi une course de taureaux à la Plaza Mayor, mais sans cavaliers; la fête fut donc simple et nous nous souvînmes de celle de Valladolid. Votre Merci voudra bien me faire tenir de ses nouvelles ainsi que de Dª Maria et me dire en quoi je la puis servir, car elle me trouvera toujours à ses ordres. Votre Merci fera mes amitiés à l'ami Tomás de Peña que je n'ai pu voir tant j'ai été occupé et tant j'ai précipité mon retour. Il ne se passe rien ici dont je puisse entretenir Votre Merci, si ce n'est que je prie Dieu qu'il l'ait en sa garde beaucoup d'années comme c'est mon désir. Madrid, le 3 juillet 1660.

de Votre Merci
q. b. s. m.[1]

Diego de Silva Velazquez.

A Monsieur Diego Valentin Diaz.

Velazquez dit dans cette lettre qu'il arriva chez lui « harassé de voyager la nuit et de travailler le jour, mais en bonne santé » : il se tait sur ce que dit Palomino, que « lorsqu'il entra chez lui, sa famille et ses amis le reçurent avec plus d'étonnement que de joie, car le bruit

necer 26 de Junio cansado de caminar de noche y trabajar de dia pero con salud y gracias a Dios hallé mi casa con ella. S. M. llego el mismo dia y la Reina le salio a recibir a la Casa de Campo y desde alli fueron a Nª Sª de Atocha. La Reina esta muy linda y el principe Nº Sr. El miércoles pasado hubo toros en la Plaza Mayor pero sin cavalleros con que fue una fiesta simple y nos acordamos de la de Valladolid. V. M. me avise de su salud y de la de mi Sra Doña Maria y me mande en que le sirva que siempre me tendra muy suio. A el amigo Tomas de Peña de V. M. de mi parte muchos recados que como io andube tan ocupado y me bine tan de prisa no le pude ver, por aca no hay cosa de que poder abisar a V. M. sino que Dios me le guarde muchos años como deseo. Madrid y Jullio 3 de 1660.

D. V. M.
q. s. m. b.
Diego de Silva
Velazquez.

« Sr Diego Valentin Diaz. »

Ce Diego Valentin Diaz était un peintre, ami de Pacheco, qui, d'après certains tableaux religieux, conservés dans le musée de Valladolid, imita les Italiens et ne fut pas inférieur à nombre d'artistes qui ont obtenu plus de célébrité.

[1] « Qui baise sa main. »

de sa mort avait couru dans Madrid ; aussi n'en croyaient-ils pas leurs yeux. Ce fut là comme le présage d'une mort prochaine ».

Elle survint quarante jours après le retour du maître à Madrid. Palomino raconte que le 31 juillet, après avoir travaillé avec le roi, Velazquez se sentit fatigué et fiévreux et se vit obligé de rentrer chez lui par la galerie qui menait à ses appartements. Il se plaignait de violentes douleurs à l'estomac et au cœur. Le malade fut d'abord soigné par le docteur Vicencio Moles, médecin des employés du palais, puis par deux médecins de la chambre, don Miguel de Alva et don Pedro de Chavarri, qui lui furent envoyés par le roi et qui, conscients de la gravité du mal, diagnostiquèrent un commencement de « fièvre tierce syncopale subtile ». L'archevêque de Tyr, don Alfonso Perez de Guzman el Bueno, alla le voir par ordre du roi et lui fit une longue homélie destinée à sa consolation spirituelle. Enfin, le vendredi 6 août 1660, à deux heures du soir, après avoir reçu les sacrements de l'Église et désigné comme exécuteur testamentaire son ami intime, don Gaspar de Fuensalida, il rendit son âme à Dieu, qui l'avait créée pour l'admiration de l'univers. Il était âgé de soixante et un ans et deux mois.

D'après Palomino, le corps fut revêtu de l'habit des chevaliers de Santiago : manteau brodé de l'insigne rouge sur la poitrine, chapeau, épée, bottes et éperons ; de chaque côté du cadavre brûlèrent des cierges, et sur un autel improvisé on plaça un crucifix. Le lendemain du décès, c'est-à-dire le samedi au soir, on conduisit la dépouille mortelle, dans une bière de velours noir rehaussé d'or, à la paroisse de San Juan Bautista. La pompe funèbre fut solennelle ; la musique et la maîtrise de la chapelle royale y prirent part et nombre de nobles, de gentilshommes de la chambre et de fonctionnaires y assistèrent. Le cercueil fut transporté à dos d'homme dans le caveau de don Gaspar de Fuensalida qui, en témoignage d'affection, lui donna ainsi l'hospitalité suprême.

On plaça sur le tombeau une inscription que composa, en l'honneur de son maître, Juan de Alfaro. Sept jours après la mort de Velazquez, Juana Pacheco, sa femme, rendait le dernier soupir : elle fut enterrée auprès de son mari. Les biographes ne se sont pas arrêtés à cette coïncidence, mais y a-t-il rien de plus éloquent que cette impossibilité de survivre à l'époux chéri après plus de quarante-deux ans de vie commune et d'attachement passionné?

Les restes de l'artiste disparurent dans la première moitié du XIXe siècle, lors de la démolition de la paroisse de San Juan, laquelle était contiguë à l'église encore existante de Santiago. Nous ne trouvons pas de termes pour stigmatiser une pareille profanation. Du

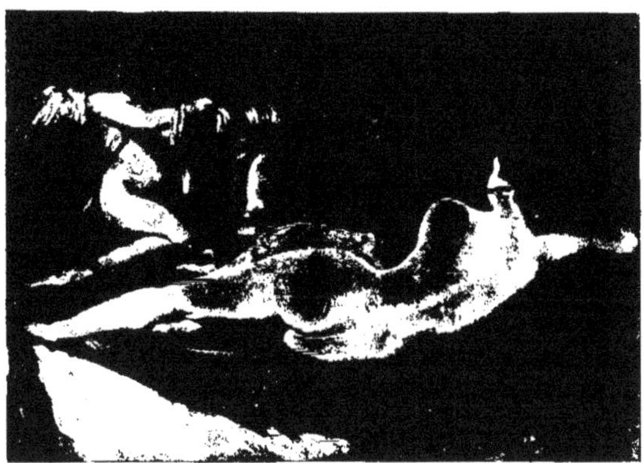

VÉNUS AU MIROIR (Collection Morritt, Rokeby Park, près de Barnard Castle.)

moins, grâce à Dieu, malgré le naufrage où tant de trésors artistiques de l'Espagne se sont engloutis, la majeure partie des admirables œuvres de Velazquez, après avoir échappé miraculeusement aux divers incendies de l'Alcazar, subsiste encore.

La Junte des *Obras y Bosques* décida, le 15 août, c'est-à-dire neuf jours après le décès de Velazquez, que la redevance de mille ducats qu'il touchait en qualité de surintendant des travaux de l'Alcazar retournerait à la Junte. Le roi ne décréta rien quant au fond de la proposition ; il se contenta d'annoter en marge : « Je suis abattu ». Il avait lieu de l'être, en effet. La responsabilité lui incombait d'avoir employé Velazquez, dès l'entrée de celui-ci à la cour en 1623, aux tâches les plus incompatibles avec les travaux artistiques, et d'avoir mis ainsi des entraves à son génie. Et qui sait si cette vie de fatigue, aggravée par les soucis du voyage aux Pyrénées, ne contribua pas à accélérer la mort du maître? D'ailleurs, le prétendu abattement où se trouvait plongé le roi ne l'empêcha nullement, quatre jours après la mort de Velazquez, de faire ouvrir la chambre du Prince où l'artiste avait son atelier (celui-là même qui figure dans les *Menines*) afin d'y saisir tout ce qui s'y trouvait. La liquidation des comptes du défunt *aposentador* avait en effet révélé l'existence d'un passif assez important[1] : de là réclamations du *Burco* à la famille et, brochant sur le tout, saisie non seulement des objets renfermés dans l'atelier de Velazquez, mais encore de tous ceux qui se trouvaient dans sa propre maison. L'affaire traîna en longueur, et ce ne fut qu'au bout de six ans, après une infinité d'arrêtés, de notes, etc., qu'on leva la saisie à laquelle on avait procédé si arbitrairement, et l'honneur et la mémoire de Velazquez restèrent ainsi hors de toute atteinte.

Juan Bautista del Mazo remplaça son beau-père Velazquez dans sa charge de peintre de la cour. Cet artiste est celui des élèves de Velazquez qui sut le mieux s'assimiler ses qualités. Au chapitre V, nous nous sommes expliqué sur les erreurs motivées par ce don d'assimilation de Mazo, par suite duquel un grand nombre de ses tableaux ont été attribués à Velazquez. Au fur et à mesure que l'on dissipera ces erreurs, il sera possible d'apprécier le vrai mérite de Mazo. Évidemment, ce peintre ne brilla pas par l'originalité, mais ce ne fut pas non plus un vulgaire imitateur, puisque pendant tant d'années la maîtrise de ses imitations fut cause qu'on le confondit avec son maître.

Moins heureusement doué que Mazo fut Juan de Pareja, autre élève de Velazquez et un de ceux qui l'approchèrent de plus près. Il était, comme nous l'avons dit plus haut, entré à son service en qualité d'es-

[1] Les pièces se rapportant à cette affaire ont été publiées par don M. R. Zarco del Valle dans la *Cloeccion de documentos ineditos para la Historia de España*, Madrid, 1870, t. LV. Elles ont été reproduites également dans les *Annales* de M. Cruzada Villaamil.

clave et, même après l'obtention de la liberté, il fut son fidèle compagnon jusqu'à la mort. Le tableau du musée du Prado : *la Vocation de saint Mathieu* (n° 935), œuvre de sa maturité, est d'une composition vulgaire, également faible comme coloris et comme dessin. Il y a plus

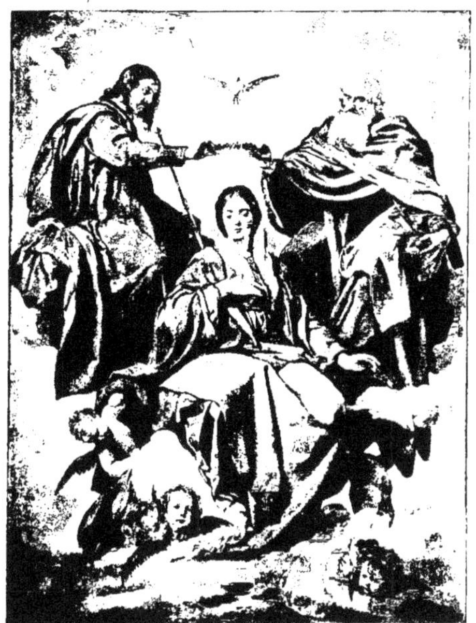

LE COURONNEMENT DE LA VIERGE (Musée du Prado.)

d'éclat dans certains de ses portraits, où l'on retrouve les traces de l'enseignement de Velazquez.

José Leonardo, bien qu'élève de Caxes, doit être cité au nombre des imitateurs de Velazquez, et il n'y a, pour s'en assurer, qu'à examiner son tableau du musée du Prado, *la Reddition de Bréda*, dont le sujet est le même qui inspira les *Lances*. La toile de Leonardo fut peinte quelque temps avant les *Lances* et n'a aucun rapport avec le chef-d'œuvre de Velazquez, du moins en ce qui a trait à la composition, mais il y a çà et là dans ce tableau et dans les rares œuvres que l'on conserve de José Leonardo des parties qui évoquent d'autres morceaux de Velazquez. Ceci n'enlève rien d'ailleurs au mérite de José Leonardo, certainement doué de grandes aptitudes dont le développement fut malheureusement interrompu par une mort prématurée.

Murillo ne peut guère être considéré comme un des élèves de Velazquez. Il fut pourtant, comme nous l'avons déjà dit, soumis à l'influence bienfaisante du maître : il est facile de le constater dans la fameuse série de la *Vie de san Diego de Alcala*, exécutée au retour du voyage à Madrid. Après cette évolution dans le sens du style de Velazquez, Murillo se tourna du côté des Flamands, dont le coloris l'enchantait, et finit par acquérir un style original dans l'interprétation des sujets religieux.

Don Juan Carreño de Miranda est le peintre de l'époque qui fit le plus d'honneur à son maître, et, bien qu'il l'ait imité notoirement dans certains de ses portraits de cour, force est de reconnaître que, dans beaucoup d'autres portraits, il révèle une personnalité propre, qui s'accentue encore davantage dans ses nombreux tableaux religieux, parents par le style et la couleur de ceux de van Dyck. Il est regrettable que Carreño n'ait pas approfondi davantage le dessin. Ses toiles, même les plus estimables, pèchent souvent sous ce rapport.

Juan de Alfaro fut aussi quelque temps l'élève de Velazquez. Sa célébrité vient moins de son talent que des renseignements sur son maître qu'il communiqua à Palomino pour faire la biographie du grand peintre espagnol. Un autre mérite d'Alfaro, c'est d'avoir peint l'unique effigie authentique de Calderon, le portrait qui se trouve actuellement au-dessus du tombeau du grand dramaturge dans l'église de San Pedro de los Naturales, de Madrid. Déplorons que Velazquez ne nous ait pas laissé aussi l'image de ce génie.

Velazquez influença nombre de ses contemporains, Zurbaran, par exemple, dont plusieurs tableaux ont été compris parmi ceux de la première manière du maître. Alonso Cano a au musée du Prado deux toiles, représentant des rois assis sur leurs trônes, qui renferment des morceaux traités absolument dans le style de Velazquez. Les frères Rizi, peintres moins personnels que Zurbaran et qu'Alonso Cano, ont été influencés, eux aussi, par le maître. Ce souci d'imitation est surtout visible dans les œuvres de l'aîné des frères, le P. Juan Rizi, et il n'y a qu'à se souvenir, à ce propos, de ce que nous disions, au chapitre V, du portrait de don Tiburcio de Redin, faussement attribué à Mazo et exécuté à n'en pas douter par le P. Juan Rizi. Cette confusion a été occasionnée par certaines analogies entre le style de ces deux peintres, qui tous deux ont essayé d'imiter Velazquez.

Claudio Coello est le dernier en date des peintres de cette époque qu'on peut citer au nombre des élèves ou imitateurs de Velazquez. Il n'y a pas, selon nous, à tenir compte d'autres artistes regardés comme tels[1]. Coello fut peintre de la cour, comme Carreño et Mazo ; il se fit remarquer par ses tableaux religieux et acquit une juste célébrité avec celui connu sous le nom de *la Sainte Forme*, destiné au monastère de l'Escurial où il est encore aujourd'hui. Il y a je ne sais quoi dans l'expression et la vérité des têtes, dans la disposition des groupes et dans la perspective aérienne de cette toile, qui rappelle, mais de bien loin, le faire de Velazquez. C'est, malgré tout, la dernière des grandes compositions espagnoles de ce XVIIe siècle si fécond en chefs-d'œuvre. La venue en Espagne, en 1692, de l'Italien Luca Giordano marque l'introduction d'un nouveau style maniéré, tout à fait opposé au style national qui avait prévalu jusqu'alors. Giordano, singulièrement habile à pasticher les procédés des peintres les plus opposés à son art de décadence, fit plusieurs imitations de Ribera, voire de Velazquez[2], et l'on sait l'admi-

[1] Les biographes comprennent parmi les élèves de Velazquez les peintres Aguiar, Burgos y Mantilla, Palacios, Puga, Villacis et Juan de la Corte, tous inconnus, sauf les deux derniers, dont l'un, Villacis, peignit à Murcie des tableaux religieux, et l'autre, Juan de la Corte, peignit des batailles, des paysages et des perspectives.

[2] Comme spécimen de l'habileté avec laquelle Giordano pastichait le faire de Ribera, nous citerons, entre autres, la *Mort de Sénèque* de la Pinacothèque de Munich (n° 1281), tableau attribué jusqu'ici à l'Espagnolet et à propos duquel le catalogue rappelle maintenant que M. Bayersdorfer croit y voir un pastiche de Luca Giordano, opinion que je partage. Les imitations de Velazquez par Giordano sont plus rares ; je crois pourtant voir un pastiche de Velaz-

ration profonde que lui inspiraient ces maîtres si essentiellement espagnols.

quez par le peintre italien dans le tableau de la National Gallery (n° 1434) intitulé *A Betrothal*, tableau dont lord Savile a récemment enrichi ce musée et qui, malgré son attribution à Velazquez, est certainement postérieur à la mort du maître. Il y a, dans un angle de cette composition, une figure qui semble montrer au spectateur la scène principale; c'est le propre portrait de Giordano, comme on peut s'en assurer en comparant cette figure à celle qui fait partie de la fresque du même peintre décorant le plafond de la sacristie de la cathédrale de Tolède.

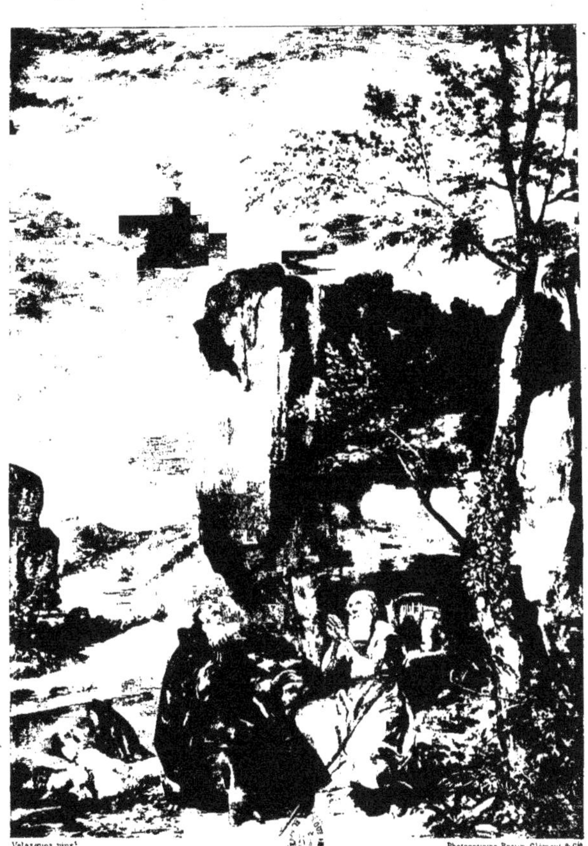

Velazquez pinxt

Photogravure Braun Clément & Cie

St Antoine Abbé visitant St Paul

(MUSÉE DU PRADO)

CHAPITRE XII

Production restreinte de Velazquez. — Différents jugements portés sur la valeur et l'importance de l'artiste. — Velazquez représente l'art de la Renaissance modifié dans le sens du réalisme propre au génie et au tempérament espagnols. — Équilibre des diverses qualités de Velazquez. — Velazquez n'est pas un coloriste, mais ses harmonies sont d'une suprême distinction et d'une grande originalité, et c'est par là que son influence est le plus décisive sur les modernes. — Son indépendance comme artiste. — Il n'y a pas trace de défaillance ou de maniérisme dans son œuvre. — Simplicité de sa technique. — Conclusion.

Au cours des chapitres précédents, nous avons passé en revue tous les tableaux de Velazquez que nous jugeons authentiques. Nous obtenons ainsi un total de quatre-vingt-trois peintures originales, sans compter une vingtaine de tableaux compris dans les inventaires des palais royaux d'Espagne et disparus depuis. Nous donnons à la fin du présent livre le catalogue des œuvres perdues à la suite de celui des œuvres existantes, énumérées suivant un ordre chronologique raisonné. Au cas même où nous ajouterions à cette liste plusieurs tableaux considérés comme authentiques par Palomino, Ponz et Cean Bermudez, et dont on a perdu la trace, nous arrivons à un chiffre qui paraît mesquin (encore que la carrière du maître ait été plutôt courte) au prix de la production de maints autres artistes. La raison en est facile à comprendre. Velazquez n'eut jamais une vie indépendante. Nous avons déjà vu qu'à l'âge de vingt-quatre ans il entra à la cour en qualité de domestique du roi plutôt que de peintre, et, depuis lors, l'exercice de ses nombreuses charges le détourna de la pratique de l'art. Au fur et à mesure qu'il montait en grade au palais, ses occupations devenaient plus accablantes, il devait accomplir des missions qui lui prenaient son temps et le distrayaient de son travail. Enfin, dans les huit dernières années de sa vie, nommé grand maréchal du palais, il eut à faire face à tant de besogne et de responsabilités que, chez lui, l'artiste disparut presque complètement sous le fonctionnaire.

Laissant de côté cette part prosaïque de l'existence du maître, le moment est venu, en présence de l'ensemble de cette œuvre, de se demander : Qu'est Velazquez? Que représente-t-il? Quelle est sa véritable signification? Quel rôle joue-t-il dans l'histoire de l'art?

Pour satisfaire pleinement au légitime intérêt que ces questions éveillent et y répondre dignement, il faudrait disposer de plus de place que n'en offrent les quelques pages que nous leur pouvons consacrer; il faudra donc nous borner à condenser la matière du mieux que nous pourrons.

Les œuvres du maître restèrent à peu près inconnues, enfouies qu'elles étaient dans les résidences royales d'Espagne, jusqu'à ce que Raphaël Mengs, le fameux peintre de Charles III, les fît connaître au reste de l'Europe, il y a un peu plus d'un siècle. Mengs surnomma Velazquez le premier des naturalistes, et, depuis lors, les jugements portés sur notre artiste ne se comptent plus. Le remarquable peintre anglais sir David Wilkie écrivait, en 1828, que, devant les œuvres de Velazquez, il se sentait en présence d'une puissance artistique nouvelle. Après les maigres biographies espagnoles de Pacheco, de Palomino et de Ceán Bermudez, l'Anglais Stirling fut le premier à l'étranger à publier la vie de Velazquez. Postérieurement à ce travail, inséré dans les *Annales des artistes espagnols*, le même critique consacra au maître un ouvrage spécial dont les appréciations ont été généralement adoptées et que l'on consulte encore aujourd'hui. Admirateur enthousiaste de Velazquez, Stirling, qui vante ses facultés de peintre réaliste, étend son génie à d'autres sphères et s'écrie devant le *Christ en croix* : « Jamais cette grande agonie n'a été plus puissamment rendue. » Waagen, considérant la sincérité de Velazquez dans la représentation des objets, la vivacité de sa conception, la vérité de son dessin et de sa couleur, la liberté et l'ampleur de son style, lui assigne le premier rang parmi les peintres, au moins en ce qui concerne ces qualités. Ruskin proclame l'excellence de sa technique ; il ajoute que tous ceux qui se consacrent à la peinture doivent suivre les infaillibles procédés de Velazquez. Charles Blanc dit que Velazquez serait le plus grand des peintres si la peinture était une seconde création.

L'admiration envers Velazquez n'a fait que croître de nos jours. L'illustre Taine, qui ne connaissait pas les grands Velazquez du musée du Prado, rencontrant à Rome le portrait du palais Doria, le décrit avec une concision si magistrale et si pittoresque qu'on ne peut se dispenser de citer le passage : « Le chef-d'œuvre entre tous les portraits est celui du pape Innocent X par Velazquez : sur un fauteuil rouge, devant une tenture rouge, sous une calotte rouge, au-dessus d'un manteau rouge, une figure rouge, la figure d'un pauvre niais, d'un cuistre usé : faites avec cela un tableau qu'on n'oublie plus ![1] »

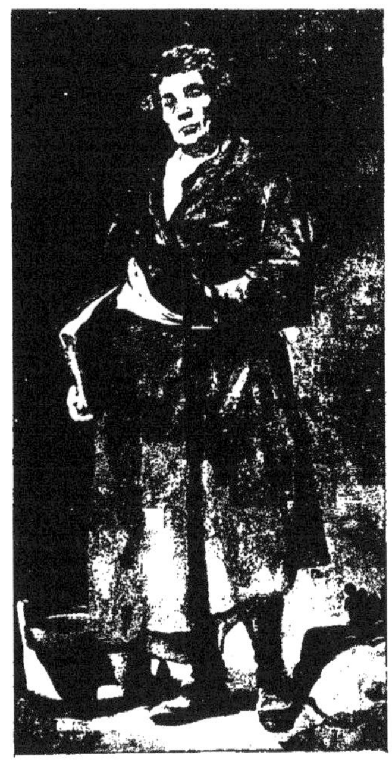

ÉSOPE (Musée du Prado.)

M. Justi, dans l'ouvrage vraiment admirable qu'il a publié sur le maître, dit qu'à côté de Velazquez, Titien paraît conventionnel, Rembrandt fantaisiste et Rubens entaché d'un maniérisme contraire à la vérité. M. Lefort consacre le premier chapitre de son livre à étudier les affinités qu'il y a entre l'art de Velazquez et les tendances esthétiques modernes. Le caractère de cette œuvre, dit-il, présente de si parfaites analogies avec l'idéal

[1] *Voyage en Italie*, t. II. Paris, Hachette et Cie

d'exactitude et de simplicité inauguré par les paysagistes modernes et poursuivi par la presque totalité des écoles de peinture contemporaines que l'art moderne trouvera certainement en Velazquez l'enseignement et les moyens d'expression qui répondent le mieux à ses aspirations. Velazquez est donc comme le précurseur, l'initiateur de l'art moderne, et il est tellement en avance sur son temps qu'il semble plutôt appartenir au nôtre.

Peu de temps après ces assertions de M. Lefort, sir Frederick Leighton proclama Velazquez le plus extraordinaire initiateur qu'il y ait eu depuis Léonard, avec, peut-être, son contemporain Rembrandt; il vanta sa majestueuse et inimitable simplicité, et salua en lui le plus moderne de tous les maîtres anciens. M. Émile Michel, dans l'intéressante étude qu'il a récemment publiée, ajoute de son côté : « Tout se tient, tout se suit et s'enchaîne dans son œuvre. Aussi, à raison même de ce naturel parfait, il n'est pas de maître dont le commerce nous paraisse plus sain et dont les enseignements soient plus profitables... On reste sans défense contre une sincérité si constante et si absolue; on risquerait même, à force de l'admirer, de devenir injuste pour les autres. Il semble que, par ce qu'ils ont gardé, par ce qu'ils nous montrent de respect pour les traditions, ils aient perdu quelque chose de cette franchise de vision que Velazquez a toujours en face de la nature. »

Nous avons déjà cité l'ouvrage de M. Stevenson, encore plus récent que celui de M. Émile Michel. On pourrait en extraire des passages entiers qui proclament Velazquez le plus grand précurseur de l'art moderne et étudient minutieusement l'influence qu'il a exercée sur plusieurs des plus grands artistes contemporains : « Une visite au musée du Prado modifie, dit-il, la croyance à la nouveauté de l'art moderne. Le paysage et même le paysage avec figures peuvent être considérés comme indépendants du passé, mais les peintres de la figure ont de grandes obligations à Velazquez. Directement ou indirectement, consciemment ou inconsciemment, les artistes se sont décidés, après un demi-siècle de tâtonnements, à suivre la route tracée par Velazquez. Non qu'ils l'aient plagié, mais, étant donné le développement naturel des idées, le germe de la nouvelle tendance a été transmis par l'Espagne au reste du monde. »

Ce serait une tâche interminable que de rapporter ici tous les

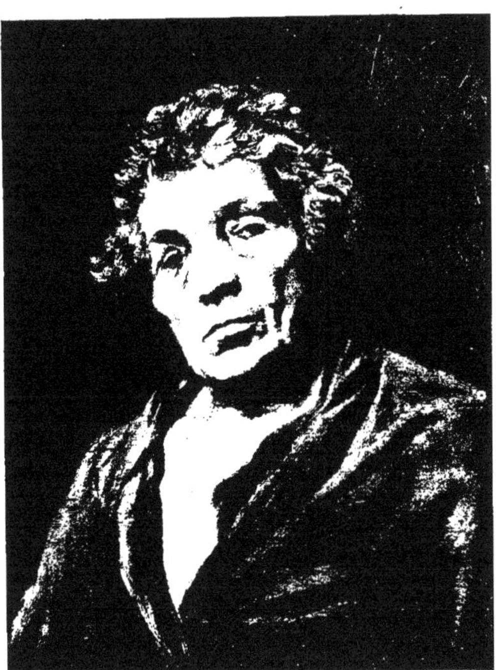

Ésope (Détail.)

jugements de ce genre ; nous avons d'ailleurs, pour faire preuve d'impartialité, omis de citer des critiques espagnols, qui auraient pu être suspects de parti pris en faveur de leur compatriote. Les quelques citations que nous avons faites suffisent à prouver l'amplitude du sujet, en raison du nombre toujours croissant des admirateurs de

Velazquez. Ce culte provient de quelque chose de profond que recèlent les œuvres du maître, d'un je ne sais quoi qu'on ne saisit pas de prime abord, qui n'est pas à la portée du premier venu et que la critique, par conséquent, ne peut expliquer, car rien n'est plus difficile que de déterminer les causes des émotions esthétiques. Aussi la critique garde-t-elle le silence dans la plupart des cas, et c'est le meilleur moyen de respecter la contemplation des œuvres d'art, devant lesquelles le spectateur ne doit être guidé que par son propre sentiment.

Ces considérations nous ont fait écarter, en examinant une par une les œuvres du grand peintre naturaliste qui fait l'objet de cette étude, tout ce qui n'était pas du ressort de la description et de l'analyse purement extérieure. Naturaliste par excellence, voilà le qualificatif qu'on décerne à Velazquez d'habitude ; mais Velazquez est mieux que cela. La stricte représentation du réel, quelque habile, quelque magistrale qu'elle puisse être, ne nous impressionne pas au point que font les œuvres du maître. Il fut bien l'expression la plus puissante de l'art national dans ce XVIIe siècle si réaliste; mais il fut en même temps, dans ce que ce mouvement avait de compatible avec la race et le tempérament espagnols, le plus avéré représentant de l'art de la Renaissance, qui n'avait pas eu jusqu'à lui son complet épanouissement en Espagne. Les peintres espagnols antérieurs à Velazquez qui se réclament de la Renaissance ne sont que de pâles reflets des Italiens et des Flamands des XVe et XVIe siècles, ou, mieux encore, de froids imitateurs de ces grands maîtres. Le génie grec resté à l'état latent pendant des siècles et des siècles et qui, lors de son refleurissement en Italie, avait inspiré tant de chefs-d'œuvre, tarda beaucoup à s'implanter en Espagne et fut forcé, lorsqu'il y parvint, de s'adapter aux sentiments et aux tendances du pays, plus voisin du naturalisme que de l'idéalisme. Velazquez représenta cette tendance naturaliste de sa race avec autant de fermeté que ceux de ses contemporains, tels que Ribera ou Zurbaran, qui allèrent le plus loin dans cette voie; mais, tout en étant le plus fidèle interprète de la réalité, il l'ennoblit et atteignit ainsi au niveau des grands artistes de la Renaissance. C'est ainsi que le portrait d'Innocent X, exposé à Rome en compagnie de ces œuvres de décadence que produisit le milieu du XVIIe siècle, évoque, au grand étonnement de tous, le souvenir des colosses de l'art. Velazquez, naturaliste par instinct et par tempérament, fut le plus parfaitement classique de tous les Espagnols; sa représentation du réel ne s'arrête pas à la forme transitoire et périssable, mais essaie d'en pénétrer l'essence même. Et c'est par instinct, non par esprit d'imitation, qu'il procède ainsi. Dans les *Buveurs*, dans les autres scènes mythologiques, il fuit la convention habituelle à ce genre de peinture, et son interprétation, très réaliste en apparence, est, pour tout observateur attentif, le fait d'un génie synthétique qui, respectueux de la vérité, recherche l'expression idéale adéquate à chacun des types représentés, procédé purement classique, purement grec. Le *Vendeur d'eau de Séville*, les bouffons et les truands qu'il a retracés révèlent une tendance analogue de la part du maître à s'élever de l'interprétation si réaliste des individus à l'expression des caractères de l'espèce.

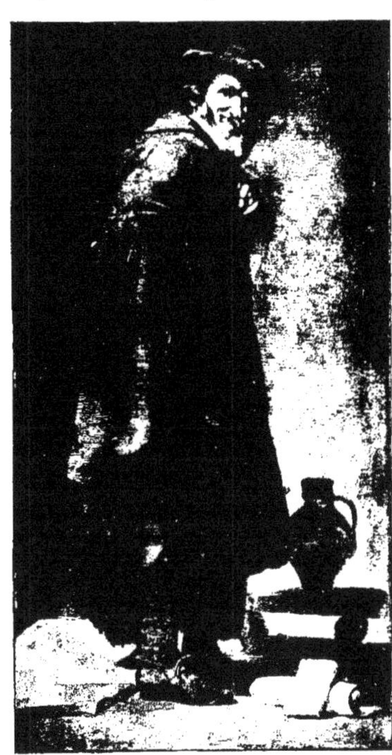

MÉNIPPE (Musée du Prado.)

Velazquez n'aurait pu atteindre à une idéalisation aussi haute s'il n'avait pas été un dessinateur accompli. C'est là sa faculté la plus saillante. Nous l'avons déjà remarqué en présence de chacun de ses chefs-d'œuvre : son dessin est toujours irréprochable. Et cette qualité, qu'il est si difficile et si long d'acquérir, fut, pour ainsi dire, innée chez lui, car elle est aussi apparente et aussi indiscutable dans ses premières œuvres, telles que l'*Adoration des Mages* et le *Vendeur d'eau de Séville*, que dans ses dernières productions. Or, Velazquez n'avait pas encore vingt-quatre ans lorsque ces deux toiles révélèrent sa précoce maîtrise.

Pour ses autres qualités, elles sont si sagement équilibrées qu'aucune d'elles ne prévaut au détriment d'une autre : simplicité pleine de naturel de la composition, harmonie du coloris, expression vivante mais toujours majestueuse des figures, goût exquis dans l'agencement, tout se contrebalance de la façon la plus heureuse, et le comble de l'art est ainsi atteint.

On ne peut pas ranger Velazquez parmi les grands coloristes, au sens strict du mot. Un éminent critique d'art espagnol[1] a dit que « Velazquez serait très inférieur à ce qu'il est en réalité s'il avait le coloris de Rubens. Le coloris de Rubens est conventionnel, et le principal caractère de Velazquez, ce qui constitue l'essence de son génie, ce par quoi il est supérieur à tous les autres peintres, c'est la sincérité ». Cette remarque pourrait s'appliquer non seulement à Rubens, mais encore à d'autres maîtres qui brillent par la richesse et l'intensité de leur coloris. Velazquez n'eut jamais une palette exubérante ; il n'employait que les couleurs nécessaires à l'obtention de ces tons dégradés où sont combinées toutes les teintes du gris. Et il arrivait ainsi, grâce à la finesse avec laquelle sont déterminés les rapports des différentes valeurs, à des harmonies d'une suprême distinction.

C'est à cette qualité, plutôt qu'à son fameux naturalisme, que Velazquez doit d'être tenu aujourd'hui pour le plus original des peintres ; c'est elle qui lui vaut la grande influence qu'il exerce sur l'art contemporain.

Nous ne nous attacherons pas à définir ici cette influence et à

[1] Don Ceferino Araujo Sanchez, dans son ouvrage sur *Goya*. Madrid, Imprimerie de *La España Moderna*.

mentionner ce qui en a été dit. Le livre déjà cité de M. Stevenson est instructif à cet égard. M. Muther, dans son *Histoire de la peinture au XIXe siècle*[1], fait remarquer l'influence de Velazquez sur un nombre considérable d'artistes modernes et déclare que le problème dont on recherche la solution en ce siècle, à savoir la représentation des objets dans leur atmosphère de lumière et d'air et non dans leurs lignes et leurs formes seulement, comme on avait fait jusqu'ici, est un problème nouveau dans l'histoire de l'art, exception faite pour l'œuvre de Velazquez.

Un autre caractère des plus accentués chez Velazquez, comme chez tous les grands artistes, est l'indépendance. Il se forma tout seul, car nous ne pouvons attribuer une grande influence sur son développement artistique à ses premiers maîtres, Herrera et Pacheco. Il ne fréquenta l'atelier de Herrera que pendant quelques mois de son adolescence, et, par ailleurs, rien n'est plus contraire au classicisme froid et mal digéré dont sont imprégnés les écrits de Pacheco que le style de Velazquez. De ses voyages et de ses études il ne s'assimila que ce qui convenait à son tempérament. Il ne donna prise à aucune influence étrangère ; celle du Greco, que nous avons signalée, se borna à l'adjonction de certaines des qualités de cet extraordinaire artiste à celles qu'avait déjà Velazquez.

Cette indépendance, cette conscience de ses aptitudes, firent que Velazquez n'essaya jamais de s'attaquer à la grande peinture décorative, pour laquelle il ne se sentait pas taillé : c'est ainsi que, lorsqu'il s'agit de décorer les grands salons de l'Alcazar et du Buen Retiro, il se

[1] *Geschichte der Malerei im neunzehnten Jahrhundert*, par Richard Muther. Munich, 1893, 3 vol. L'auteur (t. II, p. 508) fait observer que le peintre anglais John Everett Millais, après l'Exposition de Manchester en 1857, où figurèrent pour la première fois des tableaux de Velazquez appartenant à des collections particulières, abandonna le naturalisme des quatrocentistes italiens pour suivre le naturalisme de Velazquez. Ailleurs (t. III, p. 526), à propos du peintre américain Whistler, il dit que « Diego Velazquez lui transmit sa ligne large, ses fonds gris et noirs et les valeurs de ses étoffes gris argenté ou d'un noir si raffiné ». Plus loin, décrivant le *Portrait de miss Alexander* par M. Whistler, il remarque que les gris de la robe se maintiennent dans la gamme des gris de Velazquez et que l'interprétation des cheveux, etc., s'inspire du métier du maître espagnol. Nous sommes absolument d'accord avec M. Muther et nous pourrions étendre ces observations à nombre de toiles du même artiste et d'autres peintres contemporains célèbres.

chargea lui-même d'aller chercher en Italie des peintres à fresque. Velazquez se connaissait parfaitement : il savait que la fantaisie et l'invention, qualités indispensables dans les compositions allégoriques et décoratives, n'étaient pas son fort; aussi ne sortit-il jamais de la sphère dans laquelle il se mouvait si librement. Il se contentait de la nature telle qu'elle se présentait à sa vue, et il ne mettait point pour la regarder de ces verres grossissants qui en agrandissent les lignes, en élargissent l'horizon et produisent ainsi des effets hors nature. Mais le manque d'étendue de son génie était compensé par son intensité : aussi dans ses œuvres n'y a-t-il jamais de défaillance. Jamais il ne faiblit et rarement il se néglige. M. Lucien Solvay dit fort à propos dans son livre sur l'*Art espagnol* : « Seulement, ces magnificences de peintre et de physionomiste, qui eurent des relâches chez d'autres, n'abandonnèrent pour ainsi dire en aucun moment Velazquez : il ne connut guère les heures de fatigue, mères des banalités ». Cette perfection constante, la conscience et le soin avec lesquels sont rendues dans ses tableaux aussi bien les parties accessoires que les principales, contribuèrent aussi à limiter sa production.

Velazquez ne travaillait jamais sans modèle : la pauvreté de son imagination l'empêchait de lâcher la bride à sa fantaisie, et, loin d'en être amoindri, comme c'est le cas pour beaucoup d'artistes, il évita ainsi de tomber dans les défauts et les mauvaises habitudes de ceux qui sacrifient trop au « chic ». Jamais, même en sa pleine virtuosité, il ne donna dans le maniérisme, conséquence fatale de l'abus de la facilité; aussi ne voit-on chez lui, à aucune époque de sa vie, de traces de décadence.

Il progressa d'une façon lente, mais continue. On s'en rend compte en étudiant ses trois fameuses manières si nettement tranchées, phases évolutives que relient entre elles les œuvres intermédiaires signalées par nous. Nous avons noté les traits caractéristiques de ces différents styles et montré ainsi les anneaux successifs de la chaîne qui s'étend de l'*Adoration des Mages* aux *Menines*.

Il n'y a pas de technique plus transparente et plus simple que celle de Velazquez ; elle nous intéresse d'autant plus, car elle nous enseigne que les procédés les moins compliqués peuvent aboutir aux résultats les plus surprenants. A chacune des manières de Velazquez correspondent des procédés spéciaux. Nous avons vu que ces différences

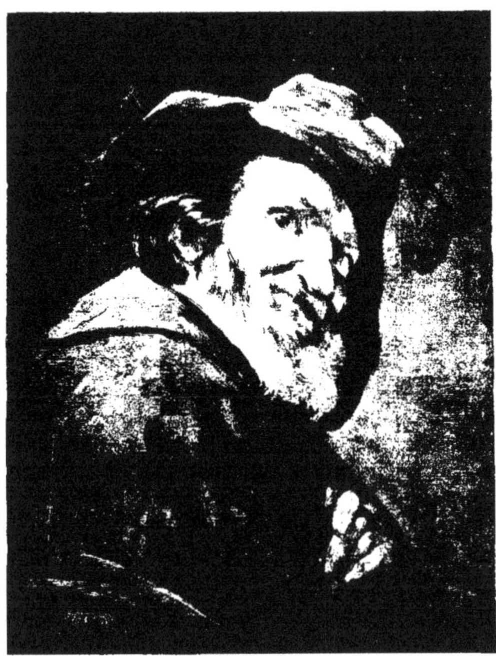

Ménippe (Détail.)

proviennent surtout de ce que la couleur, très épaisse dans les premiers tableaux, est de plus en plus fluide à mesure que s'accentue la virtuosité de l'artiste. Dans les dernières œuvres, des morceaux entiers semblent peints à l'aquarelle et il n'y a de vraiment empâtées que la tête et les mains. C'est dans ce style que sont peints le *bouffon don Juan d'Autriche* et les *Ermites*. Ce procédé permit sans doute à Velazquez de peindre très rapidement; mais, d'autre part, le maître n'était jamais satisfait de sa première pensée; il n'y a, pour s'en convaincre, qu'à examiner la plupart de ses toiles et, entre autres, les deux compositions que nous venons de mentionner et qui comptent parmi ses chefs-d'œuvre : on y verra maintes corrections et retouches. Son faire est toujours expressif et fidèle; il se servait de pinceaux ronds, et rien n'indique qu'il ait employé des brosses plates[1]. Afin d'obtenir tout le relief désirable, il faisait des retouches à sec, très fines parfois et pleines de saveur.

Il employait les glacis, surtout dans les draperies. On constate déjà ce fait dans les tableaux de sa jeunesse : par conséquent, il n'y a pas à en attribuer l'usage à des influences italiennes. De plus, les glacis de Velazquez étaient toujours appliqués sur une préparation à l'huile, car, comme nous l'avons déjà dit, malgré sa prédilection pour les maîtres vénitiens et les copies qu'il exécuta d'après eux, il ne changea pas de procédé et n'essaya jamais de la peinture à l'œuf particulière aux peintres de cette école.

Il se servait généralement de toiles à grain fin, d'autant plus fin que les dimensions de ses tableaux sont presque toujours importantes. Quant à l'impression préparatoire, si légère qu'elle laisse à découvert le grain de la toile, elle était, nous l'avons dit, rouge dans les premières œuvres et se modifia par la suite, le rouge s'en atténuant jusqu'à devenir franchement gris dans les derniers tableaux.

On ne connaît aucun tableau de lui peint sur bois.

L'absence, chez Velazquez, de mystères et de roueries techniques et, par là, la compréhensibilité et la simplicité de son art, la majestueuse franchise de l'ensemble de ses procédés, font que cet artiste est l'un des maîtres anciens qui tentent le plus les débutants. Au musée du Prado, si riche en chefs-d'œuvre des XVIe et XVIIe siècles, il n'y a pas de maître qui soit copié avec plus de ferveur, aussi bien par

[1] On peut voir dans le tableau des *Menines* plusieurs spécimens des pinceaux dont se servait Velazquez. Les poils de ces pinceaux sont montés sur des tuyaux de plume d'oie fixés à des manches en bois. Cette sorte de pinceau a été en usage en Espagne jusqu'à la seconde moitié de ce siècle.

les Espagnols que par les étrangers. Et, en effet, ce serait le meilleur des guides, si la plupart de ceux qui l'étudient ne cherchaient à s'assimiler sa facilité apparente. Beaucoup de jeunes gens, attirés par cette facilité et par les effets les plus saillants du maître, acquièrent un semblant de style à la Velazquez qui s'arrête à la surface, qui ne

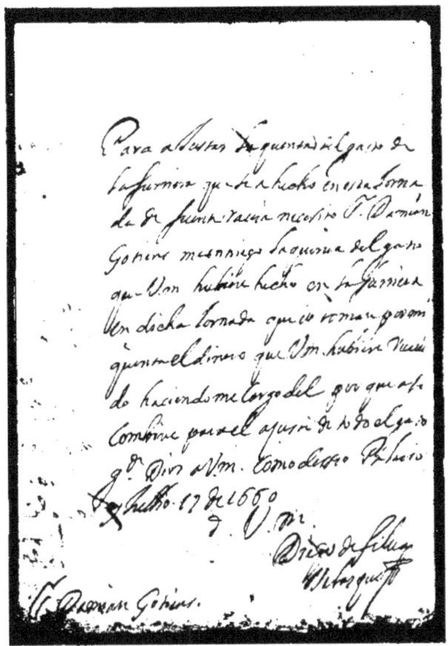

Dernier autographe de l'artiste (Collection de M. Morrison, Londres.)

s'assimile que l'apparence du faire large et de la touche franche du peintre, et cette façon d'étudier notre artiste dégénère bientôt en un maniérisme très difficile à corriger. Quelle erreur de croire que l'on puisse commencer par où Velazquez finit après des années d'études incessantes et profondes ! Pour tirer profit du commerce de ce grand maître il faudrait d'abord copier consciencieusement, non à la diable, les œuvres dures et sèches de sa première manière, les *Buveurs*, par exemple, si merveilleusement dessinés, et, après plusieurs exercices de ce genre, passer aux tableaux moins secs de sa seconde manière, pour aborder enfin les dernières productions du maître. Ainsi pourrait-on suivre l'évolution du génie de Velazquez ; mais, en admettant même que ces moyens permissent à l'élève de s'assimiler quelques-unes des qualités de ce style merveilleux, l'essence même de l'art du maître resterait hors de la portée des plus habiles imitateurs.

Qu'est-ce donc qui constitue l'essence de ce génie? C'est d'abord la perfection constante du dessin, c'est l'harmonie et la pondération de l'ensemble, c'est enfin le raffinement exquis de son goût esthétique, grâce auquel des effigies de monstres et de mendiants répugnants nous intéressent et nous captivent, grâce auquel les coiffures extravagantes et les vertugadins difformes des princesses entrent dans le domaine de l'art, grâce auquel des personnages odieux comme le favori comte-duc d'Olivares, ou insignifiants comme Philippe IV, deviennent sympathiques et même grandioses, grâce auquel une scène aussi banale que celle qui est représentée dans les *Menines* s'élargit jusqu'à devenir un chef-d'œuvre incomparable.

Velazquez eut, en outre, le don de traiter avec une égale supériorité les sujets les plus divers. On n'a pas dépassé, dans le genre mystique, l'intensité de sentiment du *Christ en croix* et des *Ermites*. Les *Buveurs*, *Ésope* et *Ménippe* sont des spécimens achevés du genre burlesque. En fait de grandes compositions, voici *les Menines*, *les Fileuses*, *les Lances* et les portraits équestres ; et, pour le reste de son œuvre, rien n'égale la variété et l'intérêt de la galerie de chasseurs, de courtisans et de nains et bouffons, les uns brillants et chamarrés, les autres simples et sévères.

Cette essence de l'œuvre du maître est, nous l'avons déjà dit, hors de la portée des plus habiles imitateurs. Velazquez, comme tous les génies, a emporté dans la tombe le secret de son art. Il y a néanmoins dans cette œuvre, pour qui sait en apprécier le sens intime, outre la jouissance artistique qui découle de la contemplation du beau, une source intarissable d'enseignement. Cet enseignement est des plus salutaires à une époque où d'innombrables artistes se tournent avec ferveur du côté de Velazquez, bien qu'attirés par un idéal différent du sien, et suivent le sentier tracé par lui il y a plus de deux siècles et à peu près déserté depuis, le regardant comme susceptible mieux que tout autre de les conduire à cet idéal rêvé. Le présent ouvrage est lui-même une des mille études auxquelles a donné lieu ce mouvement. S'il m'est donné d'aviver grâce à lui l'enthousiasme en faveur de l'idée qui a présidé à son éclosion, j'aurai obtenu le succès le plus complet que j'aie pu rêver au moment de me mettre à l'œuvre.

CATALOGUE PAR ORDRE CHRONOLOGIQUE

DES TABLEAUX DE VELAZQUEZ DONT L'AUTHENTICITÉ NOUS PARAIT CERTAINE

Velazquez naquit en 1599. De 1615 ou 1617 à 1623, date de son second voyage à Madrid, il exécuta à Séville les œuvres suivantes :

Le Christ chez Marthe (National Gallery, n° 1375).

Le Vendangeur (Don Leandro Alvear, Madrid).

L'Adoration des Mages (Musée du Prado, n° 1054). Ce tableau porte la date de 1619.

Les Deux Garçons (Duc de Wellington, Apsley House).

Vieille femme faisant frire des œufs (Sir Francis Cook, Richmond Hill).

Le Vendeur d'eau de Séville (Duc de Wellington, Apsley House).

Saint Pierre (Don A. de Beruete, Madrid).

Le Christ et les Pèlerins d'Emmaüs (Doña Maria del Valle Gonzalez, veuve de Garzon, Séville).

La Vierge remettant la chasuble à saint Ildefonse (Palais archiépiscopal de Séville).

Portrait en buste d'un personnage inconnu (Musée du Prado, n° 1103).

De 1623 au mois d'août 1629, date de son premier voyage en Italie, Velazquez peignit à Madrid les tableaux suivants :

Portrait en buste de Philippe IV (Musée du Prado, n° 1071). Ce tableau fut sans doute une étude préliminaire faite en vue du portrait suivant; l'armure et l'écharpe furent repeintes plus tard par Velazquez.

Portrait de Philippe IV en pied (Musée du Prado, n° 1070).

Le Géographe (Musée de Rouen).

Portrait du comte-duc d'Olivares (M. Holford, Dorchester House, Londres).

Portrait de l'infant don Carlos (Musée du Prado, n° 1073).
Portrait de doña Juana Pacheco (Musée du Prado, n° 1086).
Portrait d'un jeune homme (Pinacothèque de Munich, n° 1293).
Les Buveurs (Musée du Prado, n° 1058). Selon toutes probabilités, ce tableau fut achevé en 1629.

Œuvres exécutées en 1630, pendant le séjour de Velazquez à Rome et à Naples :

Vue prise à la villa Médicis (Musée du Prado, n° 1106).
Vue prise à la villa Médicis (Musée du Prado, n° 1107).
La Forge de Vulcain (Musée du Prado, n° 1059).
La Tunique de Joseph (Monastère de l'Escurial).
Portrait en buste de l'infante Marie, reine de Hongrie (Musée du Prado, n° 1072).

Du commencement de l'année 1631 à 1649, date de son second voyage en Italie, Velazquez peignit les toiles suivantes à Madrid, exception faite du portrait du nain « El Primo » qu'il exécuta à Fraga.

De 1631 à 1635 :

Portrait en pied de Philippe IV (National Gallery, n° 1129).
Portrait du prince don Baltasar Carlos précédé d'un nain (Comte de Carlisle, Castle Howard).
Portrait de don Diego del Corral y Arellano (Duchesse de Villahermosa, Madrid).
Le Christ à la colonne (National Gallery, n° 1148).
Portrait à mi-corps de Philippe IV (Musée impérial de Vienne, n° 612).
Portrait à mi-corps d'Isabelle de Bourbon, première femme de Philippe IV (Musée impérial de Vienne, n° 622).
Le bouffon Pablillos de Valladolid (Musée du Prado, n° 1092).

De 1635 à 1638 :

Son portrait en buste (Musée du Capitole, Rome).
Portrait équestre du prince don Baltasar Carlos (Musée du Prado, n° 1068).
— *du roi Philippe IV* (Musée du Prado, n° 1066).
— *de la reine Isabelle de Bourbon* (Musée du Prado, n° 1067).
— *du comte-duc d'Olivares* (Musée du Prado, n° 1069).
— *du roi Philippe III* (Musée du Prado, n° 1064).
— *de la reine Marguerite d'Autriche* (Musée du Prado, n° 1065).

(Voir le chapitre VI au sujet de la part insignifiante qui revient à Velazquez dans l'exécution de ce portrait.)

Portrait de Philippe IV en chasseur (Musée du Prado, n° 1074).

Portrait du prince don Baltasar Carlos en chasseur (Musée du Prado, n° 1076).

Portrait du comte de Benavente? (Musée du Prado, n° 1090) [1].

De 1638 à 1644 :

Chasse au sanglier au « Hoyo » (National Gallery, n° 197).

Le Christ en croix (Musée du Prado, n° 1055).

Portrait du duc de Modène (Galerie de Modène).

Portrait en buste d'un personnage inconnu (Duc de Wellington, Apsley House).

Portrait en pied du prince don Baltasar Carlos (Musée impérial de Vienne, n° 616).

Portrait de l'infant don Ferdinand d'Autriche en chasseur (Musée du Prado, n° 1075).

Les Lances (*La Reddition de Bréda*) (Musée du Prado, n° 1060).

Portrait de Juan Mateos (Galerie royale de Dresde, n° 697).

Portrait en buste du comte-duc d'Olivares (Musée de l'Ermitage).

De 1644 à 1649 :

Portrait du nain « El Primo » peint à Fraga (Musée du Prado, n° 1095).

Vue de la ville de Saragosse (Musée du Prado, n° 788) [2].

Son portrait en buste (Musée de Valence).

Portrait du sculpteur Martinez Montañes (Musée du Prado, n° 1091).

Portrait en buste d'un inconnu (Galerie royale de Dresde, n° 698).

En 1650, à Rome :

Portrait du peintre Juan de Pareja (Comte de Radnor, Longford Castle, Salisbury).

Portrait en buste d'Innocent X (Musée de l'Ermitage).

Portrait d'Innocent X (Palais Doria, Rome).

De 1651 au 6 août 1660, date de sa mort, Velazquez produisit à Madrid les œuvres suivantes :

Portrait en buste de la reine Marianne d'Autriche (Musée du Louvre, n° 1735) [3].

[1] Le point d'interrogation exprime les doutes que nous inspire l'identité de ce personnage. Nous traitons cette question dans une note du chapitre IV.

[2] Cette toile est attribuée par le catalogue à Mazo, mais nous la comprenons parmi les œuvres de Velazquez parce que la majorité des figures sont évidemment peintes par le maître et qu'en outre il y a un peu partout des retouches de sa main, comme nous l'indiquons au chapitre V.

[3] Nous disons au chapitre IX qu'on commet l'erreur, au Louvre et au Musée impérial de Vienne, de supposer que le modèle de ces portraits fut Marie-Thérèse, reine de France.

Portrait à mi-corps de la même reine (Musée impérial de Vienne, n° 617).
Portrait en buste de Philippe IV (Musée du Prado, n° 1080).
Le Couronnement de la Vierge (Musée du Prado, n° 1056).
Mars (Musée du Prado, n° 1102).
Mercure et Argus (Musée du Prado, n° 1063).
Vénus au miroir (Héritiers de M. Morritt, Rokeby Park, Barnard Castle).
Portrait de l'infante Marguerite (Musée impérial de Vienne, n° 615).
Le nain don Sebastian de Morra (Musée du Prado, n° 1096).
Le nain « El niño de Vallecas » (Musée du Prado, n° 1098).
Le nain « El bobo de Coria » (Musée du Prado, n° 1099).
Portrait de l'infante Marguerite (Musée du Louvre, n° 1731).
Le bouffon don Juan d'Autriche (Musée du Prado, n° 1094).
Les Menines (Musée du Prado, n° 1062).
Les Fileuses (Musée du Prado, n° 1061).
Portrait de la reine Marianne d'Autriche (Musée du Prado, n° 1079).
Réplique du portrait précédent (Musée du Prado, n° 1078).
Portrait de l'infante Marguerite (Musée impérial de Vienne, n° 619).
Réplique du portrait précédent (Institut Stædel, Francfort).
Ésope (Musée du Prado, n° 1100).
Ménippe (Musée du Prado, n° 1101).
Le nain don Antonio l'Anglais (Musée du Prado, n° 1097).
Portrait de l'infante Marguerite (Musée du Prado, n° 1084) [1].
Portrait du prince don Philippe Prosper (Musée impérial de Vienne, n° 611).
Portrait en buste de Philippe IV (National Gallery, n° 745).
Saint Antoine abbé visitant saint Paul premier ermite (Musée du Prado, n° 1057).

On conserve, en outre, au Palais royal de Madrid trois peintures qui peuvent être attribuées à Velazquez. La première est une tête de femme presque absolument dénaturée par suite de restaurations ; la seconde est une main qui tient un papier sur lequel est inscrit le nom de Velazquez, — fragment probable d'un tableau perdu ; la troisième enfin est un petit portrait en buste du comte-duc d'Olivares. Ce portrait, dont nous parlons déjà dans une note du chapitre XI, est, d'après nous, l'original de l'eau-forte appartenant au Cabinet des estampes de Berlin.

[1] Le catalogue du musée du Prado décrit ce portrait comme étant celui de Marie-Thérèse, reine de France. (V. le chapitre IX.)

Le catalogue que nous venons de dresser comprend quatre-vingt-trois tableaux, chiffre que les investigations faites par nous jusqu'ici ne nous ont pas permis d'accroître. Quant aux innombrables peintures soi-disant authentiques de Velazquez que je tiens pour apocryphes, je ne mentionne que quelques-unes de celles qui figurent dans les galeries publiques et à l'égard desquelles il est bon d'élever des doutes motivés; pour les faux Velazquez qui appartiennent à des particuliers, je n'ai pas même signalé ceux que je connais *de visu*, pour des raisons faciles à comprendre.

Il n'est pas impossible qu'on arrive à exhumer un certain nombre de toiles inédites de Velazquez, et j'en ai pour ma part cité plusieurs dont l'existence était absolument ignorée jusqu'à ce jour, mais j'estime que le nombre de ces découvertes ne sera pas de nature à modifier sensiblement le catalogue actuel.

Les anciens inventaires des palais royaux d'Espagne comprennent plusieurs peintures originales de Velazquez dont la plupart disparurent dans l'incendie de l'Alcazar, en 1734; voici, à titre de curiosité, la liste de ces ouvrages[1] :

La Cène, copie d'après le Tintoret (v. chapitre III).
L'Expulsion des Morisques (v. chapitre II).
Apollon écorchant un satyre
Vénus et Adonis (v. chapitre IX).
Psyché et l'Amour
Portrait équestre de Philippe IV (v. chapitre II).
Un cheval bai-brun
Un cheval bai
Un cavalier, esquisse (inventoriés en 1686).
Un cavalier, esquisse
Portrait d'un prince enfant (inventorié après 1734).
Portrait d'Ochoa, portier du palais (inventaire de 1701)[2].
Portrait de Cárdenas, le bouffon toreador (inventaire de 1701).
Portrait du bouffon Calabacillas
Portrait du bouffon Velasquillo (v. chapitre VIII).

[1] Nous empruntons presque tous ces détails au catalogue faisant suite aux *Annales* de M. Cruzada Villaamil.

[2] C'est probablement d'après ce portrait, à en juger par sa description, que Goya fit l'eau-forte dont un exemplaire figure à la Bibliothèque nationale de Madrid.

Deux portraits (inventaire de 1666).
Quatorze têtes sur huit toiles (inventaire de 1666).
Chasse au loup (inventaire de 1686).
Philippe IV chassant le sanglier (inventaire de 1714).
Un bois de cerf (inventaire de 1636).
Un pélican et autres oiseaux (inventaire de 1701).
Intérieur de l'église San Geronimo (v. chapitre VI).
Le Salon doré, esquisse (inventaire de 1686).
Tête d'Anglaise (inventaire de l'atelier de Velazquez après la mort de l'artiste en 1660).

Palomino, Ponz et Ceán Bermudez mentionnent encore plusieurs peintures de Velazquez; mais, comme la description qu'ils en donnent ne s'applique ni aux tableaux que nous connaissons ni à ceux qui figurent sur les inventaires royaux, il faut considérer ces œuvres comme perdues.

TABLE DES GRAVURES

TABLE DES MATIÈRES

CHAPITRE IV

CHAPITRE V

CHAPITRE VI

CHAPITRE VII

CHAPITRE VIII

CHAPITRE IX

CHAPITRE X

CHAPITRE XI

CHAPITRE XII

ÉVREUX, IMPRIMERIE DE CHARLES HÉRISSEY

www.ingramcontent.com/pod-product-compliance
Ingram Content Group UK Ltd.
Pitfield, Milton Keynes, MK11 3LW, UK
UKHW020545180726
13838UKWH00001B/51

9 782329 334578